भारत

एक स्वप्न

भारत

एक स्वप्न

भरत प्रसाद

वाणी प्रकाशन

प्रकाशन के उत्कृष्टतम 62 वर्ष

सजिल्द पहला संस्करण : 2025

vaniprakashan.com

वाणी प्रकाशन

4695, 21-ए, दरियागंज, नयी दिल्ली-110 002

फ़ोन : + 91 11 23273167, 23275710

शाखाएँ

अशोक राजपथ, पटना-800 004, बिहार

कॉफ़ी हाउस कैम्पस, महात्मा गांधी मार्ग, प्रयागराज-211 001, उत्तर प्रदेश

महात्मा गांधी अन्तरराष्ट्रीय हिन्दी विश्वविद्यालय, वर्धा-442 001, महाराष्ट्र

sales@vaniprakashan.in

vaniprakashan@gmail.com

Bharat : Ek Swapn

by Bharat Prasad

ISBN : 978-93-6944-142-6

Criticism

मूल्य : ₹ 425

आर. टेक ऑफ़सेट प्रिंटर्स, दिल्ली-110032 में मुद्रित

वाणी प्रकाशन का लोगो मक़बूल फ़िदा हुसैन की कूची से

प्रस्तावना : भारतराग

'भारतवर्ष' क्या महज एक देश का पुकार नाम है? क्या वह पृथ्वी से नाभिनालबद्ध एक जन्मजात भूखण्ड है या फिर आड़ी, तिरक्षी घुमावदार रेखाओं में राजनीतिक निगाहों से दिया गया नक्शा? या फिर चन्द सदियों के बुद्धिमान मनुष्यों के बीच सत्तांध युद्धों का लहूलुहान रणक्षेत्र? लगभग 9 करोड़ वर्ष पहले आदमी की जन्मभूमि अफ्रीका महाद्वीप से जुदा होकर उत्तर-पूर्व की दिशा में ऊपर उठता एक अनाम, अनगढ़ उप महाद्वीप देश की अद्वितीय भूमिका निभाने को तत्पर हो चुका था। शायद पृथ्वी भी पंचरत्नों की तरह अपने पाँच महाद्वीपों को, करोड़ों वर्षों की मातृपीड़ा सहने के बाद मानव जाति के लिए तैयार कर चुकी थी। मेरी आँखें यदि ब्रह्माण्ड को समर्पित हैं तो भारत ब्रह्माण्ड के हृदय का टुकड़ा है, यदि सौर्यमण्डल के पक्ष में खड़े हैं तो पृथ्वी के बहाने सूर्य की तरफ से दिया हुआ एक स्वर्णिम तोहफा। यदि पृथ्वी की आँखों से भारतवर्ष को देखें-तो अद्भुत हृदय से भरे विलक्षण मनुष्यों के सृजन की प्रयोगशाला। जिसे हम भारत का इतिहास कहते हैं, वह दरअसल पृथ्वी के भारत का नहीं, बल्कि एक अद्भुत भूगोल को जनपद, संघ, राज्य, साम्राज्य में बाँट-काटकर जीने-मरने वाले अविकसित दिल वाले मनुष्यों की अहंकार गाथा है। यह अनाम अस्तित्व जिसे अपना देश कहते हैं–वह जितना हमारा है, उतना ही नदियों, पर्वतों, खेतों-खलिहानों जंगलों का है, जितना ही मेरे लिए है, उतना ही जीवों, जानवरों, पक्षियों, कीड़ों, जन्तुओं के लिए भी है। वह हर एक सप्राण या निर्जीव सत्ता भारतवर्षी कहलाने का हकदार, है जितना कि इस देश का बड़ा से बड़ा और साधारण से साधारण मनुष्य। जब इस भूभाग पर हमारे अस्तित्व की संभावना दूर-दूर तक न थी, तब भी वन, प्रान्तर, कछार, मैदान, बारिश, धूप, आंधी, प्रभात और मनमोहिनी सन्ध्या भारत के वजूद से लिपटे थे, जब हम फिर अस्तित्वहीन हो जायेंगे, तो ये सभी मिट चुकी दशा में ही सही भारतवर्ष की काया से सन्तान की तरह लिपटे रहेंगे।

तो आइए, जो आँखें हमें इतिहास ने दीं, एक देश को पहचानने, परिभाषित करने की, उसे निकाल फेंकें। विदा कर दें वह व्यावसायिक बुद्धि जो देश को एक भूखण्ड से ज़्यादा देख नहीं पा रही। जब भारत हमारी कल्पना की अपूर्व सुगन्ध बन जायेगा, जब 'न भूतो न भविष्यति' की तरह हमारी अन्तर्दृष्टि का तारा हो जायेगा, तब शायद इतिहास की सारी सीमाओं को तोड़ता हुआ एक पृथ्वीमय भारतवर्ष का अपूर्व इतिहास सिर ऊँचा करेगा।

भरत प्रसाद
जनवरी-2021
शिलांग
(मेघालय)

अनुक्रम

पृथ्वी का भारतवर्ष

नीले ग्रह पृथ्वी के हरिताभ देश भारतवर्ष की आत्मा कब से, कहाँ से और कैसे आरम्भ होती है–यह हृदयंगम करने के लिए हमें कल्पना में पंख लगाते हुए, तर्क दृष्टि को सूक्ष्म और सटीक करते हुए, साथ ही सोच को सीमाहीन बनाते हुए करोड़ों वर्ष पूर्व की समय यात्रा करनी होगी। बात तब की है, जब सूरज अनन्त सदियों को रौशन करने के लिए अस्तित्वमान हो चुका था। सारे ग्रह, उपग्रह, धूमकेतु अपनी-अपनी कक्षाओं में आश्चर्यजनक रूप से सन्तुलन बना चुके थे। न इंच भर विचलन, न रत्ती भर भटकाव। स्वयं सूरज गोली की गति (251 किमी. प्रति सेकेण्ड) से आकाशगंगा के केन्द्र की परिक्रमा करता हुआ अपनी कालजयी रौ में सध चुका था। तब पृथ्वी अनाम, अलक्षित, अप्रत्याशित और जीवन शून्य नीलाभ समुद्री गोले का मन्त्रमुग्ध स्वरूप धारण कर चुकी थी। बात है, आज से 27 करोड़ वर्ष पूर्व की तब न सप्तरत्न की तरह सात महाद्वीप थे और न हमारी निगाहों की क्षमता स्वीकार न करने वाले अलग-अलग समुद्र। तब जो कुछ था–नाभिनाल बद्ध सा आपस में अंगबद्ध, अस्तित्व बद्ध अभिन्न और एकमएक। तब न यूरोप का दूर-दूर तक नामोनिशान था, न एशिया का, न सुपर पावर अमेरिका के भूगोल की कहीं खबर थी और न ही दक्षिण अमेरिका महाद्वीप की। अर्थात् आज के 27 करोड़ वर्ष पहले धरती का सम्पूर्ण विस्तार आज के सातों महाद्वीपों के कुल जोड़ के ठीक बराबर था। महाद्वीपों के जन्म का यह तथ्यवादी सिद्धान्त जर्मनी के भूवैज्ञानिक **अल्फ्रेड वेगेनर** (1880-1930 ई.) ने दिया। उस आदि एकाश्मक महाभूमि का नाम था–'पैन्जिया'। और उसके चारों ओर सृष्टिकर्ता बनने को आतुर अस्तित्व की तरह गरजता, उछलता, उठता स्वर्णाभ, जगमग परम समुद्र था–जिसे हम आज 'पैथालासा' कहते हैं। आज से क़रीब 20 करोड़ वर्ष पूर्व पहली बार पृथ्वी साँसारिक बनने के लिए करवट बदलती है, जीवमय, पक्षीमय और अन्ततः मनुष्यमय होने के लिए ख़ुद ही ख़ुद

को बाँटना आरम्भ करती है। सात करोड़ वर्षों तक पृथ्वी के नृत्य के साथ जागता, सोता, तैरता और पैथालासा की पारदर्शी जलराशि में नहाता पैन्जिया अब विभाजित-दर-विभाजित होना आरम्भ हुआ, फिर कभी एकबद्ध न होने के लिए। पैन्जिया के विभाजन के मूल कारण बने रात-दिन बाहर-भीतर महाव्याकुल ज्वालामुखी, जो कि धरती को विभाजित होने का अखण्ड, अपराजेय दबाव बना रहे थे। पैन्जिया निर्णायक रूप से, धीरे-धीरे ही सही, दो भागों में पृथक हुआ। एक भाग उत्तर की ओर खिसकना, बल्कि नवजात शिशु की तरह पेट के बल सरकना शुरु किया और दूसरा भाग दक्षिण की ओर। उत्तरी भाग 'लौरेशिया' कहलाया और दक्षिणी भाग 'गोंडवाना'। जिज्ञासा तरंग ले सकती है, लेना भी चाहिए कि परमसागर पैथालासा का क्या हुआ? हाँ, पैथालासा ने भी पैन्जिया के साथ रंग-रूप, आकार-प्रकार, तेवर बदला और लौरेशिया-गोंडवाना के बीच नवनिर्मित खाली जगह भर गयी, जिसे हम आज 'टेथिस सागर' कहते हैं। पुन: 2 करोड़ वर्ष बाद अर्थात् 18 करोड़ वर्ष पहले भूगर्भीय हलचलों और जवालामुखीय निरन्तरता के कारण गोंडवाना भी टूटना आरम्भ कर देता है। इस बार टूटना और संसारोन्मुखी सिद्ध हुआ, गोंडवाना के चार खण्ड बने–1. दक्षिण अमेरिका, 2. अफ्रीका, 3. आस्ट्रेलिया और 4. अंटार्कटिका। सहज ही अनुमान लगा सकते हैं कि पृथ्वी के बाक़ी महाद्वीप पैन्जिया के किस दिशागामी खण्ड से बने होंगे। पूरे 9 करोड़ वर्ष तक ये चारों सगे भूखण्ड कुछ सौ किलोमीटर के फासले पर सम्राट की तरह अपनी आदिम माया की सत्ता जमाए घूमते थे। परन्तु जैसा कि नियम है–स्थिर कुछ भी नहीं, सिवाय परिवर्तन के। आज से 9 करोड़ साल पहले (लगभग) अफ्रीका महाद्वीप से एक टुकड़ा चुपके से अलग होता है। इसे टुकड़ा न कहें–पृथ्वी का हृदयांश कहें, महान सभ्यताओं की रंगभूमि या रवीन्द्रनाथ के शब्दों में 'महामानवतीर्थ' की जन्मभूमि। महाअफ्रीका, आदिअफ्रीका जिन भौगोलिक देशों के रूप में टूटा, वे हैं–1. भारतवर्ष, 2. पाकिस्तान, 3. बांग्लादेश, 4. श्रीलंका, 5. नेपाल, 6. भूटान, 7. अफ़गानिस्तान, 8. म्यानमार, 9. मेडागास्कर और 10 वर्तमान अफ्रीका। इसका बड़ा हिस्सा पीछे, धुर नीचे मेडागास्कर को छोड़कर पृथ्वी के उत्तर-पूर्व की दिशा में अपूर्व रफ़्तार के साथ ऊपर बढ़ना आरम्भ किया। ध्यान देने योग्य है–इस महापरिवर्तन के लिए पृथ्वी की अपनी घूर्णन गति और आन्तरिक हलचलें मूल कारण बनीं। एक प्रकार से पृथ्वी ख़ुद के माईपन को सिद्ध करने के लिए नये-नये रूप गढ़ती रहती है। आज से 4 करोड़ साल पहले उत्तर-पूर्व की ओर लपकता, उठता, खिसकता चला आता धराखण्ड 'यूरेशिया' महाखण्ड से आ टकराता है। टकराने और फिर स्थिर होने की

यह विलक्षण घटना एक दो सदियों नहीं, बल्कि कुछ करोड़ वर्षों तक चलती रही। इस शुभ टकराव से कालजयी हिमालय जैसी अद्वितीय पर्वत श्रेणी का जन्म हुआ, जो कि आज भी और ऊपर उठना बन्द नहीं कर रहा है। आज से 8 करोड़ 80 लाख साल पहले जिस बृहद् भूभाग (भारतवर्ष) ने गोंडवाना से टूटकर उत्तर-पूर्व की महायात्रा आरम्भ की, वह आज भी 20 सेमी. प्रति सेकेण्ड की गति से उसी आदि सुनिश्चित दिशा में आगे बढ़ रहा है, जिसके कारण सम्पूर्ण हिमालयी क्षेत्र भूकम्पीय घटनाओं से आन्दोलित रहता है। तो यह है आज का, कल का और असीम कल का भारतवर्ष, जिसमें दक्षिण अमेरिका, सम्पूर्ण अफ्रीका, आस्ट्रेलिया और बर्फालयी अंटार्कटिका की निर्माण कथा छिपी हुई है।

पृथ्वी के मानचित्र पर आज जिसे भारतीय उपमहाद्वीप कहते हैं, वह कभी अविभाज्य भूभाग था। प्राकृतिक रूप से वह आज भी अविभाज्य है। इसके अन्तर्गत आठ देशों ने अपने इतिहास, अस्तित्व एवं संस्कृति का निर्माण किया है, वे हैं–1. भारत, 2. पाकिस्तान, 3. अफ़गानिस्तान, 4. नेपाल, 5. भूटान, 6. श्रीलंका, 7. बांग्लादेश और 8. मालदीव। समूचे पश्चिम, उत्तर और पूर्वी सीमाँत को ढकी हुई पर्वत शृंखलाएं संधि रेखा हैं–यूरेशिया से कभी टकराव की। उत्तरी भारत अनेक पर्वत श्रेणियों से बना है, जिनमें से 5 शृंखलाएं सर्वप्रमुख हैं–1. हिन्दुकुश (अफ़गानिस्तान) 2. सुलेमान (पाकिस्तान), 3. हिमालय (भारत), 4. पूर्वांचल और 5. अराकान योमा (भारत-नेपाल सीमा)। इसके अतिरिक्त काराकोरम और कैलाश पर्वत शृंखला (भारत-चीन सीमा), लद्दाख श्रेणी (जम्मू कश्मीर), जास्कर श्रेणी (जम्मू कश्मीर), पीरपंजाल श्रेणी (जम्मू कश्मीर) और नंगा पर्वत भी उत्तरी भारत के शिखरत्व को परिभाषित करते हैं। भारत के अंग-अंग को अपनी विभोरकारी ऊँचाईयों-निचाईयों से ढकी हुई लगभग चालीस पर्वत श्रेणियाँ पठार और पहाड़ियाँ हैं। इनमें से उत्तरांचल का कामेत पर्वत, हिमाचल प्रदेश का धौलागिरी, राजस्थान का गुरु शिखर, असम और मेघालय की खासी, गारो एवं जयांतियाँ पहाड़ियाँ, मध्य प्रदेश में महादेव, सतपुड़ा, विन्ध्याचल और मैकाल पहाड़ियाँ, महाराष्ट्र में अजंता, सतमाला और महाबलेश्वर पहाड़ी अपनी बनावट, बुनावट और अबूझ अनगढ़ता में अद्वितीय हैं। धुर दक्षिण भारत पर्वत श्रेणियों से न सही, पहाड़ियों के सिलसिलों से आश्चर्यचकित करता है–जैसे तमिलनाडु में नीलगिरी पहाड़ी और अन्नामलाई, आन्ध्र प्रदेश में तेलंगाना पठार, उड़ीसा में महेन्द्र गिरी पहाड़ी, कर्नाटक में मैसूर का पठार, केरल में दोदाबेटा की पहाड़ियाँ। धुर पूर्वी भारत जिन वनाच्छादित पहाड़ियों के कारण

निगाहों में दख़ल रखता है–वे हैं–अरुणाचल प्रदेश की डाफ्ला पहाड़ियाँ और मिश्मी पहाड़ियाँ। मिज़ोरम की लुशाई और सिक्किम की कंचनजघा पर्वत श्रेणी।

यदि देश की दसों दिशाओं में पर्वतों, पठारों और पहाड़ियों की सत्ता है, तो आन्तरिक भूगोल पर जलवाहिनी असंख्य नदियों का दृश्य साकार होता है। 'नदियों के देश' की उपाधि इसे यूँ ही नहीं मिल गयी है। यहाँ की सभी नदियों को चार समूहों में विभाजित किया गया है–

1. हिमालय से निकलने वाली नदियाँ
2. दक्षिण भारत की पहाड़ियों से निकलने वाली नदियाँ
3. भारतवर्ष की तटवर्ती नदियाँ
4. अन्तर्देशीय द्रोणी क्षेत्र की नदियाँ

हिमालय से निकलने वाली सभी नदियों को तीन प्रमुख नदी तन्त्रों में बाँटा गया है–सिन्धु नदी समूह, गंगा नदी समूह और ब्रह्मपुत्र नदी समूह। दक्षिण भारत की नदियों ने प्रायः दो दिशाओं की ओर यात्राएँ करते हुए समुद्रों को समर्पित होने का स्वभाव हासिल किया है। वे नदियाँ जो बंगाल की खाड़ी में गिरती हैं–पूर्वी-दक्षिण की नदियाँ हैं और जो अरब सागर में जाकर समा जाती हैं–पश्चिमी-दक्षिण की। गोदावरी, कृष्णा, कावेरी, महानदी आदि पूर्व की ओर (बंगाल की खाड़ी) प्रवाहित नदियाँ हैं और नर्मदा, ताप्ती, माही, लूनी, साबरमती, माण्डवी, पेरियार इत्यादि सरिताओं ने अरब सागर को अपना आश्रय स्थल निर्धारित किया हुआ है।

कभी किसी भी धर्म, जाति, सम्प्रदाय और वर्गों से सर्वथा मुक्त यह भूभाग अब न जाने कितनी सदियों से इन सबके अटूट मायाजाल में दब गया है, कराह रहा है। मौजूदा वक़्त में क़रीब 80 प्रतिशत हिन्दू, 13 प्रतिशत मुस्लिम, 2 प्रतिशत ईसाई, 0.8 प्रतिशत बौद्ध, 0.4 प्रतिशत जैन, 0.1 प्रतिशत पारसी अपने-अपने धार्मिक विश्वासों, षट्कर्मों और भेदकारी मानसिकता से जकड़े हुए जीते चले जा रहे हैं। धार्मिक सिद्धान्तों और ईश्वरवादी नियमों का जाल इतना व्यापक है कि सबके अपने-अपने असंख्य सम्प्रदाय हैं। लगभग 10 प्रमुख सम्प्रदाय हिन्दू धर्म के–जिनमें शैव, वैष्णव, शाक्त, सौर, गाणपत्य, शांकरमत और महानुभाव सम्प्रदाय प्रमुख हैं। कभी भारत की दिशाओं में धर्म की वैज्ञानिकता का उद्घोष करने वाला बौद्ध धर्म भी 05 सम्प्रदायों में टूटकर अपनी अपराजेय नैतिक उर्जा खो बैठा, वे हैं–थेरवाद, महायान, बज्रयान, झेन और नवयान। वर्धमान महावीर और 23 तीर्थंकरों के अहिंसावादी अद्वितीय दर्शन से प्रकाशित जैन धर्म भी धीरे-धीरे जड़ताधर्मी हो चला–श्वेताम्बरों और दिगम्बरों का मतभेद आज तक मिटा नहीं है। इसी तरह इस्लाम धर्म में शिया, सुन्नी और

अहमदिया एवं ईसाई धर्म में रोमन कैथोलिक, प्रोटेस्टेंट, आर्थोडाक्स, लुथरिस्म और बेपटिस्ट अपने-अपने संकीर्ण, असहिष्णु और गतिशून्य धार्मिक मानसिकता को ढोते चले जा रहे हैं। इन्हीं धर्मों और चट्टानी सम्प्रदायों ने भारत भूमि पर एक और विषबेल को जन्म दे दिया, ज़िसे 'जाति' कहा जाता है। यही जाति व्यवस्था सदियों के अन्तराल में विस्फोटित होकर उपजातियों में विभाजित हुई, और अब देश का ऐसा कोई अंचल पठार, मैदान या पहाड़ी क्षेत्र बाक़ी नहीं, जहाँ अखण्ड दासता की नीति पर खड़ी जाति व्यवस्था जीवित न हो। सन् 1901 की गणना वैसे तो 100 वर्षों से अधिक पुरानी हो चली है, फिर भी उसके अनुसार इस देश में 2378 जातियाँ हैं, जिनमें से 800 केवल ब्राह्मणों के हिस्से में। विद्वान **जी. एस. धुर्ये** के अनुसार प्रत्येक भाषा क्षेत्र में लगभग 200 जातियों का अस्तित्व होता है। यह जाति व्यवस्था न केवल हिन्दुओं के हिस्से का कलंक है, बल्कि ईसाइयों, मुस्लिमों, जैनों और सिक्खों के बीच इसकी माया का फैलाव देखा जा सकता है। इनके बीच भी ऊँच-नीच, छूत-अछूत और शुद्ध-अशुद्ध की घृणित मानसिकता जड़ जमाए हुए है। रूप, रंग, नस्ल और बनावट के आधार पर भारत भूमि के मनुष्य कुल 24 श्रेणियों में कटे हुए थे, जिन्हें जाति व्यवस्था ने हजारें टुकड़ों में बाँटकर भारत की अद्भुत मानव-क्षमता को हमेशा-हमेशा के लिए खोखला और शक्तिहीन बना दिया। गुर्जर, ताई, तिब्बती, दार्द, नागा, नेग्रिटो, पश्तून, भुइयार, राजपूत, जाट इत्यादि इस व्यवस्था के अन्तर्गत हैं। यहाँ जनजातियों का फैलाव कुछ इस कदर हुआ कि जिनकी व्यवस्थित गणना करने के लिए 5 क्षेत्र निर्धारित किये गये–1. पूर्वोत्तर 2. मध्य भारत 3. दक्षिण भारत 4. पश्चिमी भारत और 5. द्वीप समूही भारत। सभी क्षेत्रों को मिलाकर यहाँ कुल जनजातियों की संख्या 461 बैठती है, जिनमें से 424 अनुसूचित जनजातियों को संवैधानिक और वैधानिक मान्यता हासिल है।

आंचलिक बोलियों और बहुरंगी भाषाओं का यह उपमहाद्वीप अपने वैविध्य का विरल उदाहरण है। क़रीब 1652 मातृ भाषाएँ यहाँ की दसों दिशाओं को गुलजार रखती हैं। मौजूदा वक़्त में कुल 22 भाषाओं को राजभाषा का अधिकार हासिल है। लगभग 90 प्रतिशत भारतीय इन 22 भाषाओं को बोलते हैं। 58 भाषाएँ देश के लाखों स्कूलों में ज्ञान-विस्तार का माध्यम हैं। सम्पूर्ण विश्व में केवल 03 प्रकार की लिपियाँ हैं–1. चित्र लिपि, 2. ब्राह्मी लिपि और 3. फोनेशियन लिपि। इनमें से अपनी देवनागरी लिपि का विकास ब्राह्मी लिपि से हुआ है। पृथ्वी पर अपनी अविस्मरणीय पहचान कायम करने वाला यह देश विशालता में सातवें स्थान पर रहने के बावज़ूद 139 करोड़ (2021 के आंकड़ों के अनुसार) मनुष्यों की जीवनशाला है, जो कि

विश्व की कुल जनसंख्या का 17.7 प्रतिशत है। यह चीन के बाद सर्वाधिक आबादी वाला भूभाग है। अपनी अविश्वसनीय विविधता और विशालता में आश्चर्यजनक ढंग से आकर्षित करता भारत कुल छः भौगोलिक क्षेत्रों में बाँटा गया है–1. हिमालय का पर्वतीय क्षेत्र 2. उत्तरी मैदान 3. प्रायद्वीपीय पठार 4. भारतीय मरुभूमि 5. समुद्र तटीय मैदान और 6. भारतीय द्वीप समूह। प्रायद्वीपीय पठार या दक्षिण का पठार देश का सबसे विशाल भौगोलिक क्षेत्र है, जो कि लगभग 16 लाख वर्ग किमी. है। आजादी के पूर्व और उसके बाद भी प्रशासनिक, भौगोलिक, भाषाई और धुर राजनीतिक कारणों से राज्यवार विभाजन-दर-विभाजन होता है। फिलहाल यहाँ की धरती 28 राज्यों और 9 केन्द्र शासित प्रदेशों के अन्तर्गत शासनबद्ध है। ध्यान देने योग्य है कि दूसरे स्थान की जनसंख्या और सातवें स्थान की विशालता के बावज़ूद यह पृथ्वी का मात्र 2.4 प्रतिशत भूभाग ही घेरे हुए है। साक्षरता के वैश्विक मानकों के अनुसार भारत ने 77.7 प्रतिशत साक्षरता हासिल कर ली है। ग्रामीण भारत में यह दर 73.7 प्रतिशत है और शहरी भारत में 87.7 प्रतिशत। यह बात और है–इस साक्षरता में कितने प्रतिशत वैज्ञानिक चेतना के हैं और कितने धार्मिकता के रंग में सराबोर, आकड़ा निकाल पाना टेढ़ी खीर हो जायेगा। स्थिति इस कदर विकट है कि प्राथमिक कक्षाओं से लेकर इण्टरमीडिएट स्कूलों तक सुबह की प्रार्थनाएँ किसी ईश्वर या अल्लाह की स्तुति में आरम्भ होती हैं, जो कि एक अवैज्ञानिक और पश्चगामी प्रवृत्ति की सूचनाएँ हैं। जिसका अस्तित्व आज तक पहेली है, जिसकी उपस्थिति अब भी प्रश्नवाचक है, वही सबसे ज़्यादा मौजूद है–मानव सभ्यता के केन्द्र में। सब पर सिक्का उसी का चलता है।

भारत जो कि विविध संस्कृतियों, धर्मों, सम्प्रदायों और जातियों, जनजातियों का देश बन चुका है–नये, अत्याधुनिक और अपूर्व दृष्टिकोण से देखे जाने की पुकार करता है। राजनीतिक और संवैधानिक व्यवस्था में लोकतान्त्रिक किन्तु सामाजिक संरचना में जातिबद्ध और धुर धार्मिक यह देश अपने प्रति हमें दुविधा और भ्रम की स्थिति में ला खड़ा करता है। यह दुविधा और भ्रम इसलिए भी कि हमारी अपनी मौलिकता कायम न हो सकी। बिल्कुल स्पष्ट और अलहदा जीवनपथ हम निर्मित न कर सके। आध्यात्मिक ऊँचाइयाँ भारतीय चेतना की सर्वोच्च उपलब्धियाँ हैं, उसी के दम पर भारतवर्ष शेष विश्व के बीच समादृत भी होता रहा। बाहरी व्यवस्था अर्थात् कायदे-कानून लोकतान्त्रिक पद्धति पर और आन्तरिक ताना-बाना धर्म, परम्परा, रूढ़ि, जातिवाद और विभाजनपरक मानसिकता पर खड़ा। फिर तो यह देश लोकतन्त्र का भ्रम पैदा करता हुआ एक पश्चगामी बल्कि गतिहीन संरचना

का देश है। देश का लगभग प्रत्येक नागरिक किसी न किसी धर्म, किसी न किसी जाति या सम्प्रदाय के अन्तर्गत अपनी पहचान, अपना अस्तित्व ढोने को अभिशप्त है, अर्थात् अघोषित रूप से आज भी स्वतन्त्र देश में धर्म की प्रभुसत्ता और जाति व्यवस्था का अपराजेय दबदबा कायम है। देश की पहचान वहाँ के समाज, जनता की मानसिकता, कर्म और सांस्कृतिक ढाँचे से बनती है। यदि देश का भूगोल निर्मित होने में करोड़ों साल लगते हैं, तो स्वभाव निर्मित होने में हजारों वर्ष। मूलतः अपनी आत्मस्थ प्रकृति में भारत आस्थावान, भावनाजीवी और हृदयप्रवण देश रहा। जहाँ बौद्धिकता, तर्क, प्रमाण और यथार्थ को जीवन की दिशा निर्मित करने में जरा पीछे ही रखा गया, बल्कि अक्सर उपेक्षित। सिन्धु सभ्यता के पूरे विकास में पूजा-पाठ, कर्मकाण्ड के प्रमाण लगभग न के बराबर मिलते हैं, जबकि यह अद्वितीय यथार्थजीवी सभ्यता लगभग 1700 वर्षों तक भारत के समूचे पश्चिमी हिस्से में विकासमान रही। धर्म, आस्था, पूजा-पाठ, पारलौकिक विश्वास, कर्मकाण्ड और देवी-देवताओं की अवधारणा का जन्म वैदिक काल में होता है–जिसके प्रमाण हैं–ऋग्वेद, सामवेद,ययुर्वेद और अथर्ववेद। कहने को तो ये प्राचीन भारत की पहचान के आदिस्रोत हैं, परन्तु अलौकिक एवं अपौरुषेय का दर्जा पा चुके इन चार दैवीय ग्रन्थों ने सदियों तक भारतीय मस्तिष्क एवं मेधा को नियन्त्रित किया, अपने शक्तिशाली मोहपाश में आबद्ध रखा। इसमें दो मत नहीं कि वैदिक साहित्य चेतना के खुलने का मार्ग प्रशस्त करता है, प्रकृतिगायक है और तत्कालीन मनुष्य को नैतिक कर्मठ और दायित्वशील बनने की दृष्टि देता है, किन्तु प्रकृति के शक्तिशाली विस्तार एवं सत्ता से भयभीत उसके जिस दैवीय स्वरूप का निर्माण करता है, वह आगे चलकर कई सदियों के लिए घातक सिद्ध हुआ। समुचित ज्ञान के अकाल में निकाला गया वैदिक ऋषियों का यह देववादी सिद्धान्त हिन्दू संस्कृति की धुरी बन गया और मात्र 500 वर्षों के भीतर भारतीय मानस में जड़ जमा लेने वाली नियति बन गया। बुद्ध काल में वेदजन्य और वेदपोषित ऐसे ही काल्पनिक देवताओं–इन्द्र, सोम, सविता, मरुत, अश्विनौ, अक्षाः, बृहस्पति, विश्वदेवाः इत्यादि की सत्ता जन-जन के हृदय में स्थापित थी, जिनका खण्डन और अस्वीकार गौतम बुद्ध ने जीवनपर्यन्त किया। आगे चलकर अथर्ववेद अधिकाधिक दैवीय सत्ता का पोषण करते हुए अपने मन्त्रों में उनकी संख्या का बड़ी तत्परता से विस्तार करता है। इसके पहले तीनों वेद प्रकृतिधर्मी असंख्य दैवीय शक्तियों को बिना तथ्य, प्रमाण और तर्क के विस्तार दे चुके थे। आत्म जागरण की विलक्षण शक्ति से भरपूर ये वैदिक ऋषि अपने आस्थाजन्य निष्कर्ष को अन्तिम और अकाट्य सत्य के रूप में स्थापित करने की

ऐतिहासिक गलती कर बैठे। निस्संदेह इन आदि भारतीय साधकों में आत्म जागरण की शक्ति मौलिक, सशक्त और उर्वर थी, किन्तु समय-निरपेक्ष नहीं। प्रकृति की सत्ता के आगे नतमस्तक हृदय ने अन्ततः देवत्व की अवैज्ञानिक अवधारणा को जन्म दे डाला। सामवेद में अंगिरा, अग्नि, इन्द्र, मरुत, वाजिनः, सूर्य, प्रजापति, रात्रिः, लिंगोक्ताः, ऋतु इत्यादि अपने वायवीय अस्तित्व का विस्तार लेते हैं। इसी तरह ययुर्वेद में–विद्वान-देवता, आत्मा-देवी, परमात्मा, रूद्र, यज्ञ, इन्द्र, ईश्वर, सेनापति, बृहस्पति, श्री, मन, वायु, परमेश्वर इत्यादि। ऋग्वेद भारतीय चित्त, मन और चेतना में वर्णव्यवस्था की सबसे घातक भारतीय महामारी पैदा करने वाला निर्णायक ग्रन्थ माना जाता है। इसके 'पुरुषसूक्त' के दसवें मण्डल में मन्त्र संग्रह है, जिसमें एक विराट पुरुष की चर्चा है। अचानक बिना कारण, बिना ज़रूरत के ये महापुरुष प्रकट हो गये-यह अपने आप में एक और रहस्य है। यही बिना रौ-भौ के आसमान से उतरे विराट पुरुष महोदय अपने दिव्य अंगों से चार वर्णों की उत्पत्ति कर देते हैं। आश्चर्यजनक रूप से यही जाति व्यवस्थाजनक श्लोक ययुर्वेद के 31 वें अध्याय और अथर्ववेद में पुनरोद्घोषित हुआ है। आइए जरा सामना करें–वह मन्त्र है क्या-

ब्राह्मणोऽस्य मुखमासीद्वाहू राजन्योऽभतव्।
ऊरु तदस्य यद्वैस्यः पद्‌मयां शूद्रो अजायते।।

(ऋग्वेद-ययुर्वेद)

रामायण का इतिहास-सम्मत काल आज भी सुनिश्चित नहीं है। फिर भी इस कृति का समय वैदिक युग माना जाता है। बुद्ध के जीवनकाल में राम और कृष्ण एक अलौकिक पुरुष के रूप में जनमानस के भीतर व्याप्त हो चले थे। बुद्ध का बचपन और गुरुकुल संस्कार वैदिक वाङ्मय के विद्वानों के बीच विकसित हुआ था। ऋग्वेद, ययुर्वेद और अर्थववेद पहेलीनुमा विराट पुरुष का मायाजाल जो सदियों से ढोते चले जा रहे थे, उसी का बढ़-चढ़कर उन्नत और परमेश्वरीय संस्करण श्रीकृष्ण ने गीतोपदेश के बहाने प्रस्तुत किया। समूचे महाभारत काल की दूरदर्शी मेघा, चेतना की विलक्षण ऊँचाई के प्रतीक किन्तु स्वयं को नियन्ता, सृष्टिकर्ता घोषित कर और चारों वर्णों की उत्पत्ति के लिए स्वयं को ज़िम्मेदार बताकर श्रीकृष्ण ने अपनी अपूर्व आत्मिक चमक को प्रश्नवाचक बना दिया। आइए जरा आँसू बहा लें–उनके वर्णाश्रमी उद्घोष पर :

चातुर्वर्ष्यंमया सृष्टं गुणकर्मविभागशः।
तस्य कर्तारमपि माँ विद्धयकतीरमव्ययम्।।

(गीता : अध्याय-4, श्लोक-13)

'गीता' अब आलोच्य नहीं, प्रणम्य ग्रन्थ है, व्याख्या की सीमा में नहीं, एक दैवीय कृति। जिसकी केवल पूजा की जा सकती है। उसका एक-एक श्लोक अपौरुषेय मन्त्र का दर्जा पा चुका है, जो कि हमारी सहज तर्क शक्ति की भूमिका को आत्यन्तिक रूप से समाप्त कर देता है। तनिक शब्द-दर-शब्द इसका भावार्थ भी स्पष्ट कर लिया जाय–ब्राह्मण, क्षत्रिय, वैश्य और शूद्र इन चार वर्णों का समूह गुण और कर्मों के विभागपूर्वक मेरे द्वारा रचा गया है। इस प्रकार उस सृष्टि रचनादि कर्म का कर्ता होने पर भी मुझ अविनाशी परमेश्वर को तू वास्तव में अकर्ता ही जाना। गौतम बुद्ध के ठीक पूर्व-उत्तर वैदिक भारतवर्ष की आगामी सामाजिक संरचना की नींव तैयार हो चुकी थी, जो नींव मनुष्य के प्रति समुचित उदारता के बजाय उसके चालाकीपूर्ण दोहन पर खड़ी थी। जिसमें निचले दो वर्णों वैश्य और शूद्र को झोंक दिया गया जीवन की दैनिक गतिविधियों, जद्दोजेहद और बहुविध श्रम की भट्ठी में। तब शुरू हो गया लाखों की संख्या में अन्त्यज, अस्पृश्य, दलित जनसमूहों का उत्पादन जो भारत के प्राथमिक निर्माण में अदृश्य अनगढ़ चट्टानों की भूमिका निभा रहे थे। कहना ज़रूरी है कि उत्तर वैदिक काल देश के सामाजिक ढाँचे को अमानवीय और अवैज्ञानिक स्वरूप देते हुए चार सुनिश्चित वर्णों में विभाजित कर चुका था–ब्राह्मण, क्षत्रिय, वैश्य और शूद्र में, जो कि सम्भवत: दासप्रथा के बाद दुनिया के सबसे अन्यायपूर्ण और अक्षम्य सामाजिक संरचनाओं में से एक है। इसी कालखण्ड में गोत्र और आश्रम की संकल्पना ने जन्म लिया। पितृ सत्तात्मक पारिवारिक व्यवस्था सर्वस्वीकृत हुई, जिसके परिणामस्वरूप तत्कालीन स्त्रियों की सम्मानजनक भूमिकाएं लगभग समाप्त हो चलीं। शासन व्यवस्था, पारिवारिक दायित्व और सम्पत्ति के मूल अधिकार से स्त्रियों को हजारों कदम दूर रखा गया। इस तरह उत्तर वैदिककाल का स्त्री समूह सामाजिक संरचना में दबे और चुपचाप पिसते हुए अदृश्य, उपेक्षित, परित्यक्त वर्ग का दूसरा पहलू बन गया। अद्वितीय भारत भूमि पर एक अघोषित दलित वर्ग का जन्म हो गया। **गार्गी** और **मैतेई** दो तत्कालीन विदुषी महिलाओं का नाम आगे करके इतिहासकार गर्व से अकड़ जाते हैं, जबकि सच तो यह है कि बिना गुलाम बने रोज़-रोज़ की पितृसत्तात्मक तानाशाही से जूझने को अभिशप्त था–तत्कालीन स्त्री-समय। जीवन की प्रगति में तीसरे सबसे क़ीमती अस्तित्व पर गुलामी का यह दमनचक्र आरम्भ हो गया–वे थे जानवर और पशु। दलित जो जुबान रखते थे, बोलने योग्य छोड़ा नहीं गया, स्त्रियाँ जो खिलाफ जा सकती थीं, अधिकार नहीं दिया गया–फिर पशु की क्या हैसियत, वे तो सदा-सर्वदा के लिए मानवाधीन, जो केवल मनुष्य की करुणा और प्रेम के बूते

सम्मान और स्वतन्त्रतापूर्वक पृथ्वी पर विचरण कर सकते थे, धार्मिक यज्ञों और हिंसक अंधविश्वासों की बलि चढ़ने लगे। 'बलिप्रथा' उत्तर वैदिककाल में इतनी सशक्त, निरंकुश और सत्तापोसित हो चली थी कि बुद्ध जैसे अहिंसक व्यक्तित्व को तत्कालीन मगध सम्राट बिम्बिसार के विरुद्ध अपनी राजनयिक मित्रता को दांव पर लगाकर विरुद्ध खड़ा होना पड़ा। आश्चर्यजनक रूप से उपनिषद ग्रन्थ इस बलिप्रथा के विरुद्ध खड़े दिखायी देते हैं। यह बलि–प्रधान यज्ञ राज्याश्रित पुरोहित करवाते थे, जिनका कद और पद ब्राह्मण वर्ग में अप्रश्नेय बना हुआ था। निर्णायक तौर पर ब्राह्मणों की सामाजिक भूमिका अहम् हो गयी, क्योंकि यज्ञ, हवन, अनुष्ठान, धार्मिक उत्सव और मन्त्रोच्चार केवल उनके अधिकार क्षेत्र में थे। जिसे हम समाज कहते हैं–धार्मिक नियमों, सिद्धान्तों, आस्थाओं और आतंक से मुक्ति की कल्पना नहीं की जा सकती थी। राज्याभिषेक इन पवित्रतावादी पुरोहितों के मन्त्रोच्चार के बगैर असम्भव थे। एक प्रकार से तत्कालीन शिक्षित ब्राह्मण वर्ग राजकाज और शासन व्यवस्था का नैतिक संचालक बन गया, जिसने अपनी सर्वोच्चता और धार्मिक भय से हासिल हैसियत को अपराजेय रखने के लिए नयी-नयी कुटिल नीतियों, नियमों और मर्यादाओं को समाज पर थोपना आरम्भ कर दिया। यह पुरोहितवाद अपराजेय ब्राह्मण व्यवस्था का तन्त्र खड़ा करता है।

सामान्य तौर पर उत्तर वैदिककाल का समय 1000 से 600 ई. पू. निर्धारित किया गया है। जिसमें ऋग्वेद को छोड़कर तीनों वेदों, ब्राह्मण ग्रन्थों, आरण्यकों और उपनिषदों की रचना हुई। रचनाओं के ब्राह्मण नामधारी होने मात्र से इस जाति की प्रभुसत्ता का अनुमान लगा सकते हैं। सिवाय इसके इन ब्राह्मण ग्रन्थों की कोई सामाजिक भूमिका नहीं, कि यज्ञों के आनुष्ठानिक महत्व का राग छेड़ते हैं, कर्मकाण्डों की माला फेरते हैं। इन ब्राह्मण ग्रन्थों ने शोषित समाज के तानेबाने को और दुर्बल बनाते हुए अपने दबदबे को अजेय बनाना आरम्भ कर दिया। प्रत्येक वेद के अपने-अपने ब्राह्मण ग्रन्थ उठ खड़े हुए। ऋग्वेद के ऐतरेय और कौषितिकी। सामवेद के पंचविश या ताण्डव, षडविंश, आर्षेय, मन्त्र ब्राह्मण, जैमिनीय ब्राह्मण, ययुर्वेद के शतपथ ब्राह्मण, तैत्तिरीय, मैत्रायणी, कठ और कपिष्ठल ब्राह्मण तथा अथर्ववेद का एक मात्र गोपथ ब्राह्मण सृजित हुआ। विचलित करने वाला किन्तु अकाट्य तथ्य यह है कि अथर्ववेद वेदत्रयी में जगह पाने के योग्य सिर्फ़ इसलिए नहीं समझा गया क्योंकि वह आर्य संस्कृति की खबर के साथ-साथ अनार्य संस्कृति के यथार्थ को भी पन्नों पर जगह दे डालता है। आरण्यक जो कि ब्राह्मण ग्रन्थों के अन्तिम भाग थे, कि रचना निवीड़, जनशून्य जंगलों में हुई। प्राय: आरण्यकों का मूल

स्वर साँसारिकता से ऊपर उठकर आध्यात्मिक बोध हासिल करने का आह्वान है। ब्राह्मण ग्रन्थों की भाँति प्रत्येक वेद के अपने-अपने आरण्यक हैं–सिवाय अथर्ववेद के। धन्य हो वेदानुयायियों का परिपक्व चातुर्य। 'उपनिषद' जिन्हें वेदान्त भी कहा जाता है–प्राचीन भारत का महत्तम दर्शन घोषित किया गया, और यकीनन उपनिषदों में मानव को आत्म जागृति की ओर ले चलने वाली उर्वर रश्मियाँ प्रचुर हैं भी, किन्तु भाववादी अत्यधिक, वैज्ञानिक अन्तर्दृष्टि की कम। ईश्वर की समयजयी सत्ता को अपराजेयता इन्हीं उपनिषदों से मिली। वह परमब्रह्म का आदर्श पद हासिल करता है, जो प्रश्नों से परे होगा, तर्क, संदेह, बहस से ऊपर। पूर्णतः अपौरुषेय। उपनिषद मानवमुक्ति की प्यास इस हद तक उठाते हैं कि लोक भूमि से बाहर जाने को विवश कर देते हैं। जो ज्ञान ऋषियों के निकट बैठकर हासिल किया जाये–उसे उपनिषद कहा गया। विशिष्ट, सम्पूर्ण और सच्चे ज्ञान से सजे-धजे ग्रन्थों को उपनिषद कहा गया। गद्य और पद्य दोनों में लिखित उपनिषद वेदों के मौलिक रहस्यों का उद्घाटन करने वाले भी कहे गये। परमेश्वर, परमात्मा, ब्रह्म तथा आत्मा की विशुद्ध अतार्किक, काल्पनिक और आस्थावादी व्याख्या एवं मीमाँसा करते हुए भारतीय चिन्तन के प्रातःकाल को एक बार फिर अवैज्ञानिक विश्वासों एवं अनुभूतियों के घटाटोप से ढक देते हैं वैदिक चिन्तक। ब्रह्म, जीव, जगत की अनुभूतिमय, तथ्यहीन व्याख्या बहुत भारी पड़ी भारत के भविष्य पर। आदिकाल तो छोड़िए, समूचा मध्यकाल और उस दौर के आचार्य एवं भक्त कवि उपनिषदों की उन्हीं स्थापनाओं को बार-बार पुख्ता करते हुए अपनी रचनाओं में दिखायी देते हैं–संत कबीर भी उपनिषदों की अध्यात्म वर्षा में जीवन भर भीगते रहे और शब्दशः ब्रह्म, जीव-जगत की उपनिषदवादी धारणा को मज़बूत बनाया। उपनिषदों के चिन्तन की तरंगें सांख्य, जैन यहाँ तक कि बौद्ध दर्शन तक पहुँचती हैं। 1000 ई. पू. से 300 ई. पू. के बीच सृजित ये उपनिषद फिलहाल भारतीय जीवन के संविधान-ग्रन्थ सिद्ध हुए। इन्हें भी वेदों का एक अंग कहा गया। शेष तीन हैं–संहिता, ब्राह्मण और आरण्यक। संहिता और कुछ नहीं–भय मिश्रित कल्पना से जन्मे बहुरंगी देवी-देवताओं की स्तुति का मन्त्र संग्रह है। ब्राह्मण ग्रन्थ अर्थात् वैदिक कर्मकाण्डों एवं खोखले, हिंसक यज्ञों के गुणगान। कुल संख्या में ये 108 हैं, किन्तु प्रमुखता की कसौटी पर कुल 13 मात्र। इनमें से एक है–**मुण्डक उपनिषद**, इसका यह श्लोक आत्मस्थ करने योग्य है।

नायमात्मा प्रवचनेन लभ्यो न मेधया न बहुना श्रुतेन।
यमेवैष वृणुते तेन लभ्यस्तस्यैष आत्मा विवृणुते तनुं स्वाम।।

(मुण्डकोपनिषद, मुण्डक-3, खण्ड-2)

अर्थ इसका सविस्तार–यह आत्मा प्रवचनों से नहीं मिलती है और न ही बौद्धिक क्षमता से अथवा शास्त्रों के श्रवण से। जो इसकी ही आकांक्षा को जीता है, उसे प्राप्त होता है। उसी के समक्ष आत्मा अपने मूल स्वरूप का उद्घाटन करती है। छिपे अर्थों में यह आत्मोपलब्धि का सिद्धान्त भौतिकता से पीछा छुड़ाने और संसार से विमुख होने की शर्त पेश करता है।

यही वह कालखण्ड है–जब भारत की नियति एक नया मोड़ लेती है–व्यवसाय और कर्म के आधार पर शुरु हुई वर्ण व्यवस्था जन्म पर आधारित हो गयी। केवल वर्णों के प्रति सम्बोधन के आधार पर उनकी सामाजिक हैसियत का अनुमान लगाया जा सकता है। 'तैत्तरीय ब्राह्मण' में ब्राह्मण के लिए–आइये, क्षत्रिय के लिए–आओ, वैश्य के लिए–जल्दी आओ और शूद्र के लिए–दौड़कर आओ–प्रयोग मिलता है। उत्तर वैदिक काल में शूद्र को कोई भी बुला सकता था तथा कहीं भी भेज सकता था। इस काल में श्रेष्ठता की सीमारेखा खींचने वाला मनुष्यताघाती उपनयन संस्कार विकसित हुआ, जो केवल 3 वर्णों के अधिकार क्षेत्र में था। शूद्रों को इस अधिकार से वंचित रखा गया, क्यों? कारण पता नहीं। जो हर छोटे-बड़े काम को अंजाम दे-तर्कत: उसे सबसे ऊपर रहना चाहिए था–सामाजिक संरचना में सबसे सम्माननीय, परन्तु हुआ इसका ठीक उल्टा। ऊपर से एक और मानसिक दण्ड कि वेदों के अध्ययन का अधिकार भी उससे छीन लिया गया। स्त्री के प्रति हेय दृष्टि का विकास भी इसी काल में हुआ। 'मैत्रायणी संहिता' में स्त्री की तुलना मदिरा, विष और पासे से की गयी है। अथर्ववेद में पुत्रजन्म की कामना तो है, परन्तु पुत्री के जन्म को दुख का कारण कहा गया। वर्ण व्यवस्था के साथ-साथ आश्रम व्यवस्था का सामाजिक सिद्धान्त भी इसी काल में विकसित हुआ। यह आश्रम व्यवस्था जैन और बौद्ध दर्शनों पर भी अपना गहरा प्रभाव डालती है। 'जाबालोपनिषद' इन चारों आश्रमों की रूपरेखा प्रस्तुत करता है। उत्तर वैदिककालीन सामाजिक व्यवस्था में पुरुषार्थ की अवधारणा भी विकसित हुई, जो कि चार माने गये। धर्म, अर्थ, काम और मोक्ष। आगे चलकर वर्ण व्यवस्था, आश्रम-संस्कृति और पुरुषार्थ-धर्म की पृष्ठभूमि में इस कदर घुलमिल गये कि आने वाली सदियों के लिए इनको एक दूसरे से अलगाना कल्पना से बाहर की बात हो गयी। भारतवर्ष की बेहद जटिल और परिवर्तनशून्य सामाजिक संरचना को अवैज्ञानिक, तर्क, यथार्थ विरोधी और गैरमानवीय बनाने में इसी उत्तर वैदिककालीन धर्म व वर्ण व्यवस्था की सबसे बड़ी निर्णायक भूमिका बनी। तत्कालीन मनुष्यों के लिए तीन ऋण भी निर्धारित किये गये–दैव ऋण, पितृ ऋण और ऋषि ऋण। यज्ञ करने से देव ऋण, पुत्र को जन्म देने से पितृ ऋण और

दान देने से ऋषि ऋण पूरा होता है। ऐसा विधान बनाया गया। यज्ञों की सत्ता, प्रभुत्व और जटिलता उत्तर वैदिककाल में विस्तार लेती चली गयी और 'पंच महायज्ञों' का सिद्धान्त पेश हुआ–देव यज्ञ, पितृ यज्ञ, ऋषि यज्ञ, भूत यज्ञ और नृ यज्ञ। नृ यज्ञ-मानव यज्ञ कहलाया, जो एक प्रकार से अतिथि-सत्कार के लिए सम्पन्न होता था। तत्कालीन सामाजिक ढाँचे को और धर्माश्रित, रूढ़ साथ ही कर्मकाण्डी बनाते हुए सोलह संस्कारों का नियम सुनिश्चित किया गया–गर्भाधान (जन्म के पूर्व), पुंसवन (जन्म के पूर्व) सीमन्तोन्नयन (गर्भ रक्षा हेतु विष्णु की स्तुति), जातकर्म (शिशु जन्म के समय), नामकरण, निष्क्रमण (जन्म के बाद), अन्नप्राशन (पहली बार अन्न ग्रहण), चूड़ाकर्म (मुण्डन करना), कर्णवेध (कान छेदना), विद्यारम्भ (वेदों का ज्ञान लेना), उपनयन (जनेऊ धारण करना), वेदारम्भ (वेदों का ज्ञान लेना), केशान्त (बाल काटना), समावर्तन (गुरु दक्षिणा), विवाह (गृहस्थ जीवन) और अन्त्येष्टि (मृत्यु के बाद संस्कार)। सम्पूर्णतः ये सभी संस्कार आत्म जागृति के बजाय-साँसारिक कुशलता में वृद्धि करने वाले, सामंजस्य के बजाय उच्च और निम्न का भेद पुख्ता करने वाले और वर्ण व्यवस्था की ज़हरीली नींव को अपराजेय रूप से मज़बूत और गहनतर करने वाले सिद्ध हुए। शूद्रों को भी इस संस्कार के पालन का अधिकार था। परन्तु वे उपनयन नहीं कर सकते थे, वेदाध्ययन का शौक पालना अपराध था, इसीलिए समावर्तन सम्पन्न करने का प्रशन ही नहीं उठता था। ई. पू. 1000 से लेकर 600 ई. पू. के बीच इन सारी धार्मिक, सामाजिक, साँस्कृतिक और पारिवारिक व्यवस्थाओं ने आगामी भारतवर्ष की मूलभूत संरचना का संविधान निर्मित कर दिया, जिसके मूलाधार थे–चार वेद, ब्राह्मण, आरण्यक, उपनिषद, संहिता, स्मृति और सूत्र साहित्य। इनकी जड़ें सामाजिक और मानसिक स्तर पर इतनी जम गयीं कि अनन्त काल के लिए अपराजेय प्रभुत्व का दर्जा हासिल कर लिया।

वासुदेव सम्प्रदाय तथा षडदर्शन-सांख्य, योग, न्याय, वैशेषिक, पूर्व मीमाँसा तथा उत्तर मीमाँसा उत्तर वैदिक काल में आरम्भ होते हैं। उपासना पद्धतियों के जटिल और प्रबल होने का काल भी यही है। यज्ञों में पशुबलि सर्वव्यापी हो चुकी थी। वैश्य जातियाँ इस बलिप्रथा के सख्त विरोध में थीं। यज्ञ का प्रभाव और दायरा इतना शक्तिशाली हुआ कि देवता और पृथ्वी तक की उत्पत्ति को यज्ञों से माना गया। कहना ज़रूरी है कि पुनः एक तर्कशून्य और यथार्थविमुख चिन्तन पेश हुआ, जिसे पुरोहित वर्ग की आत्मग्रस्त और चतुराई पूर्व कुटिलता कहा जाय तो अतिशयोक्ति न होगी, क्योंकि यज्ञ में कोई लाख हवन करवा डाले, अखण्ड मन्त्रोच्चारण खड़ा कर दे–एक भी देवता को साकार नहीं कर सकता था। खीझपूर्ण हँसी आती है–

परजीवी जैसे जीते हुए कर्मकाण्डी धर्माचार्यों पर जो यज्ञ करवाकर समूची पृथ्वी को उत्पन्न करने का कुतर्क पेश कर दिए। ऋग्वैदिक देवताओं को विस्थापित कर नये देवताओं ने अलौकिकता की सीट पर कब्जा कर लिया। प्रजापति, विष्णु, यक्ष, गन्धर्व, दिगपाल आदि इस काल के शक्तिमान देव के रूप में स्थापित हुए। 'उपनिषद' अपेक्षाकृत अधिक चिन्तनपूर्ण और विवेकवादी हैं परन्तु उनके भी श्लोकों में अलौकिक सत्ता और उसकी अदृश्य अपराजेयता के प्रति निष्ठा का भाव प्रबल है। उपनिषदों के अनुसार एक ही तत्व है–ब्रह्म। देवता, मनुष्य, सृष्टि, पौधे, पेड़ यहाँ तक कि समस्त अजीव इसी ब्रह्म से उत्पन्न हुए सिद्ध किये गये और मन्त्र पारित किया गया कि भगवान कण-कण में व्याप्त है। यहाँ कण-कण की अद्वितीयता को उपेक्षित कर उसे शताब्दियों तक के लिए ब्रह्म का गुलाम बना दिया गया। यज्ञों की प्रार्थनाओं का पाठ करने वाले ब्राह्मण 'होता' कहलाए। सामवेद और ययुर्वेद के अलग-अलग मन्त्र उद्घोषक होते थे। 'चांडाल' जिनका सम्मान समाज में था ही नहीं, जो हर प्रकार से व्यवस्था-बहिष्कृत थे, का उल्लेख उत्तर वैदिक साहित्य में छः स्थलों पर उपलब्ध होता है। 'चांडाल' का पहला उल्लेख 'वाजसनेयी संहिता' के 'पुरुषमेघ' खण्ड के अन्तर्गत हुआ। 'पुरुषमेघ' एक प्रकार का यज्ञ है–जो कि वायुदेवता को समर्पित है। निषाद, पर्णक, किरात और पौल्कस ये चार प्रकार की चांडाल जातियाँ अस्तित्व में थीं। तथ्य देना ज़रूरी है कि 'गोत्र' की अवधारणा भी इसी उत्तर वैदिक दौर में विकसित हुई। गोत्र का शाब्दिक अर्थ है–गोष्ठ, अर्थात् वह स्थान जहाँ एक पूरे वर्ग का गोधन (गायों का समूह) सुरक्षित किया जाता था। उस काल में सात गोत्र विकसित हुए–कश्यप, वशिष्ठ, भृगु, गौतम, भारद्वाज, अत्रि और विश्वामित्र। आठवाँ गोत्र भी विद्यमान था–ऋषि अगस्त्य के नाम से। अगस्त्य को तो अनार्यों का भी ऋषि बताया गया है। याज्ञवल्क्य और गार्गी की कथा 'बृहदारण्यक उपनिषद' में मिलती है, जहाँ से एक पितृसत्तात्मक तथ्य निकलकर सामने आता है कि एक दार्शनिक बहस में याज्ञवल्क्य ऋषि जी गार्गी को डांटकर चुप करा देते हैं। बहुविवाह की पुरुषवादी प्रथा विकसित हो चली थी। राजा हरिश्चन्द्र की 100 पत्नियों का उल्लेख मिलता है। प्रधान रानी 'महिषी' कहलाती थी। शेष का महत्व किसी उपभोग्य और परित्यक्त वस्तु से अधिक न था। वे शेष पत्नियाँ 'परिव्रीति' कहलाती थीं। अब 'ऐतरेय ब्राह्मण' की एक नीति सुनिए–एक पुरुष की अनेक पत्नियाँ हो सकती हैं परन्तु एक पत्नी के अनेक पुरुष नहीं हो सकते। हालाँकि महाभारत काल में द्रौपदी के साथ यह नियम टूट गया, यह अलग बात है। उत्तर वैदिक काल में विधवा विवाह और अन्तर्जातीय विवाह प्रचलित थे। 'तैत्तरीय संहिता'

में आर्यपुरुष और शूद्रा नारी के बीच वैवाहिक सम्बन्ध स्थापित होने की चर्चा है। एक मात्र उपनिषद ही थे, जो तत्कालीन कर्मकाण्डों और यज्ञों के अजेय अन्धकार में दीपक की भूमिका निभा रहे थे, परन्तु ज़मीनी तौर पर सत्ता चार वेदों और उनके द्वारा समर्थित ग्रन्थों की ही थी। यज्ञ पाँच प्रकार के प्रचलित थे–अश्वमेघ, राजसूय, वाजपेय, सौत्रामणि और पुरुषमेघ। इस काल में मूर्तिपूजा का चलन गुप्तकाल में हुआ, जब मूर्तिपूजा दैनिक जीवन का अनिवार्य कर्म बन गयी। तत्कालीन समाज भूत, प्रेतों और मन्त्रों के आतंक में दृष्टिहीन होने लगा था। पुनर्जन्म की अवधारणा का उद्घोष पहली बार 'शतपथ ब्राह्मण' में सुनाई देता है। बेहद मूल्यवान रहने के बावज़ूद उपनिषद चूक गये अपनी ऐतिहासिक भूमिका निभाने से। इन उपनिषदों ने भी तत्कालीन आमजन मानस को ब्रह्म, आत्मा और मोक्ष के मकड़जाल में सदियों तक के लिए उलझा-पुलझा कर चेतना शून्य कर दिया। उपनिषदकारों के हाथों में तत्कालीन समाज को स्वस्थ और अंधकार मुक्त करने का महत दायित्व था, जिसमें वे आंशिक रूप से ही सफल हो सके।

प्राचीन भारतीय मनुष्य के मस्तिष्क का निर्माण करने, उसे संस्कारबद्ध और आस्थाजीवी, धर्मवादी बनाने में निर्णायक भूमिका वेदों, उनके सहायक ग्रंथों, पुरोहितों और ब्राह्मणों ने निभाई। उत्तर वैदिक काल वह अविस्मरणीय युग है–जिसने युगों-युगों के लिए भारतीयता, भारत के समाज, संस्कृति, परम्परा, विश्वास और स्वभाव की नींव रख दी। चूँकि इस नींव में तर्क की जगह आस्था, यथार्थ की जगह अलौकिकता, प्रमाण की जगह भावानुभूति और सवाल की जगह अप्रश्नता को प्रश्रय एवं व्यापक समर्थन मिला, इसीलिए समूचा भारतीय मानव आस्थामूलक धर्म पर आधारित भावनाओं से आप्लावित हो उठा। उसे तर्क, संदेह, बहस करने का अधिकार छीन लिया गया। एक प्रकार से द्विज समाज द्वारा विस्तृत वैदिक धर्म एवं जाति व्यवस्था के आधिपत्य के लिए वे सारे जतन किये गये, जो किसी भी सूरत में अपराजेय रहें। 'गीता' के निष्काम कर्मयोग तथा भक्ति, ज्ञान और कर्म के समन्वय की उद्दाम प्रशंसा हर भाषा में मिलती है। परन्तु गीता की सुवैज्ञानिक मीमाँसा बहुत कम उपलब्ध है। इसका कारण है–श्रीकृष्ण के कद का ईश्वरीय शंखनाद और भारतीय चित्त द्वारा हूबहू इस अलौकिक स्वरूप का स्वीकार। श्रीकृष्ण अपने युग के क्रान्तिकारी व्यक्तित्व थे, संदेह नहीं परन्तु उनकी गीता, उनका व्यक्तित्व और जीवन-कर्म मानवोचित प्रश्नों की सीमा से बाहर नहीं। **रवीन्द्रनाथ टैगोर** ने अपने लेख 'भारतवर्ष में इतिहास की धारा' में देश की इस आस्थामूलक, भाग्यप्रेमी और भेदवादी मानसिकता का मूल्यांकन करते हुए निष्कर्ष निकाला–"समाज में बहुत

दिनों से रक्षण शक्ति का ही आधिपत्य रहा है। वह प्रत्येक वस्तु को बचाना चाहती है, जो टूट रहा है–उसको जमा करती है। जो उड़ना चाहता है उसे पकड़कर रखती है। देश की जीवनगति को अभ्यास का जड़-संचयं रोकता है। वह मनुष्य के चिन्तन को संकीर्ण और कर्म को अवरुद्ध करता है।" (रवीन्द्र रचना संचयन, साहित्य अकादमी, पृ. सं. 617)।

तत्कालीन भारतवर्ष का केवल शूद्र समाज ही नहीं वैश्य वर्ग भी अघोषित रूप से अपमानित, उपेक्षित ही रहा। धार्मिक आयोजनों, यज्ञों और अनुष्ठानों में उनकी केन्द्रीय भूमिका नगण्य थी। ये अनुष्ठान ही किसी की तत्कालीन सामाजिक हैसियत के निर्धारक थे। इनकार, प्रतिरोधी और वैचारिक क्रान्ति जो कि किसी भी समाज को स्वस्थ, सम्यक् दिशा देने के लिए अनिवार्य हैं–प्राचीन भारत में नज़र नहीं आते। सर्वस्वीकार्य की धारणा पर विकसित यह उत्तर वैदिक काल अन्ततः भारत के सामाजिक भविष्य के लिए बाधक और घातक सिद्ध हुआ। कल्पना कीजिए उस मूल भारतीय मानव की जो अपने पदचिह्नों को मिटाने के लिए अपनी कमर में झाड़ू बांधकर गाँव की राहों पर निकलता था। उसकी छाया यदि किसी सवर्ण के शरीर पर पड़ गयी तो वह स्नान के बाद ही चैन की साँस लेता। बुद्ध काल में गले में हांडी बाँधकर अस्पृश्य जातियों के चलने के प्रमाण मिलते हैं–अपनी छाया से सावधान करने के लिए उसे बजाते हुए चलते थे। पूर्व वैदिक काल का मुक्तिजीवी स्त्री समाज उत्तर वैदिक काल में दोयम दर्जे का जीवन जीने पर विवश हो गया। शूद्र और स्त्री दोनों नैसर्गिक तौर पर उज्ज्वल मनुष्यता के धैर्यवान समुद्र, परन्तु समाज में दोनों की हैसियत नगण्य। दोनों मात्र सेवा के लिए निर्धारित। यह ऐतिहासिक अन्याय किया गया–दैवी शक्तियों के बहाने, वेदों को अपौरुषेय घोषित करके और आस्था जैसी नाजुक प्रवृत्ति को अलौकिकतावादी बनाकर। इस प्रकार प्राचीन काल में भारतवर्ष को परिभाषित करने का पहला निर्णायक प्रयास उत्तर वैदिक काल में हुआ जो कि अवैज्ञानिक, मनुष्यता विरोधी और यथार्थ से विमुख था।

भारतवर्ष के लिए सर्वप्रचलित शब्द 'राष्ट्र' बहुत सम्मान का शब्द माना गया है। राष्ट्रीय आन्दोलन के समय यह शब्द अपनी गरिमा की महत्तम ऊँचाई को छूता है। **विवेकानन्द** जैसे आध्यात्मिक और धार्मिक व्यक्तित्व भी भारत की राष्ट्रीय छवि सोचकर आकण्ठ भावमग्न हो उठे। पंजाबी ही नहीं, पूरे भारतवर्ष के क्रान्तिकारी कवियों की परम्परा में अग्रगण्य **अवतार सिंह पाश** 'भारत' को सम्मान देने का अपना अलहदा अन्दाज रखते थे :

भारत / मेरे सम्मान का सबसे महान शब्द
जहाँ कहीं भी प्रयोग किया जाय/ बाक़ी सभी शब्द अर्थहीन हो जाते हैं।

('भारत' शीर्षक कविता)।

यह शब्द जो कइयों के भीतर एक अप्रश्नेय जुनून बनकर बैठा हुआ है–वह अत्यन्त प्राचीन है। 'ययुर्वेद' में राष्ट्र के कल्याण की संकल्पना प्रस्तुत की गयी है–

आ राष्ट्रे राजन्यः शूर इषव्योऽतिव्याधि महारथो जायताम्।

अर्थ विस्तार देखिए–हमारे राष्ट्र में क्षत्रिय, वीर, धनुषधारी, लक्ष्यवेधी और महारथी हों।

'अथर्ववेद' में एक वाक्य मिलता है–'अभिवर्धताम् पयसाभि राष्ट्रेण वर्धताम्।' अर्थात् राष्ट्र में धन-धान्य और दूध आदि का संवर्धन हो। वैदिक साहित्य 'राष्ट्र' और उससे सम्बन्धित शब्दों के प्रयोग से भरा पड़ा है। साम्राज्य, राज्य, महाराज्य इत्यादि। 'राष्ट्र' शब्द का शाब्दिक अर्थ है–'वह भूखण्ड जहाँ के निवासी एक संस्कृति विशेष में आबद्ध हों।' भावनात्मक अर्थ में राष्ट्र तब साकार होगा, जब उस विशेष भूभाग की जनसंख्या, भूगोल, प्रभुसत्ता, सभ्यता, संस्कृति, भाषा, साहित्य, स्वाधीनता और राष्ट्रीय एकता के प्रति समस्त जनता आस्थावान हो, फिर वह चाहे किसी भी धर्म, जाति, क्षेत्र, भाषा या समुदाय का क्यों न हो। इसी भाव को स्थापित करता हुआ मुहावरा चल पड़ा है–'राष्ट्र सर्वोपरि है।'

'ऋग्वेद' जो कि प्राचीनतम वैदिक ग्रन्थ है–वह ययुर्वेद के बहुत पहले राष्ट्र की अवधारणा को जीवित करता चला आ रहा था–देखिए–

ध्रुव ते राजा वरणो, ध्रुव देवो बृहस्पतिः
ध्रुवं त इन्द्रश्चाग्निश्च राष्ट्रं धारयतां ध्रुवम्।।

(वरुण राष्ट्र को अविचल करें, बृहस्पति स्थायित्व प्रदान करें। इन्द्र राष्ट्र को सुदृढ़ करें और अग्नि राष्ट्र को निश्चल स्वरूप में अपनायें)। वैदिक ग्रन्थों की भाँति यह 'राष्ट्र' शब्द अपौरुषेय था, सभी संदेहों, सवालों और तर्कों से बहुत ऊपर। आदिकाल और मध्यकाल में यह समूचे उपमहाद्वीप के लिए प्रयुक्त नहीं होता था, बल्कि साम्राज्य ही राष्ट्र माने जाते थे। अथर्ववेद के 'पृथ्वीसूक्त' में धरती के मातृ रूप का यशोगान मिलता है : 'माता भूमिः पुत्रोऽहं पृथिव्याः।' भावनात्मक आवेग ही सही, पर भावना ऊँची, नेक और निर्दोष है। परन्तु विष्णुपुराण अन्य किसी भी राष्ट्र की महत्ता, श्रेष्ठता या क्षमता को दरकिनार करते हुए प्रशंसा की अतिशयता छू लेता है, और आगे चलकर ऐसे ही भक्तिपूर्ण उद्गारों ने राष्ट्र के प्रति एक स्वस्थ,

वैज्ञानिक एवं कुण्ठारहित दृष्टि के बजाय एक अंधी और कट्टर राष्ट्र-दृष्टि को जन्म दिया–

अत्रापि भारत श्रेष्ठं जम्बूद्वीपे महागने।
यतोहि कर्म भूरेषा ह्यतोऽन्या भोग भूमयः।।
गायन्ति देवाः किल गीतकानि धन्यास्तु ते भारत भूमि भागे।
स्वर्गापस्वर्गास्पदमार्गे भूते भवन्ति भूयः पुरुषाः सुरत्वात्।।

विष्णुपुराण की तर्ज पर 'वायुपुराण' भी भारत को 'अद्वितीय कर्मभूमि' घोषित करता है। आगे देखिए 'भागवत पुराण' की भारतभक्ति, जो कि भारतभूमि को सम्पूर्ण विश्व में 'सबसे पवित्र भूमि' कहता है। इस पवित्रतम भूमि पर देवता भी जन्म लेने की अभिलाषा रखते हैं।

कदा वयं हि लप्सयामो जन्म भारत-भूतले।
कदा पुण्येन महत्ता प्राप्यस्यामः परमं पदम्।।

(भागवत पुराण)

बाल्मीकि रामायण में वह सर्वव्यापी श्लोक है, जो हिन्दू राष्ट्र भक्तों और करोड़ों राष्ट्र प्रेमियों का मन्त्र आज भी बना हुआ है जिसे राम रावणवध के पश्चात् लक्ष्मण को सम्बोधित करते हैं–

अपि स्वर्णमयी लङ्का न मे लक्ष्मण रोचते।
जननी जन्म भूमिश्च स्वर्गादपि गरीयसी।।

पृथ्वी का कोई भी भूखण्ड उतना ही श्रेष्ठ, अद्वितीय और पावन है जितनी हमारी भारतभूमि और उसे गन्दा और नापाक हम मनुष्य ही बनाते हैं। मुग़ल सत्ता के शिखर काल में अपने नापाक कदमों की शुरुआत करने वाली ब्रिटिश सरकार रोम-रोम में शातिर बुद्धि रखने के बावज़ूद चूक कर गयी–भारतीय राष्ट्रवाद की उभरती मानसिकता को भाँपने में। चालाक मस्तिष्क आख़िरकार नियति के चक्र के आगे मात खाता ही है। एक तरफ बेमेल विविधता से पटे हुए देश में गुलामी की मर्मांतक पीड़ा से उपजा आक्रोश सबको आत्मबद्ध कर रहा था, दूसरी ओर अपनी सत्ता के नशे में आँखें बन्द कर बैठे अंग्रेज़ अपने चश्मे से भारत की एकता की अवहेलना कर रहे थे। 1883 ई. में **जे. आर. सिले** भारत को 'एक भौगोलिक अभिव्यक्ति मात्र' मानता था। जिसमें राष्ट्रीयता की कोई भावना नहीं थी। सिले यह तथ्य तब पेश कर रहा था, जब 1857 में पहली क्रान्ति की मशाल जल चुकी थी। 1884 ई. में इसी अहंकारी सुर में सुर मिलाते हुए **'जान स्ट्रैची'** ने भी कैंब्रिज विश्वविद्यालय के भूतपूर्व छात्रों के बीच मुनादी कर डाली कि भारत के बारे में सबसे पहली और

प्रमुख–जानने योग्य बात है–'भारत न एक है और न एक था।' वक़्त अपना पैंतरा बदलता है–और मनुष्य की आकांक्षा, बुद्धि, निष्कर्ष बौने हो जाते हैं। जब अंग्रेज़ों को लगा कि भारत में राष्ट्रीयता की सोच अंगड़ाई लेने लगी है, जिसे किसी भी जतन से बुझाया नहीं जा सकता तो तर्क पेश किया भारत में नवजात राष्ट्रवाद उनके द्वारा आरम्भ औद्योगीकरण, नगरीकरण और आर्थिक विकास की देन है। अपने स्वार्थों की सत्ता सदियों तक स्थापित करने के लिए अंग्रेज़ भारत को आधुनिक बना रहे थे, यही आकार लेता आधुनिक भारत सही मायने में भारतीय राष्ट्रवाद के जन्म का मूल कारण बना। इसमें दशकों से अन्तःविकसित हो रही 'पारम्परिक देशभक्ति' भी प्रमुख प्रेरक बनी। ब्रिटिश साम्राज्य के पहले मुग़ल साम्राज्य की राजनीतिक वैधता पूरे देश में स्वीकृत हो चुकी थी। अब हिन्दू, मुसलमान तथा अन्य धर्मों, सम्प्रदायों के लोग एक शासन के अन्तर्गत जीना सीख चुके थे। 1857 की क्रान्ति में शामिल हिन्दू और मुस्लिम सैनिक इस तथ्य को पुख्ता करते हैं कि भारत अब उनके अपने देश के तौर पर हृदय में स्थान बना चुका था। उल्लेखनीय है कि भारतीय राष्ट्रवाद के उदय में पश्चिमी विचारधारा और आधुनिक शिक्षा के प्रसार ने निर्णायक भूमिका निभाई, भले ही वह इसाई मिशनरियों के द्वारा धर्म के प्रचारार्थ क्यों न शुरू की गयी हो। इनके शिक्षा के प्रसार का मकसद साफ़ था–भारतीयों के मन को ब्रिटिश सत्ता का भक्त बनाना। तत्कालीन यूरोपीय भूगोल ऐसे नायाब विचारकों को जन्म दे रहा था, जिन्होंने न केवल पश्चिमी बुद्धिजीवियों, बल्कि भारतीय शिक्षितों को आधुनिक करने में बड़ी भूमिका निभाई। रूसो, पेन, स्टुअर्ट मिल बेंथम आदि राष्ट्रवादी चेतना के प्रेरक सिद्ध हुए। ध्यान देने योग्य है–इन विचारकों ने 'राजनीतिक राष्ट्रवाद' की भावना को उत्पन्न किया। मैजिनी, गैरीबाल्डी तथा आयरलैंड के राष्ट्रवादी नेता इस आधुनिक चेतना के प्रतीक बन गये। इसी बीच भारत के दबे पड़े ग़ौरव को शेष विश्व के सामने लाने का बहुमुखी अभियान भी आरम्भ हो गया। **जेम्स प्रिंसेप** ने 1837 ई. में सर्वप्रथम ब्राह्मी और खरोष्ठी लिपियों को पढ़ने में सफलता पायी और अभिलेखों एवं सिक्कों पर 'पियदस्सी' (प्रियदर्शी) का नाम चमकने लगा। वही जो अब तक भारतीय इतिहास में अपना जोड़ नहीं रखता–सम्राट अशोक। आर. जी. भण्डारकर, आर. एल. मित्रा एवं विवेकानन्द ने भारत की प्राचीन साँस्कृतिक विरासत की पुनर्व्याख्या करके भारतीयों के भीतर लहकती राष्ट्रीयता की भावना को प्रबल बना दिया। ब्रिटिश विद्वानों का ऐतिहासिक योगदान असाधारण है, जिन्होंने भारतीय ज्ञान सम्पदा को प्रकाशित करने में स्थायी महत्व की भूमिका निभाई। सर विलियम जोन्स, मैक्समूलर, जैकोबी, कोलब्रुक, ए. बी. कीथ, बुर्नूफ के द्वारा

संस्कृत वाङ्‌मय का अध्ययन, विश्लेषण एवं उनका अंग्रेज़ी में अनुवाद किया गया।

ब्रिटिश सत्ता द्वारा भारत को दिए गये अनेक घावों के बावज़ूद जाने-अनजाने कई लाभ भी हासिल हुए। उनमें से एक है–प्राचीन भारत की अस्मिता की खोज। पश्चिमी विद्वानों ने कला, साहित्य, संगीत, वास्तुकला, दर्शन, विज्ञान तथा गणित के क्षेत्र में भारतीय मेधा की दबी पड़ी उपलब्धियों को सामने ला खड़ा किया और तत्कालीन विश्व भारत के समृद्ध, कला सम्पन्न अतीत को देखकर आश्चर्यचकित रह गया। मानव सभ्यता की यात्रा में भारत का यह येगदान अविस्मरणीय था। यह जो बहुआयामी अन्वेषण थे, इन्होंने भारतवासियों को अपने इतिहास, सभ्यता और संस्कृति पर गर्व करने का ठोस कारण दिया। यूरोपीय विद्वान **जेम्स मिल** ने भारत में इतिहास लेखन की आधुनिक परम्परा की नींव रखी। मिल ने प्राचीन काल को हिन्दू काल, मध्यकाल को मुस्लिम काल और आधुनिक काल को ब्रिटिश काल के रूप में रेखांकित किया, जो कि शासन और सत्ता के विकास की दृष्टि से तार्किक और यथार्थपरक विभाजन है। ब्रिटिश सत्ता अति बुद्धिमत्ता के नशे में भारी चूक कर बैठी–तात्कालिक स्वार्थ सिद्धि की माया में अपने भविष्य की जड़ें काटनी आरम्भ कर दीं। आर्थिक शोषण इतना निर्लज्ज, खुलेआम और व्यापक हो गया कि देखते ही देखते समृद्ध और ख़ुशहाल देश विपन्नता और भुखमरी के दबाव में आ गया। देशवासियों को कारण प्रत्यक्षतः दिख रहा था। पहले मानसिक, फिर वैचारिक और अन्ततः व्यावहारिक प्रतिरोध एवं असन्तोष लाजिमी था। इस औपनिवेशिक अर्थव्यवस्था में किसान, शिल्पकार, दस्तकार, मज़दूर, बुद्धिजीवी, व्यापारी, युवा सभी का भविष्य, जीवनयापन और रोज़गार नेस्तनाबूद हो गये। ब्रिटिश सरकार की भेदभावपूर्ण आर्थिक नीतियों ने पारम्परिक हस्तशिल्प और देशज उद्योग-धन्धों को लगभग समाप्त कर दिया। आर्थिक दोहन की सनक ने बहुत शीघ्र ही ब्रिटिश हुकूमत को भारतीयों का विरोधी बना लेने में निर्णायक भूमिका निभाई।

1834-35 में गवर्नर जनरल ने अपनी रिपोर्ट में कहा था–"इनका (व्यापारी) दुख-दर्द व्यापार के समूचे इतिहस में अतुलनीय है। कपड़ा बुनकरों की अस्थियों से भारत की धरती सफेद हो गयी है।" भारत की कृषि-व्यवस्था पर हमला किया ब्रिटिशकालीन तकनीकी सुविधाओं ने, जिनका दुरूपयोग अंग्रेज़ो को तीव्र गति से सम्पन्न करने के लिए किया जाता था। पारम्परिक उद्योगों एवं दस्तकारी में लगे हुए श्रमिक इसी संकटग्रस्त कृषि की ओर झुके। अन्धाधुन्ध मालगुजारी, दमनकारी ज़मींदारी और अंग्रेज़ियत ओढ़े भारतीय साहूकारों, महाजनों ने किसानों, मज़दूरों को ऐसी विपन्न दशा में पहुँचा दिया कि क़रीब 75 प्रतिशत भारतीयों के लिए भरपेट

भोजन सपना हो गया। 1900 ई. में सर **विलियम डिग्वी** ने लिखा–"ब्रिटिश भारत में क़रीब 10 करोड़ मनुष्य ऐसे हैं, जिन्हें किसी भी समय भरपेट अन्न नहीं मिलता।" धीरे-धीरे परन्तु सुदृढ़ रूप से यह बात भारतीयों के जेहन में पैठ गयी कि उनकी दशा को आशाविहीन और दीनता को दानवी बना देने का मूल कारण ब्रिटिश शासन का सुव्यवस्थित शोषण है। सही अर्थों में 1707 के बाद से ही भारत में सुव्यवस्था और राजनीतिक सुशासन का लोप हो चला था। अपने अपराजेय स्वार्थ के लिए स्थापित राजनीतिक ढाँचे की खोल से राष्ट्रीय एकता की भावना उत्पन्न हुई। इस प्रकार बेहोशी में ही सही ब्रिटिश सत्ता की मनमानी नीतियों, गैरकानूनी कानूनों और अवैध प्रशासनिक नियमों ने अनम्य राष्ट्रीय चेतना की नींव रख दी। इस चेतना को हवा देने में अहम् भूमिका निभाई प्रेस ने। प्रेस खड़ा होना ही था कि राष्ट्रवादी सोच को देशव्यापी लहर बनने में देरी न लगी। 1780 ई. में 'बंगाल गजट' के प्रकाशन के साथ ही भारत में प्रेस की नींव पड़ी। 'संवाद कौमुदी' का आरम्भ करके **राजा राममोहन राय** ने पत्रकारिता की नींव डाली। प्रेस के विस्तार से उत्पन्न जनचेतना की आग को भांपते हुए अंग्रेज़ भारत में प्रेस की स्वतन्त्रता के विरुद्ध हो गये, किन्तु अग्नि-बीज तो जन्म ले चुका था। 1835 ई. में **मेटकॉफ** को भारतीय प्रेस पर लगा प्रतिबन्ध हटाने का आदेश देना पड़ा।

भारतीय राष्ट्रीय आन्दोलन के दौर में एक अमोघ भाव भारतीय शक्ति बनकर उठा। यह राष्ट्रवाद आजादी का दुर्लभ स्वप्न साकार करने वाला मूल रहस्य सिद्ध हुआ। 'भारत मेरा देश है, हम देश के बन्दे हैं' यह भाव, यह एहसास प्राणशक्ति बनकर प्रत्येक ज़ागरूक, शिक्षित, अशिक्षित, मेहनतकश, कृषक, साहसिक नारी और उर्जस्वित युवा के भीतर पैठ गया। उग्रपन्थी और नरमपन्थी नेताओं के आन्दोलनों एवं क्रान्तिकारी गतिविधियों ने इस सुलगती भावना को लहकाने में निर्णायक भूमिका अदा की। महात्मा गांधी के तीनों ऐतिहासिक आन्दोलन इसी राष्ट्रवादी जनचेतना की बूते कामयाब हुए। गांधी जी ने देशवासियों के भीतर स्वाधीनता की अनम्य जिद्द और संकल्प को उस पराकाष्ठा पर पहुँचा दिया, जहाँ या तो उन्हें आजादी मिलती या फिर मरना अनिवार्य कर्त्तव्य बन जाता। गांधी के आन्दोलन का प्रताप देखिए कि मध्यवर्गीय जीवन की दैनिक चुनौतियों का सामना कर रहे–प्रेमचन्द लगभग 20 वर्ष की जमीजमाई ऊँचे ओहदे वाली सरकारी नौकरी छोड़ देते हैं। एक साक्षात्कार में प्रेमचन्द ने अपने जीवन की मंशा जाहिर की थी और कहा था–वे ऐसा उपन्यास लिखन चाहते हैं, जिससे राष्ट्रीय आन्दोलन को ताकत मिले। स्पष्ट है–राष्ट्रीय आन्दोलन के वक़्त में यह राष्ट्रवाद एक ज़रूरी, श्रेष्ठ और क़ीमती मूल्य

था, किन्तु आजादी के बाद इस शक्ति का दुरुपयोग मनमाने ढंग से अपने संकीर्ण स्वार्थों की पूर्ति के लिए होने लगा। कोई श्रेष्ठ विचार, जीवन-शैली या सिद्धान्त तभी तक मूल्यवान है, जब तक वह सर्वजनहिताय प्रासंगिक रहता है, जब तक उसमें भेदभाव या स्वार्थ की बदबू नहीं उठती, जब तक वह वर्ग विशेष के स्वार्थों की पूर्ति का माध्यम नहीं बनता। दूसरा महत्वपूर्ण पहलू यह कि हर एक उन्नत विचारधारा की प्रासंगिकता की एक उम्र होती है। एक काल विशेष में अपनी शिखर चमक हासिल कर मद्धिम होता है या गैर ज़रूरी हो जाता है। यह बात राष्ट्रवाद के सन्दर्भ में लागू होती है। यह अकारण नहीं दो-दो देशों का राष्ट्रगान रचने वाले रवीन्द्रनाथ टैगोर स्वयं राष्ट्रवाद के आलोचक थे। वे उस शक्ति की बेमिसाल क़ीमत समझते हुए भी उसकी सीमाओं को जानते थे, साथ ही स्वतन्त्र भारत के स्वस्थ विकास में एक अदृश्य अवरोधक के रूप में भी। 1908 ई. में प्रसिद्ध वैज्ञानिक जगदीश चन्द्र बोस की पत्नी अबला बोस द्वारा की गयी आलोचना के जवाब में **टैगोर** ने कहा– "देशभक्ति मेरे लिए मेरा अन्तिम आध्यात्मिक आश्रय नहीं हो सकता है। मैं हीरे की क़ीमत में, शीशे नहीं खरीद सकता हूँ। जब तक मेरा जीवन है–मैं मनुष्यता के ऊपर देशभक्ति की जीत हावी नहीं होने दूँगा।" टैगोर आन्दोलनधर्मी राष्ट्रवादी की तरह नहीं, एक सर्जकचित्त देशप्रेमी की तरह भारतवर्ष को जी रहे थे। वे उस आहट को सुन पा रहे थे कि राष्ट्रवाद का अतिशय आग्रह एक दिन शान्ति-विरोधी कट्टरता का रूप लेगा और बहुसंख्यक वर्ग अपने अहंकार की तुष्टि के लिए इसका बेजा इस्तेमाल करेगा, इसकी मनमानी व्याख्याएं करेगा। आजादी के बाद हमारी संकीर्ण सोच के कारण दूषित होता आ रहा यह राष्ट्रवाद अब हिन्दुत्व की राजनीति का एक मनोवैज्ञानिक हथियार बन चुका है, जिसमें सहिष्णुता का अकाल है, जो अल्प संख्यकों की विचारधारा, उनकी स्वाधीनता एवं आत्मसम्मान की अवहेलना करता है। इस धार्मिक राष्ट्रवाद में अंधभक्ति, अतीत राग, अन्धानुकरण और दूसरे देशों से ईर्ष्या अनिवार्यतः शामिल हो चुकी है। आजादी के बाद राष्ट्रवाद अधिकाधिक कठोर, अनुदार और संकीर्ण होता चला गया। इस काँटे-छाँटे गढ़े गये राष्ट्रवाद में हिन्दुत्व की पताका बुलन्द करने वाले लगभग सारे चरित्र हैं। हिन्दुत्व की सत्ता स्थापित करने वाले सभी नायक हैं। यहाँ तक कि वे भारतीय बुद्धिजीवी भी जिन्होंने राष्ट्रवाद का समर्थन देशहित में किया, उनको भी इन बहुसंख्यक हिन्दू राष्ट्रवादियों ने मोहरा बना लिया है। धीरे-धीरे उन्माद का रूप धारण करता यह छद्म राष्ट्रवाद वर्तमान में देश के विकास का मन्त्र नहीं, बल्कि तिकड़म है ; जो कि देशभक्ति की भावना का इस्तेमाल कर अपने राजनीतिक संगठन की नींव मज़बूत करता है। ध्यान

देने योग्य है–1917 ई. में राष्ट्रवाद को मानवता के लिए खतरा बताने वाले टैगोर सही सिद्ध हुए, जब उनकी मृत्यु के ठीक पूर्व राष्ट्रहित के नाम पर कई राष्ट्रों के बीच 1939 ई. में द्वितीय विश्वयुद्ध आरम्भ हो गया, जिसकी चरम परिणति हिरोशिमा और नागासाकी शहरों को जनशून्य, जीवनविहीन करने के रूप में होती है।

समय बीतने के साथ-साथ न केवल व्यक्ति में, बल्कि समाज, व्यवस्था, संस्कृति और सत्ता में भी परिवर्तन अनिवार्य है। यह बदलाव ही समसामयिक बने रहने की शर्त है, वरना पुराना, बासी और ज़हरीला हो जाने में देर नहीं लगती, चाहे वह सामाजिक व्यवस्था हो, नियम-कानून हों या श्रेष्ठ विचार। पत्तियाँ विदा लेती हैं–तो बसंत आता है, फसलें कटती हैं–तो बीज पुनः जमते हैं। कुर्सी खाली होती है–तो नया नायक खड़ा होता है–उसी तरह जब एक पुरानी सोच मिटती है–तो अभिनव सोच दिलदिमाग़ में करवट बदलती है। राष्ट्रवाद था कभी बहुमूल्य, रहा कभी देश की अनिवार्य प्रेरणा, किन्तु उपस्थित युग अब राष्ट्रवाद की सीमाओं से बाहर निकलने का आह्वान कर रहा है। राष्ट्रवादी होना आज न उपलब्धि है, न आश्चर्य, बल्कि अन्तर्राष्ट्रवादी होना दुर्लभ उपलब्धि है। राष्ट्रवादी सोच जहाँ टकराव, शत्रुता, हृदयभेद और हिंसा-प्रतिहिंसा का कारण बनती है, वहीं अन्तर्राष्ट्रवादी दृष्टिकोण सहिष्णुता, सामंजस्य, मैत्रीभाव और शान्ति की आकांक्षा को प्रबल करता है। यदि सही अर्थों में हम अन्तर्राष्ट्रवादी बन जायें तो जनसंहारक युद्ध स्वतः महत्वहीन हो जायेंगे, युद्धों के सिलसिले समाप्त होने लगेंगे हैं, और दिलो को बाँटने वाली भौगोलिक सीमाएं अभिनव मनुष्यता का उत्सव मनाने वाली संधिस्थली में तब्दील हो जायेंगी। क्योंकि तब हमें अपने देश के साथ-साथ दूसरे देशों को अपना मानने का संस्कार विकसित होगा। तब दूसरे देश का मनुष्य विदेशी न रह जायेगा, तब अन्य देशों की संस्कृति हमें पथभ्रष्ट करने का कारण न बनेगी, तब हम किसी विदेशी भाषा से नफ़रत करना बन्द कर देंगे। टैगोर का नज़रिया अपने वक़्त से आगे था जो यह कहते थे कि भारत को राष्ट्र की संकीर्ण मान्यता छोड़कर अन्तर्राष्ट्रीय दृष्टिकोण अपनाना चाहिए।

आज भारतवर्ष को एक और दुर्लभ किन्तु बेमिसाल निगाह विकसित करने की आवश्यकता है–वैश्विक नज़रिए से भारत को देखना, परखना, तटस्थ मूल्यांकन करना और व्याख्यायित करना। राष्ट्रवादी नज़रिया हमें अपनी तमाम कमज़ोरियों, दोषों, जड़ताओं और घातक अन्धकार को देखने से रोक देता है, क्योंकि तब हमें देश का हर पक्ष प्रिय लगता है। आसक्ति अन्धापन लाती है। इसीलिए एक आकण्ठ राष्ट्रवादी देश के भ्रष्टाचार, सामाजिक पतन, अमानवीयता और वैमनस्य की मोटी

होती दीवारों का मूल्यांकन कर ही नहीं सकता। यह क्षमता आती है–देश में रहकर 'सर्वदेशीय मानस' का हो जाने से। यह योग्यता हासिल होती है–विश्व को अपना ठिकाना मानने से। यह नायाब सोच जन्म लेती है–समकालीन गैर परिचितों को अपना भाई-बन्धु मानने की असीमता से। विश्व के योग्य भारत तभी सिद्ध हो पायेगा, जब वह विश्वचिन्तक बनेगा, जब अन्तर्राष्ट्रवादी लोकप्रियता हासिल करेगा, जब वह विश्व के श्रेष्ठ मानकों की कसौटी पर अपना मूल्यांकन करने का स्वभाव विकसित करेगा। वरना अभी तो वह विश्व गुरु कहलाने का ख़्वाब पाल रहा है–वह भी पुरातनपन्थी, हिन्दुत्वपरस्त नज़रिए से। सच तो यह कि यह परिवर्तनशील विश्व ही हमारा गुरु है। हमें आधुनिक किया यूरोप ने, हमें संविधान दिया यूरोप ने, हमें तकनीकी सम्पन्नता दी पश्चिमी विश्व ने। यहाँ तक कि भारतवर्ष का भूगोल भी अफ्रीका महाद्वीप से हासिल हुआ। जब हम वैश्विक निगाहों से भारत को आंकेंगे, तब रोना आयेगा–यहाँ के धार्मिक पाखण्डों पर, लाखों मन्दिरों में दिन रात मचे हुए पूजा पाठ के आतंक पर, पोर-पोर को जकड़े हुए जातिवाद पर और अपने पतन की स्थायी नियति पर। तभी हम सही अर्थों में विश्वमानव कहला भी पायेंगे। वरना सिमटे रहिए अपनी शुद्धता की खोल में। घोषित करते रहिए अपने अतीत की बासी श्रेष्ठता और पीटते रहिए ढोल अपनी आध्यात्मिक शक्तियों का। सही अर्थों में वैश्विक स्वीकार्यता हासिल होने से रही।

भारत की गुलामी के चक्रव्यूह

गुलामी वह है, जिसका स्वयं पर अनुशासन, नियन्त्रण और अधिकार न रह जाये। जो किसी दूसरे की इच्छा की छाया में पले, जो दूसरे के हुक्म का पुतला हो, जिसका वजूद किसी और की इच्छा में कैद हो। यह गुलामी ख़ुद की नज़र से ख़ुद को छीन लेना है। जिसमें व्यक्ति मन-वाणी और कर्म से स्वतन्त्र आचरण करने वाला रह नहीं जाता। गुलामी में जीता व्यक्ति एक प्रकार से अवास्तविक व्यक्तित्व होता है। वह न केवल समाज, व्यवस्था, संस्कृति के दैनिक प्रवाह से कटा हुआ, बल्कि स्वयं से भी जुदा एक अचेत काया का ढाँचा ढोता है। जिसके भीतर से नैसर्गिक स्वप्नों ने विदाई ले ली है, इच्छाएं बुझ-बुझकर राख बन चुकी हैं, विवेक नेक रहते हुए भी बलपूर्वक विकलांग कर दिया है। और वाणी को सख्त भय के आवरण में बन्द कर दिया गया है। यह अवश्य है कि गुलामी की नियति अनिवार्यतः व्यक्ति के भीतर अपने गलते, मिटते, छीजते अस्तित्व के प्रति एक विकट और विलक्षण पीड़ा पैदा करती है। यही अमोघ पीड़ा गुलामकर्ता के विरुद्ध चट्टान बनने के लिए प्रेरित करती है और अकारण अपनी स्वतन्त्रता ज़मींदोज हो जाने की न्यायवादी पीड़ा मुक्ति की क्रान्तियों का कारण बनती है। प्रकृति ने स्वाधीन आत्मनियन्त्रण का वरदान मनुष्य को दिया है। अर्थात् सर्वोत्तम और सर्वश्रेष्ठ अधीनता स्वयं का अनुशासन है। परन्तु सारा मानव जगत उल्टी चाल चलने को अभिशप्त है–वह आमादा है–दूसरे को अधीन करने, निर्देशित करने और आदेश पालक बनाने के लिए। जिसके भीतर यह सजगता प्रज्ज्वलित हो गयी कि स्वयं को नियन्त्रित करना जीवन का सबसे गर्वपूर्ण आनन्द है, फिर वह व्यक्ति तो क्या एक जीव, पशु और पक्षी तक को गुलाम बनाना मनुष्यता के प्रति मर्मांतक अपराध समझेगा। न केवल भारतवर्ष बल्कि विश्व के अधिकांश देशों ने केवल गुलामी के राजनीतिक चक्रव्यूह को सफलतापूर्वक पार किया है। अर्थात् राजनीतिक गुलामी पर विजय हासिल करने

में अभी तक मनुष्य को सफलता मिल पायी है–वह भी कई असफल क्रान्तियों की नींव रखने के बाद, मशाली आन्दोलनों की रणयात्रा में कई मुक्तिवीरों की आहुति देने के बाद। राजनीतिक स्वतन्त्रता के बाद सबसे क़ीमती है–सामाजिक आजादी। क्योंकि व्यक्ति को राजनीति से अधिक कुछ लेना-देना नहीं होता न ही राजनीतिक बदलाव, उतार-चढ़ाव, घटनाओं और चरित्रों में उसकी विशेष रूचि होती है, बल्कि अक्सर आम व्यक्ति राजनीति विमुख स्वभाव का जीवन जीता है। उसका सीधा सरोकार समाज से है। समाज ने उसे पहचान दी, सुरक्षा दी, शिक्षित बनाया, सलीका और संस्कार दिया। इसीलिए उसके वजूद पर समाज काबिज है। परन्तु सामाजिक संरचना और उसकी नींव इतनी अवैज्ञानिक, पक्षपातपूर्ण और अन्यायपूर्ण है कि अन्तत: वह मनुष्य में एक खण्डित, नकारात्मक और विद्रोही व्यक्तित्व को जन्म देती है। समाज जो जन्म पर आधारित दर्जनों भेद के सिद्धान्त पर खड़ा हो चुका है–वह एक स्वस्थ सोच, एक मनुष्यतापूर्ण संकल्प और परहितवादी स्वभाव को कैसे जन्म दे सकता है? समाज ने जहाँ हैसियत, महत्व और सम्मान के आधार पर मनुष्यों की योग्यता, क्षमता और मूल्य का बँटवारा कर रखा हो, वहाँ एक अस्वस्थ मानव ही जन्म लेगा। उर्जस्वित मेधा की आँच में तपे हुए व्यक्ति का जन्म तभी सम्भव है, जब हमने श्रेष्ठ और स्वस्थ सामाजिक व्यवस्था में पाला और विकसित किया हो। सामाजिक गुलामी, राजनीतिक दासता से अधिक पीड़ादाई है। राजनीतिक गुलामी भयानक होकर भी अप्रत्यक्ष तानाशाही होती है, जबकि सामाजिक गुलामी की टीस रोज-रोज हरी होती है, प्रतिक्षण उसकी चोट आत्मा पर घाव करती है। वह सीधे-सीधे आत्मसम्मान को ललकारती है, कुचलती है हमारे मनुष्य होने के अर्थ को, ढंक लेती है हमारे इन्सान कहलाने का एहसास।

भारतवर्ष में सामाजिक गुलामी का पहला लौहद्वार है–जाति व्यवस्था, जो इतनी गहरी, चट्टानवत्, सर्वव्यापी और विरोधजयी है कि सदियों से बारम्बार प्रहार खाकर भी गिरने, खण्डित होने या मिटने का नाम नहीं ले रही। भारतीय मस्तिष्क की ऐतिहासिक पराजय का पहला काला अध्याय है–जातिवाद, जिसने देश की आत्मा पर बुझदिली का ग्रहण लगा दिया, जिसने मायावी घुन की तरह चाल खाया भारतीय मनुष्य की अद्वितीय मानवीय योग्यता को, जो हमारे रोम-रोम को जकड़े हुए ऐसा बेइलाज रोग है–जिसने तन, मन, चित्त, इच्छा, कल्पना, बुद्धि, मेधा, अनुभूति सबको खोखला, शक्तिहीन और निस्तेज कर दिया। जातीय भेदभाव की प्राणघातक पीड़ा उस व्यक्ति को कभी नहीं सतायेगी–तड़पायेगी, जो जन्म-जन्मान्तर के लिए शीर्ष पर बैठा दिया गया है, क्योंकि उसकी केन्द्रीय सामाजिक महत्ता और

सम्मान लूटने की परम्परा में कभी कोई कमी या अकाल नहीं आने वाला। यह जातीय मानसिकता बेशक सदियों से भारत के वर्तमान, भूत और भविष्य को ढके हुए सबसे विषैला घटाटोप है, जिसके रहते मानवता का सूर्य देश की धरती पर चमक ही नहीं सकता। घृणा, तिरस्कार और अपमान के सिद्धान्त पर टिका हुआ यह जातिवाद पहले व्यावहारिक स्तर पर अलग करता है, फिर हृदय की खाई चौड़ी करता है, उसके बाद बुद्धि के स्तर पर एक-दूसरे को शत्रु बनाता है और फिर स्वभाव में स्थायी घृणा की बीमार मानसिकता पैदा करता है। अन्तत: विद्वेष के ज़हर में डूबे हुए और बदबूदार श्रेष्ठता के अहंकार में अकड़े हुए पुतले के रूप में तब्दील कर देता है। यह जाति व्यवस्था सबकी पहचान, अस्मिता और परिभाषा की शर्त बन चुकी है। आप जाति विरोधी हैं, फिर भी आपकी सामाजिक पहचान जाति के अन्तर्गत है, आप प्रगतिशील हैं, फिर भी जातीय पहचान के प्रतीकों में जकड़े हुए हैं। आप मनुष्य-मनुष्य के बीच किसी भी अपमानपूर्ण भेद के आकण्ठ विरोधी हैं, फिर भी आपके नाम के साथ जातीय पहचान छाया बनकर चल रही है। कर्म के प्रति भी एक मानसिकता होती है–श्रम के कर्म निम्न महत्व के हैं और बुद्धि के कर्म श्रेष्ठ महत्व के, ऐसी अन्यायपूर्ण मानसिकता का निर्माण उत्तर वैदिक काल से ही होने लगा था। इसलिए कर्म के आधार पर जाति व्यवस्था का ढाँचा निर्मित होने का तर्क इतना शातिराना, स्वार्थपूर्ण और धोखादायी है कि क्या कहना। यदि कर्म-कर्म के महत्व में कोई अन्तर नहीं, सभी कर्म बराबर मूल्य के हैं तो चर्मकार, बढ़ई, उठाईगीर, किसान और भंगी को सम्राट का सलाहकार और मन्त्री बनने का उतना ही अधिकार होना चाहिए था, जितना ब्राह्मणों और पुरोहितों को। राजसभा के अग्रिम आसनों पर राज्य में अन्न उगाने वालों का पहला अधिकार होना चाहिए था, चौड़े-चौड़े मार्ग प्रशस्त करने वालों को सबसे आगे बैठाना चाहिए था, जो रथ, बैलगाड़ी, साजोसामान और हथियार तराशते थे, उन्हें सम्राट की पलकों पर होना चाहिए था, क्योंकि यही बहुश्रमजीवी समुदाय राज्य, साम्राज्य और सत्ता की नींव के हजारों-लाखों ईंट थे। साँप पकड़ने वाला, सर्प का मन्त्र पढ़ने वाले ब्राह्मण से कमतर कैसे हो गया? फसल उगाने वाला, देवताओं के नाम अन्न चढ़ाने वालों से निम्न कैसे हो गया? मनुष्य-मनुष्य का पेट भरने वाला, देवताओं को भोजन खिलाने वालों से कम क़ीमती कैसे हो गया? सामाजिक चिन्तक **भगवान सिंह** के द्वारा दिया गया यह निष्कर्ष ध्यान खींचता है–"भारतीय वर्ण व्यवस्था का यह दोष रहा है कि इसमें कोई अपना वर्ण तो बदल सकता था, पर जाति आसानी से नहीं बदल सकता था। प्राचीनतम अवस्था से लेकर आज तक के इतिहास में अनेक अवर्ण

वर्ण समाज में कहीं न कहीं मिलते रहते हैं, परन्तु एक जाति का आदमी दूसरी जाति में, आधुनिक काल से पहले प्रवेश पा सका हो, इसका हमें निश्चित ज्ञान (प्रमाण) नहीं।" (भारतीय सभ्यता की निर्मिति, पृ. संख्या 47)। जहाँ परिवर्तन के प्रति शत्रुता है, जहाँ सिद्धान्त, नियम, मूल्य चिरस्थायी और जड़ हो चुके हैं–वहाँ सड़न अवश्यम्भावी है। वहाँ समाज को खोखला और अनुपयोगी होने से बचाया नहीं जा सकता।

जाति व्यवस्था के विरुद्ध खड़े सबसे मज़बूत स्तम्भ **भीमराव अम्बेडकर** ने लिखा–"हिन्दू समाज व्यवस्था में देश की पंचमाँश जनसंख्या को अछूत बना रखा है। पेशवाओं के शासन काल में, महाराष्ट्र में इन अछूतों को उस सड़क पर चलने की आज्ञा नहीं थी, जिस पर कोई सवर्ण हिन्दू चल रहा हो। इसके लिए आदेश था कि वे अपनी कलाई में या गले में काला धागा बाँधे, ताकि हिन्दू इन्हें भूल से छू न लें। पेशवाओं की राजधानी पूना में तो इन अछूतों के लिए यह आदेश था कि ये कमर में झाड़ू बाँधकर चलें ताकि इनके पैरों के चिह्न झाड़ू से मिट जायें और कोई हिन्दू इनके पदचिह्नों पर पैर रखकर अपवित्र न हो जाय। अछूत अपने गले में हांड़ी बाँधकर चलें, और जब थूकना हो तो उसी में थूकें। भूमि पर पड़े हुए अछूत के थूक पर किसी हिन्दू का पैर पड़ जाने से वह अपवित्र हो जायेगा।" (जाति का ज़हर : सम्पादक- राजकिशोर, पृ संख्या-11)

कमर पर झाड़ू बांधने और गले में हांड़ी लटका कर रास्तों पर चलने का उल्लेख बुद्ध युग में भी मिलता है। अर्थात् सदियाँ बीतीं, युग बदले, पृथ्वी ने लाखों बार करवट ली, ऋतुएं बदल गयीं। साम्राज्य बने और मिट चले, किन्तु घृणा, तिरस्कार, अस्पृश्यता और जातीय उच्चता का अन्धा-बहरा अहंकार तब से लेकर आधुनिक काल तक ज्यों का त्यों बरकरार रहा। बल्कि प्राचीन काल से कहीं अधिक घातक, आत्महंता और चट्टानी बन चुका है। सरकारी नीतियाँ इसे मिटा पाना तो बहुत दूर, बरकरार रखने का कारण बन रही हैं। सरकारी कागजातों में सभी के लिए अपने धर्म और जाति का कॉलम भरना अनिवार्य है। प्रसिद्ध विचारक **सच्चिदानन्द सिन्हा** का निष्कर्ष है–"जाति विभाजन धार्मिक विभाजन और वर्ग विभाजन से कहीं अधिक गहरा होता है।" (जाति का ज़हर : राजकिशोर–पृ. संख्या-31)

इस जाति व्यवस्था की ही तरह सामाजिक ताने-बाने को जकड़े हुए दूसरा चक्रव्यूह है–रंगभेद और लिंगभेद। पश्चिमी दुनिया में श्वेत और अश्वेत का अन्तहीन संघर्ष समाप्त होने का नाम नहीं ले रहा। अफ्रीका–जहाँ से इन्सानियत की वैश्विक यात्रा आरम्भ होती है–इस रंगभेद आन्दोलन का गढ़ बन गया। भारतवर्ष में रंगवादी

मैली मानसिकता को हवा दी, अंग्रेज़ों ने, जो यहाँ रहते हुए लगभग तीन सौ वर्षों के दौरान काले-गोरे का भेद अमिट कर गये। एक सामान्य धारणा आज भी ज्यों की त्यें कायम है कि सवर्ण गोरे और अवर्ण काले होते हैं। इसीलिए गोरा रंग श्रेष्ठता का और काला रंग निम्नता का प्रतीक घोषित कर दिया गया जबकि शरीर का रंग प्रकृति, पर्यावरण, परिस्थिति का परिणाम है। भौगोलिक दशाएं, आबोहवा और सूर्य की चमक का कोण शारीरिक रंग के निर्धारण में अहम भूमिका निभाते हैं। साथ ही यह आनुवंशिक परिणाम भी है। यह अवश्य है कि श्रमिक, परिश्रमी, मेहनतकश का शरीर प्राय: गोरे रंग को हासिल नहीं कर पाता, क्योंकि वह धूल-माटी का साधक है, धरती का शिल्पकार है, चट्टानों में प्राण-प्रतिष्ठा करता है, लोहे में मूल्य पैदा करता है, आग से दोस्ती करके जीता है और ख़ुशहाली के सपनों को साकार करने में नींव की ईंट साबित होता है। निस्संदेह स्याह, सांवला, धूसर, गेहुंआ और काला रंग मनुष्य के ज़मीनी संघर्ष के रंग हैं, जो अपनी पृथ्वी का भाग्य बदलने के एवज में हासिल होते हैं। उच्चता का रंग एक आश्रित, परजीवी रंग है, बेशक वह देखते-देखते विदा हो जायेगा, यदि एड़ी-चोटी का पसीना गरम खून में तब्दील करने वाले तांबई रंग के अनमोल श्रमिक, कारीगर और मज़दूर अपने दायित्व से पलायन कर जायें। खान-पान, विवाह, से लेकर मान-अपमान को निर्धारित करने तक में इस शारीरिक रंग की अहम् भूमिका होती है। गोरा रंग गैर गोरों की मानसिकता पर आतंक की तरह है।

लिंगभेद का विकृत रूप केवल स्त्री-पुरुष के बीच वर्चस्व के संघर्ष के रूप में ही दिखायी नहीं देता, बल्कि लड़का-लड़की के बीच अन्यायपूर्ण भेदभाव के रूप में नज़र आता है ऐतिहासिक तथ्य को यदि मानें तो केवल पूर्व वैदिक काल या ऋग्वैदिक युग इस भेदक दृष्टि से मुक्त था, उसके बाद लिंगभेद की संकीर्ण मानसिकता ने इस कदर विस्तार लिया कि समूचा उपमहाद्वीप उसके दुष्प्रभाव में आ गया। सदियों-शताब्दियों से स्त्री को सिर्फ़ इसलिए दोयम दर्जे की भविष्यशून्य दशा में रखा गया क्योंकि वह स्त्री है, कोमलांगी है, निर्बला है, जीवन की चुनौतियों का मुकाबला करने योग्य नहीं। हिन्दू संस्कृति और सामाजिक व्यवस्था में स्त्री वर्ग को चिरस्थायी तिरस्कार मिला ही—मुस्लिम वर्ग में स्त्रियों की हैसियत और भी गयी-बीती दशा में पहुँच गयी। भारत में पर्दाप्रथा, सतीप्रथा, अनमेल विवाह, विधवा समस्या इस अपराधमय मानसिकता से उपजी बीमारियाँ थीं। अद्वितीय संकीर्णता और विकट ईर्ष्या की धरती है भारत देश जहाँ एक स्त्री का बहुमूल्य जीवन उसकी इच्छा के विरुद्ध इसलिए छीन लिया जाता था क्योंकि पति की मृत्यु हो गयी है। वह किसी

अन्य पुरुष के प्रति या कोई गैर पुरुष उसके प्रति आकर्षित न हो जाय–इसलिए अपारदर्शी पर्दों के पीछे रखा गया, घूँघट निकालना अनिवार्य हो गया। मुस्लिम समाज में नकाबप्रथा इसी शारीरिक गुलामी का अपराजेय विस्तार है। भारत में यह पर्दाप्रथा मुग़ल शासकों के समय अपनी ज़हरीली जड़ों का अबाध विस्तार करती है। प्राय: 12 वीं शताब्दी में इस व्यवस्था की शुरुआत मानी जाती है। 'पर्दा' शब्द इस्लाम की ही देन है, जो अरबी भाषा में फारसी भाषा से आया। सभी मुस्लिम देशों की स्त्रियाँ इसकी इस्पाती गिरफ्त में हैं। 15 वीं-16 वीं शताब्दी तक यह प्रथा भारतीय स्त्रियों के जीवन में अभिन्न जीवन शैली बन गयी। बदतर दशा का आलम यह कि खेतों में श्रम करने वाली स्त्री के लिए भी घूँघट अनिवार्य हो गया। ईसा के जन्म से 500 वर्ष पूर्व तथ्य गवाह हैं–लिंगभेद के, यह कि पति के द्वारा बुलाए अतिथियों से मिलने की अनुमति उन्हें नहीं दी जाती थी। स्पार्टा में स्त्रियाँ सार्वजनिक आयोजनों में भाग नहीं ले सकती थीं। ईसा के 300 वर्ष पूर्व कुलीन वर्गीय असीरियन महिलाओं में पर्दाप्रथा थी। आश्चर्यजनक रूप से निम्न जातीय स्त्रियाँ और वेश्याएं इस प्रथा से मुक्त थीं, अर्थात् यह प्रथा स्त्रियों पर पुरुषों के वर्चस्व का प्रतीक बनकर सामने आयी। तथ्य प्रमाणित करते हैं कि 'अग्नि परीक्षा' की प्रथा भारत और भारत के बाहर सदियों तक चलन में रही। स्त्री के चरित्र की परीक्षा लेने के लिए लोहे का फाल ख़ूब गर्म करके जीभ से चाटने को कहा जाता था, यदि मुँह नहीं जला, तो अर्थ निकलता था–स्त्री पतिव्रता है। इसके बरक्स पुरुष अपने चरित्र को सिद्ध करने के लिए किसी भी अग्नि, तप्त लोहे या असह्य परीक्षा से मुक्त था, जबकि ऐतिहासिक तथ्य है–नगरवधू, गणिका व्यवस्था या वेश्या समाज सद्‌चरित्रता की कसौटी तय करने वाले पुरुष समाज की ही देन है। सती प्रथा का पहला अभिलेखीय प्रमाण भारत में 510 ई. का है, जो **एरण अभिलेख** में मिलता है। इस प्रथा से एक पौराणिक घटना जुड़ी हुई है कि देवी सती अपने पिता राजा दक्ष द्वारा अपने पति शिव का अपमान न सह पाने के कारण यज्ञ की अग्नि में कूद मरी थीं। जौहर व्रत राजपूताना काल में स्त्रियों के गौरव के रूप में समादृत होने लगा। युद्ध में पराजय निश्चित जानकर स्त्रियाँ सामूहिक जौहर व्रत लेती थीं। राजा दाहिर की पत्नी का जौहर इस विकारग्रस्त अंधे व्रत का पहला उदाहरण है। इसके पीछे मात्र एक तर्क था–विजेता आक्रमणकारियों की दानवी हवश का शिकार बनने से स्त्रियों को बचाना, जिसके कारण समूचा मध्यकाल असंख्य स्त्रियों के जौहर व्रत से धधक उठा। 'जौहर' का शाब्दिक अर्थ है–"सबका कल्याण करने वाली प्रकृति की जय" जिसमें न किसी का कल्याण निहित था, न ही प्रकृति की विजय। बल्कि केवल हार, हार और हार

स्थायी दुर्भाग्य बनकर नाचती थी, वह भी केवल स्त्री की। राजस्थान के चित्तौड़ में पहला जौहर महारानी पद्मावती का है, जो अलाउद्दीन खिलजी के आक्रमण से बचने के लिए अपने पति रत्नसेन की 40 रानियों सहित 1301 ई. में अग्निकुण्ड में समा गयीं। चित्तौड़ का ही दूसरा भयावह उदाहरण 8 मार्च 1535 ई. का है, जिसमें चित्तौड़ की महारानी कर्णावती ने 13 हजार स्त्रियों के साथ अग्नि समाधि ली। चित्तौड़ का एक और उदाहरण इतिहास के पन्नों पर दर्ज है, जिसमें फतेहसिंह चुंडावत की पत्नी फूलकवर मेड़तानी ने कई महिलाओं के साथ जौहर ले लिंया था। फिलहाल एलेक्जेंडर (सिकन्दर) के समय में किया गया जौहर (336 से 323 ई. पूर्व के बीच) भारत में इस दुष्प्रथा का पहला उपलब्ध उदाहरण है।

अनेकानेक स्त्री-स्वातन्त्रय विरोधी इन रीतियों ने आधी दुनिया के बीच आनुवांशिक मानसिक बीमारी को जन्म दे दिया। वह यह भूल गयी कि ठीक पुरुष के समानान्तर वह भी एक नैसर्गिक अस्तित्व है, जो लाखों वर्षों से मानव-सभ्यता के विकास में समान रूप से निर्णायक रही है। परिवार–जिसे हम मनुष्य के व्यक्तित्व निर्माण की अभ्यासशाला कहते हैं, उसकी कुशल शिल्पकार स्त्री है। होना तो यह चाहिए था कि स्त्री सर्वाधिक स्वतन्त्रचेता, निर्भय, नियन्त्रण-मुक्त और गुलामी रहित हो, क्योंकि जन्मदात्री होने के कारण बच्चों के मन, वाणी, कर्म, व्यवहार, सोच, संकल्प, प्रवृत्तियों को तराश और स्थिरता सर्वप्रथम माँ से मिलती है। यदि स्त्री स्वयं दर्जनों रूढ़ियों, अंधविश्वासों, खोखली मर्यादाओं की जकड़न में कैद है, यदि वह ख़ुद पारिवारिक और सामाजिक संरचना के नीचे दबी हुई एक बेक़ीमती एहसास के साथ जीवन ढो रही है, तो बहुत स्वस्थ और दृढ़ सोच के युवा का निर्माण कैसे कर सकती है? सामाजिक रीतियाँ खांटी अमानवीय होते हुए भी ईश्वरीय कानून की भांति अपौरुषेय, अपराजेय और इनकार किये जाने से ऊपर होती हैं। विशेष तौर पर स्त्री के लिए सर्वाधिक स्वीकार्य। क्योंकि जिसे ख़ुद पुरुष वर्ग ने मानसिक, बौद्धिक और शारीरिक तौर पर मात दे रखा है, वह सामाजिक नियमों को क्या चुनौती देगी? कुरीतियाँ पराजय में सुकून ढूंढ़ने की आत्महंता आदत विकसित करती हैं। फिर स्त्री ख़ुद को मूल्य, मर्यादा, व्यवस्था, संस्कार और विश्वास की वाहिका, मूर्ति या सिपाही मानकर पूरा जीवन दांव पर लगा मारती है। धार्मिक जड़ताओं, सामाजिक दुर्नीतियों और पारिवारिक सामन्तशाही का बोझ ढोती स्त्री गुलामों से भी गुलाम व्यक्तित्व है। निश्चय ही चौतरफा तैनात भय के आगे समर्पण कर जीवित रहने का पराजित समझौता कर चुकी अस्तित्व। मानवीय गुणों की कसौटी पर पुरुष से उच्चतर, विश्वसनीय और सम्पन्न, किन्तु सामाजिक अहमियत में पीछे, हाशियाजीवी

और उपेक्षित। ऊपर से दर्जनों निर्मम बन्दिशों, मर्यादावादी कर्त्तव्यों और स्त्रियोचित ज़िम्मेदारियों को लिए दिए जीती हुई। पुत्री, पत्नी और माँ की भूमिका स्त्री के लिए अद्वितीय किन्तु असाधारण सिद्धि है। जबकि पुरुष पुत्र और पति की भूमिका में अधिक कर्त्तव्यबद्ध किया गया है। भारत देश की पारिवारिक संरचना घोषित तौर पर पुरुष प्रधान रही, किन्तु वास्तविक स्वरूप में वह स्त्री के ऊपर अधिक निर्भर रही। उच्च शिक्षा के क्षेत्र में स्त्रियाँ आधुनिक काल में ही व्यापक सफलता प्राप्त कर सकीं।

सामाजिक गुलामी के चक्रव्यूह का सबसे जटिल और अटूट तानाबाना अशिक्षा, अज्ञानता और संकीर्णता से उत्पन्न आत्मकेन्द्रित स्वभाव, रूढ़िवादिता और भाग्यासक्ति है। ज्योतिष विद्या, कुण्डली और पोथीपत्रा के मोहजाल में उलझा समाज अनिवार्यतः अपने कर्मशक्ति का एहसास खो बैठता है, उसकी यथार्थवादी अन्तर्दृष्टि में सड़न पैदा हो जाती है, जंक लग जाती है–उसकी अन्वेषक, तर्कवादी और विश्लेषक बुद्धि में। समाज के हर वर्ग, हर जाति और अधिकांश मनुष्यों पर इसी भाग्यवाद, ईश्वर कृपा, अलौकिक शक्तिवाद और चमत्कारवाद का पहरा है। ज्ञान के विभिन्न क्षेत्रों में उच्च शिक्षा प्राप्त–इंजीनियर, डॉक्टर, मैनेजर, डायरेक्टर, प्रशासक, वैज्ञानिक और बुद्धिजीवी आकण्ठ ज्योतिष विद्यानुरागी, रूढ़िभक्त, जातिवादी और यथास्थितिवादी हैं। उनके लिए धनपुरुष बनना जीवन की सर्वोच्च उपलब्धि मात्र है।

हजारों वर्षों से धर्म की नींव पर जीता चला आ रहा देश अपनी सैकड़ों आन्तरिक जटिलताओं में एक चुनौतीपूर्ण रहस्य पेश करता है। एक धारणा, विश्वास और जीवनशैली को स्वीकृत होने, सर्वव्यापी बनने में कई शताब्दियाँ ग़ुज़र जाती हैं–परन्तु भारत में धर्म को सर्वव्यापक बनने में अधिक समय न लगा। यहाँ सत्ता की ताकत से बड़ी ताकत है–धर्म की ताकत। प्रतिभा की योग्यता से अधिक सम्माननीय है धर्म का सम्मान और कर्मठता-काबिलियत की प्राथमिकता से कहीं अधिक महत्वपूर्ण है–धर्म की प्राथमिकता। प्राचीन ऋषियों, मुनियों, तपस्वियों और साधकों ने अपनी आध्यात्मिक दृष्टि और तपे हुए मनुष्यतापूर्ण व्यक्तित्व से धर्म की जड़ों को सींचा ही–गौतम बुद्ध, वर्धमान महावीर, कबीर जैसे परम चैतन्य व्यक्तित्वों ने भारतीय धर्म के आधार को सहस्त्राब्दियों के लिए अमर और सशक्त कर दिया। आगे चलकर न केवल बौद्ध और जैन धर्म में विभाजन हुए बल्कि चारित्रिक, कर्मकाण्डी, मानसिक और चमत्कारवादी विकृतियों ने अपना जाल बिछा लिया। मायावी विकृतियों के इस मकड़जाल से न हिन्दू धर्म बचा, न इस्लाम

धर्म, न बौद्ध धर्म और न ही ईसाई धर्म। प्रश्न उठना चाहिए कि विश्व के मनुष्य को संचालित, निर्देशित और नियन्त्रित करने वाले इन धर्मों में मनुष्यता-घातक और प्रतिगामी जड़तायें आयीं कैसे? वे कौन से कारण हैं, जिनके चलते धर्म निर्णायक रूप से अस्वास्थ्यकर और अशुद्ध हो चला। इसके मूल कारण हैं–अलौकिकता, आधारविहीन आस्था, यथार्थ विमुखता, वैज्ञानिक दृष्टि से घृणा, आत्मकेन्द्रीयता, तर्कशक्ति की उपेक्षा और स्वयं की सम्भावनाओं का तिरस्कार। धर्म का शिखर समर्पण, भक्ति, विश्वास, आत्मविसर्जन, बलिदान, एकनिष्ठ आस्था, कर्मकाण्ड, जटिलतम विधिविधान, पूजापाठ इत्यादि सैकड़ों षट्कर्मों पर टिका है। मनुष्य के चित्त, चेतना, चरित्र और चेहरे पर धर्म की धूल इतनी परतों के साथ जम चुकी है कि उसे हटा पाना जीवन भर सम्भव नहीं। जन्म के ठीक बाद भारतीय मनुष्य के धार्मिक रूपान्तर की प्रक्रिया शुरु हो जाती है, जो कि अनिवार्यत: कर्मकाण्डी और देववादी होती है। समयमाई, कालीमाई, बरमबाबा, ग्राम देवता, कुलदेवता, शीतलामाता, भवानी, डिउहार बाबा, ओबामाई जैसे कुछ चंद नाम हैं–गाँवों और अंचलों में सत्ता जमाए ग्रामीण मनुष्यों के बीच। इन्हीं देवताओं-देवियों, बाबाओं की महिमा और मायाजाल पर टिके हैं–तन्त्र-मन्त्र, जादू, टोना, झाड़-फूंक, तान्त्रिक विधियाँ, हठयोग, आतंककारी साधनाएं और हवन-पूजन। लगभग प्रत्येक वर्ग, हर जाति, समुदाय का मनुष्य धर्म के इस दुष्चक्र को घुमाते रहने में अपना प्रत्यक्ष या अप्रत्यक्ष योगदान दे रहा है। यदि घर पर 'दुर्गासप्तशती' का सस्वर पाठ कर गेरुआ रंगी तिलक मार लिए तो आपने आडम्बरी धर्म को पुख्ता करने में अपना अप्रत्यक्ष योगदान दे दिया। यदि नौकरी हासिल करने के लिए हनुमान, शिव, दुर्गा या राम मन्दिर में लड्डू चढ़ाते हुए दाहिने हाथ में रक्षासूत्र बाँधकर चैन से जीने के आदती बन गये, तो कर्मकाण्डी धर्म की उम्र लम्बी करने में आपका योगदान तय हो गया। धर्म के उच्चादर्श की लाख कोई मार्मिक मीमाँसा कर ले, किन्तु उस पर तन्त्र, मन्त्र, पूजा, जादू, टोना और मानसिक विकृतियाँ पैदा करने का दाग मिटाया नहीं जा सकता। आम मनुष्यों की भावना, जो विवेकपूर्ण न होते हुए भी सरल और अदूषित होती है, को पूरी तरह धर्म के आडम्बर में जकड़ लेना, धर्म के किस स्वरूप को सिद्ध करता है? जिस धर्म में विभाजित मानव को एक करने की तड़प नहीं, जो ईश्वर के भय में बीमार बनाकर धीरे-धीरे मरने की दशा में पहुँचा देता है, जो धरती के प्रति जीवन लुटाने के बजाय एक अदृश्य सत्ता के प्रति जीवन स्वाहा करने को उकसाता है–वह धर्म मनुष्य की निर्विवाद अगुवाई का अधिकार कैसे पा सकता है?

पशुबलि तो पशुबलि, मनुष्य भी बलि की भेंट चढ़ते थे, वो भी विधि-विधान, हवन-यज्ञ के साथ, संस्कृत मन्त्रोच्चार के साथ। इस तरह अज्ञानता पोषक धर्म ने जीव-जानवर, पशु-पक्षी और मनुष्य को भी अपनी हिंसक भूख का शिकार बनाया। राँची से 100 किलोमीटर दूर के पिछड़े क्षेत्र में एक प्रथा जीवित है–'**ओड़का**'। यह हर वर्ष सम्पन्न होती है। इसमें आदमी को "पूजा" जाता है। पूजने का गूढ़ार्थ यह कि हर वर्ष धान की खेती के पहले एक मनुष्य की बलि देते हैं और उसके खून से धान की पूजा करते हैं। अर्थात् आदमी की गरदन काट डालना ही उसको पूजना है। राँची में प्रचलित इस प्रथा को अंजाम देने वाले एक धर्मरोगी आगापित खड़िया ने अपना जुर्म कुबूल करते हुए माना था कि वह अपने जीवन में 26 लोगों को 'ओड़का' बना चुका है। जिनमें से ज़्यादातर बच्चे थे। द्रविड़ समाज में धर्मालु जन और देवीभक्त अपने हिंसक आराध्य को प्रसन्न करने के लिए नरबलि का सहारा लेते हैं। 'ओड़की' नामक यह नरबलि प्रथा केरल के 'कुरमपलादेवी मन्दिर' में सम्पन्न होती है। यह मन्दिर त्रिवेन्द्रम से लगभग 100 किमी. की दूरी पर स्थित हैं काली माँ, जिसने आज तक कहीं भी अपनी साकार उपस्थिति नहीं दर्ज की, की आराधना के लिए प्रत्येक पाँचवें वर्ष इसका दुरायोजन होता है। इस प्रथा के दौरान बुद्धिबन्द धर्मालु बाँस की कंटीली झाड़ियाँ लपेटकर ज़मीन पर लोटते हैं और अपना खून अड़वीदेवी को समर्पित करते हैं। इसमें 'पणयानी पूजा' शाम सात बजे शुरु होती है और आधी रात को मन्दिर का मुख्य पुजारी भभूत का प्रसाद बाँटता है। काँटे लपेटकर लेटे-लेटे मन्दिर की परिक्रमा करने के कारण जो खून बहा, उसे एकत्र किया जाता है–काली माँ की खूनी प्यास बुझाने के लिए। 2003 ई. में पश्चिमी उत्तर प्रदेश में मानव बलि की घटना सामने आयी थी। खुर्जा जनपद (उ. प्र.) की पुलिस ने सूचना सार्वजनिक की थी कि 2006 ई. में महज डेढ़ वर्ष की अवधि के दौरान दर्जनों नरबलियों को अंजाम दिया गया। तथ्य मर्मांतक है कि नरबलि प्राय: पिछड़ी जातियों की दी जाती थी। ब्रिटिश काल में इसके खिलाफ कानून बना- 1830 ई. में। ब्रिटिश काल में 'चरक पूजा' प्रचलित थी, जिसे 1863 ई. में प्रतिबन्धित कर दिया गया। प्राय: कोई पुल या भवन बनने पर किसी पिछड़े समाज के व्यक्ति को इसका शिकार बनाया जाता था।

असम राज्य का कामाख्या मन्दिर जो कि शक्तिपीठों में बेहद खास शक्तिपीठ माना जाता है–नरबलि, पशुबलि, पक्षीबलि के लिए अपना उदाहरण आप है। शक्तिपीठों के पीछे अजीबोग़रीब धर्मांध आस्था काम कर रही है–यह कि जहाँ-जहाँ सती देवी के अंग गिरे–वहाँ-वहाँ शक्तिपीठ खड़े होने चाहिए। असम से सटा

जनजाति बहुल राज्य मेघालय इससे अछूता नहीं, यहाँ **नारटियांग** नामक स्थान पर जयन्ती देवी शक्तिपीठ है। कलकत्ता का सुप्रसिद्ध कालीमाता मन्दिर भी इन्हीं शक्तिपीठों के अन्तर्गत है। गुवाहाटी (असम) के पश्चिमी छोर पर स्थित नीलांचल पहाड़ी पर कामाख्या शक्तिपीठ सदियों से हिन्दू हृदय पर सत्तासीन है। प्राचीन काल में नरबलि की घटनाएँ तो बदस्तूर जारी ही थीं, इधर इक्कीसवीं सदी में मन्दिर के क्षेत्र में एक महिला की सिर कटी लाश वहाँ नरबलि के नासूर को पुख्ता करती है। घटना 20 जून 2019 की है, जहाँ अम्बुवाची मेले के ठीक दो दिन पूर्व वहशी धर्मांधों द्वारा इस घटना को अंजाम दिया गया। महिला के कटे हुए सिर के पास हवन-पूजन सामग्री का मिलना और किस आशंका को पुख्ता करता है? यहाँ भैंस, बकरी और कबूतरों की बेतहाशा बलि बड़े धूमधाम के साथ सदियों से जारी है। प्रतिवर्ष 22 जून की मध्यरात्रि से यहाँ अम्बुवाची मेला आरम्भ होता है, और इसी दिन के आसपास बलि की निर्मम घटनायें सामने आती हैं। एक, दो या दस हजार नहीं, लाखों की तादात में श्रद्धालु मत्था टेक कर बलिप्रथा के प्रति अपनी कर्तव्यनिष्ठा का परिचय देते हैं। काश ! एक बार, मात्र एक वर्ष के लिए इन लाखों सिरों में मौजूद लाखों आँखें जानवरों और पक्षियों की जघन्य हत्या के विरुद्ध तन जातीं। काश ! एक बार हाथों में पूजा के फूल न होते, बल्कि मारे जा रहे अनगिनत प्राणियों की हिफाजत में उठी हुई मुट्ठियाँ दिखायी देतीं। तान्त्रिक सिद्धि, जो अनिवार्यतः एक प्रकार की तन्त्रजालिक कर्मकाण्डी प्रथा है–कामाख्या मन्दिर में सदाबहार है। विचित्र मान्यता सुनने योग्य यह कि इस मन्दिर को राज्य, देश और पृथ्वी तो छोड़िए-समूचे ब्रह्माण्ड का केन्द्र माना जाता है। जिसे अपने अपराधों की खबर नहीं वह निर्ब्याज भाव से, आकण्ठ निर्लज्जता से सराबोर ब्रह्माण्ड को जानने का दावा करता है। माता सती की योनि इस नीलांचल पर्वत पर गिरी, इसीलिए मन्दिर के गर्भगृह में योनि के आकार का पत्थर स्थापित है। दस प्रकार की तान्त्रिक विद्या के साथ-साथ यहाँ काली, तारा, षोडशी, भुवनेश्वरी, छिन्नमस्ता, भैरवी, धूमावती, बगलामुखी, मातंगी और कमला देवी की मन्त्रोच्चारपूर्ण पूजा प्रतिवर्ष सम्पन्न होती है। यहाँ भैंसा, भैंस, मछली, बकरी, कबूतर किसी की बलि चढ़ाने में तान्त्रिकों को जौ भर भी हिचक, भय या अपराधबोध नहीं है। नवरात्रि की अष्टमी के दिन यहाँ मन्दिर के 'करसोग' में भैंसे की बलि चढ़ाई जाती है, जिसका अखबारी दृश्य हृदय की शान्ति और सहजता को छिन्न-भिन्न करने वाला होता है। प्रदेश की सरकार तक बलि निषेध का आदेश देने से हिचकती है, कौन लाखों की धार्मिक आस्था का सामना करे?

पूर्वोत्तर के बंगाली-बहुल राज्य त्रिपुरा में पशुबलि की प्रथा 500 वर्ष पुरानी है। यह पशुबलि मुख्य रूप से यहाँ के दो मन्दिरों में दी जाती है–1. उदयपुर स्थित त्रिपुरेश्वरी मन्दिर और 2. अगरतला स्थित चतुर्दश मन्दिर में। त्रिपुरेश्वरी मन्दिर कामाख्या मन्दिर की तरह 51 शक्ति पीठों में गिना जाता है चतुर्दश मन्दिर के चौदह देवता चढ़ाए गये पशुओं के रक्त से अपनी पिपाशा शान्त करते हैं। यहाँ लम्बे वक़्त तक सत्ता में कायम रही कम्युनिस्ट पार्टी भी पशुबलि प्रथा को मिटा न पायी। अब त्रिपुरा उच्च न्यायालय ने 27 सितम्बर 2019 को आदेश जारी किया कि मन्दिरों में जानवरों और पंक्षियों की बलि को प्रतिबन्धित किया जाता है। यह पशुबलि अनुच्छेद-21, अर्थात् स्वतन्त्रतापूर्वक जीवन जीने के अधिकार का उल्लंघन है। हिन्दू धर्म बाकायदा पशुबलि प्रथा का न केवल समर्थन करता है, बल्कि रक्तवादी घटनाओं को अंजाम देते हुए इसका संरक्षण भी करता है। प्रायः काली और काल भैरव को पशुबलि दी जाती है। पूर्व वैदिक काल में पशुबलि प्रथा का उदाहरण नहीं मिलता। शाक्त और तान्त्रिक सम्प्रदाय के माध्यम से यह मानसिक महाविकृति हिन्दू धर्म में प्रवेश करती है। कुछ सामाजिक समूहों में बच्चे के जन्म के समय और कहीं विवाह के मौके पर पशुबलि दी जाती है। '**ययुर्वेद**' में एक श्लोक आता है :

इममूर्णायुं वरुषस्य नाभिं त्वचं पशूनां द्विपदां, चतुष्पदाम्।
त्वष्टुः प्रजानां प्रथमं जानिन्नमग्ने मा हिश्सी परमे व्योम।।

(अध्याय. 13, श्लोक संख्या. 50)

अर्थ है–ऊन जैसे बालों वाली बकरी, ऊँट आदि चौपायों और पक्षियों आदि को मत मार।

पशुबलि प्रथा की अमानवीयता को चुनौती देती हुई श्रीराम शर्मा की एक पुस्तक है–'पशुबलि : हिन्दू धर्म और मानव सभ्यता पर एक कलंक।' जो कि हिन्दू धर्म के अहिंसावादी सिद्धान्त को बेनकाब करने के लिए पर्याप्त है। दक्षिण नेपाल के बाराह जिले में स्थित 'गढ़ीमाई का मन्दिर' है। यहाँ प्रतिवर्ष नवम्बर-दिसम्बर के बीच मेला लगता है, अर्थात् पशुबलि की लुत्फ उठाने वाले निर्मम हृदयों की भीड़। भारत और नेपाल से लाखों लोग इस मेले के प्रत्यक्षदर्शी बनते हैं। परम्परागत रूप से इस मन्दिर में भैंसा की बलि दी जाती है। गढ़ीमाई का यह मन्दिर चूँकि 500 वर्ष प्राचीन है, इसलिए आशंका तार्किक है कि इस मन्दिर में लाखों पशुओं के खून के नाले न जाने कितनी बार बहकर सूख चुके होंगे। मुस्लिम हमलावरों ने इसे एक बार तोड़ा तो धर्मालुओं ने और भव्य स्वरूप दे दिया। राजनेताओं का स्वार्थग्रस्त दर्शन करना भारत की सामान्य गतिविधियों का हिस्सा है। शाक्त सम्प्रदाय, जो कि

शक्ति का पूजक है, और शक्ति की देवी–अस्त्र-शस्त्र से लैस रहा करती हैं, इसलिए अनुमान लगना स्वाभाविक है, कि वे दिव्यदेवी होने के नाते अपनी प्यास खून पीकर ही बुझाती होंगी और फिर भक्तों के दिल में उन्हें प्रसन्न करने की बेचैनी जो मची रहती है–रक्तपरक प्यास की कल्पना गढ़कर पशुबलि को अंजाम दे डालते हैं। धन्य हो धार्मिक आस्था की; कामाख्या मन्दिर में पशुबलि के बाद उसका मस्तक देवी कामाख्या को चढ़ाया जाता है, और शेष मृत काया को पकाकर बाक़ी तन्त्रालु प्रसाद के रूप में खाते हैं।

तन्त्रशास्त्र में महिष (भैंसा), छागर बकरी, गोधिका, शूकर, हरि (वानर) इत्यादि दर्जनाधिक पशुओं को बलि के अन्तर्गत माना गया है। बलि में भी कुछ अकाट्य दुर्नियम कायम हैं, जैसे बलि के समय पशु को पूर्वमुखी रखना चाहिए। जबकि बलिकर्ता उत्तरमुखी रहेगा। बलि योग्य पशु के कुछ विशिष्ट लक्षण सुनिश्चित किये गये हैं। पंचमहायज्ञ के अन्तर्गत बलि के कई अवतार माने गये हैं। तन्त्रशास्त्र इस कदर जड़वादी और अवैज्ञानिक शास्त्र है कि पशुबलि को सात्विक कर्म ठहराता है। वीरतन्त्र, भावचूड़ामणि, यामल, तन्त्रचूड़ामणि, प्राणतोषणी, महानिर्वाण तन्त्र, वैण्णवीतन्त्र, बृहन्नीलतन्त्र इत्यादि ग्रन्थ इस बलिप्रथा के पोषक, समर्थक और प्रहरी ग्रन्थ हैं। मुस्लिम समाज एक इंच भी पीछे नहीं, अन्धकार की खाई में गिरने के लिए। धर्म की आड़ में यहाँ भी जीव हत्या का क्रूर खेला सदियों से लोकप्रिय है। इन्हीं से एक है–बकरीद। यह रमजान का महीना खत्म होने के बाद मनाई जाती है। इस निर्मम त्योहार के पीछे मान्यता है कि हजरत इब्राहिम अपने बेटे से बेइन्तहा प्यार करते थे। उन्होंने अपने सुपुत्र की कुर्बानी देने का निर्णय लिया। अल्लाह के हुक्म को सिरमाथे लेते हुए हजरत इब्राहिम ने जैसे ही अपने बेटे का बलिदान करना चाहा- अल्लाह ने एक बकरे की कुर्बानी दिलवा दी, तभी से कुर्बानी के नाम पर बकरा, बकरी को प्राणमुक्त करने का सिलसिला आज तक जारी है। अरबी में इस त्योहार को 'ईद-अल-अज़हा' कहते हैं। जिसका शाब्दिक अर्थ ही है–कुरबानी की ईद। इस्लाम में कुर्बानी उस पशु के जिबह को कहते हैं, जिसमें हज के महीने के 10 वें, 11 वें, 12 वें या 13 वें दिन ख़ुदा को ख़ुश करने के लिए 'जिबिह' किया जाता है। समूची दुनिया के मुसलमान इस महीने मक्का (सऊदी अरब) में एकत्रित होकर हज मनाते हैं। **'ईद-अल-अजहा'** भी इसी समय सम्पन्न होता है। खुलेआम, सार्वजनिक तौर पर, हर्षोल्लास के साथ एक अहिंसक जानवर का बलिदान घटित होता है, वो भी प्रतीकात्मक अर्थ में। इस्लामिक धर्मग्रन्थों की मानें तो ख़ुदा ने स्वयं अपने फरिश्तों को भेजकर इब्राहिम से एक जानवर कुर्बान करने को कहा था। अर्थात् ईश्वर भी

सन्तानहंता हुआ, क्योंकि सम्पूर्ण चराचर विश्व, जीव-जन्तु, पशु सब उसकी सन्तानें हैं और पुत्र-पुत्री की हत्या, वो भी जन्मेश्वर के हाथों अप्रत्याशित अपराधों में से एक सिद्ध हुआ। इस त्योहार के दौरान मालिक अपने पशु की विधिवत् सफाई करता है। समुदाय के बीच ताजा माँस वितरित होता है। ईद की नमाज से पहले तकबीर का जाप होता है। समृद्ध मुसलमान अपने सर्वोत्तम घरेलू पशुओं का हलाल करने के अधिकारी होते हैं। इन पशुओं में गाय, ऊँट, बकरी या भेड़ किसी का भी दुर्दिन आ सकता है। बलिदान किये गये जानवर जिन्हें अरबी में 'अघिया' कहा जाता है- उन्हें गुणवत्ता के कुछ मानकों पर परखा जाता है। अर्थात् एक तो अपराध, दूसरे उसमें भी श्रेष्ठता का दंभ। केवल पाकिस्तान में प्रतिवर्ष लगभग 2 बिलियन (2 अरब) अमेरिकी डालर की लागत वाले दस मिलियन (1 करोड़) जानवरों की कुर्बानी ईद के दिन कर दी जाती है, एक अदृश्य ख़ुदा की काल्पनिक प्रसन्नता के नाम पर। जानवर के माँस को 3 भागों में विभाजित करते हैं–एक तिहाई परिवार के लिए, एक तिहाई रिश्तेदारों, जिगरी दोस्तों और पड़ोसियों के लिए तथा शेष एक तिहाई ग़रीबों और ज़रूरतमन्दों के लिए, अर्थात् जो पशुहत्या में शामिल नहीं हैं, उन्हें भी इस निर्ममता का हिस्सेदार बना दिया जाता है। अपूर्व तैयारी, शानोशौकत और दोस्ताना गहमागहमी के बीच यह पशुहत्या का उत्सव सम्पन्न होता है।

प्रश्न यहाँ पशुबलि का नहीं, बल्कि अपनी अज्ञानता, धार्मिक जड़ता की सन्तुष्टि के लिए की जाने वाली किसी भी प्रकार की जीव हत्या का है। एक पराश्रित बकरी का वजूद उतना ही मूल्यवान है, जितना एक गाय, भैंस या मनुष्य का। यह तय करने का अधिकार दिया किसने कि मानव होने के नाते हम अधिक क़ीमती हुए और जीव, जन्तु, पशु, पक्षी होने के नाते वे नगण्य, मामूली हैसियत के। सृष्टि, पृथ्वी, दिशाएं, आकाश सबके लिए समान रूप से उपलब्ध हैं। स्वतन्त्रतापूर्वक जीने का अद्वितीय अवसर चींटी से लेकर घोड़े तक, भालू से लेकर गैंडे तक, चीता से लेकर लोमड़ी तक सबको उपलब्ध हैं। छोटे-छोटे जीव, जन्तु, पशु, पक्षी अपने-अपने स्वभावगत श्रम से पारिस्थितिकी तन्त्र को सन्तुलित किये रहते हैं। प्रकृति ने वैसे भी इनके सामने इतनी विकट चुनौतियाँ पेश कर रखी हैं, कि दिन-प्रतिदिन उससे जूझते हुए अल्पायु में ही शरीरहीन हो जाते हैं। पुरुष की औसत आयु 70 वर्ष और स्त्री की 75 वर्ष निर्धारित की गयी है, जबकि शेर की औसत आयु 10 वर्ष और शेरनी की अधिकतम 15 वर्ष ; बिल्ली की 15 वर्ष, चूहे की मात्र 2 वर्ष, चींटी की अधिकतम 7 वर्ष, घोड़े की 25 से 30 वर्ष, साँप की कुल 9 वर्ष, हाथी की अधिकतम 70 वर्ष, भैंस की 20 से 22 वर्ष, मगरमच्छ की 70 से 100 वर्ष, चिम्पैंजी

की 50 वर्ष के आसपास और बन्दर की मात्र 20-25 के बीच निर्धारित की गयी है। 'गधा' जिसका वजूद घृणापूर्ण उपेक्षा के मुहावरे में तब्दील हो चुका है, उसकी भी औसत आयु 30 वर्ष से ज़्यादा नहीं। जब मनुष्य बलपूर्वक एक जीव का प्राण छीनता है, तो निश्चय ही सृष्टि की अदालत में अपने नालायक मनुष्य का प्रमाण दर्ज कर रहा होता है। यदि अपने हाथों जीवहत्या का अपराध समझ में न आये तो क्षणभर के लिए बस एक बार उस जीव, पशु, जानवर, पक्षी की जगह ख़ुद को रख लेना चाहिए। वैसे ही विवशता, वैसा ही अबोलापन, वैसी ही आकण्ठ पराधीनता और ख़ुद को बेइंतहा चाहकर भी कटते रहने की नियति में जीना। पैरों से मसल दी गयी चींटी भी अपना जीवन अकारण छीन जाना नहीं जान पाती है, जैसे कि एक भैंस, गाय, बकरी या बैल अचानक गर्दनें कट जाने पर।

भारतवर्ष सदियों-सदियों से धर्म के वायुमण्डल में साँसे लेने और उसी के आकण्ठ नियन्त्रण में जीने वाला देश रहा है। समय के प्रवाह में यहाँ शैव, शाक्त, वैष्णव, जैन, बौद्ध, ईसाई, इस्लाम, सिक्ख, पारसी और बिश्नोई धर्म ने अपने प्रभाव, शक्ति और दर्शन का विस्तार किया। मानवीय सद्गुणों को समाहित करते ये विविध धर्म धीरे-धीरे आडम्बरी, चमत्कारवादी, कर्मकाण्डी और भयपूर्ण होते चले गये। यद्यपि सैद्धान्तिक तौर पर मनुष्यता के उच्च आदर्शों का विकास करना इन धर्मों का लक्ष्य बना रहा, किन्तु व्यावहारिक स्तर पर उन आदर्शों को ज़मीन पर लाने का वैज्ञानिक अन्दाज और सुव्यवस्थित उपाय धर्म के पास न रह गया। श्रद्धा यदि गैरज़मीनी हो जाय तो अंधभक्ति में बदल जाती है। धर्म अपनी प्रकृति में बहस, तर्क, विमर्श और प्रश्न का अवकाश देता ही नहीं। उसकी नींव ही सर्वांगश: समर्पण, अटूट आस्था, मौन त्याग, भक्ति और आराधना पर टिकी है। इसमें प्रत्यक्ष की अपेक्षा अप्रत्यक्ष को, लौकिक की जगह अलौकिक को, प्रश्न की अपेक्षा पूर्व निश्चित उत्तर को, कर्मठता के बजाय नियति को, वास्तविकता के बरक्स चमत्कार को और वैज्ञानिकता के बजाय निगाह बन्द विश्वास को केन्द्रीय स्थान मिला। इतने प्रतिगामी तत्वों को धारण करने के बावज़ूद धर्म में एक होश बाक़ी रहा, सुरक्षित और पोषित रहा कि दया, करुणा, क्षमा, उदारता, सेवा और प्रेम का राग नहीं भूलना है। यही वह मूल कारण है कि अपनी बेहिसाब जड़ता, अमानवीय स्वभाव और भयावह मायावीपन के बावजूद भारतीय जीवन के बीचोंबीच केन्द्रीय स्तम्भ की तरह मौजूद है, शायद कई सदियों तक रहेगा भी। इसकी अमरता का एक कारण भारतीय स्वभाव से एकाकार हो जाना भी है। इस तरह उच्चतम मनुष्यता के उत्थान का उद्घोष करते अधिकांश धर्म आधुनिक काल में निरन्तर प्रदर्शनवादी और मायावी होते चले गये, जो कि एक अबूझ किन्तु अपराजेय गुलामी के चक्रव्यूह का निर्माण

कर चुके हैं। जिसके नियन्त्रण और अघोषित आतंक में जीता मानव अपने उन्मुक्त विवेक का मौलिक अधिकार खो बैठा है।

यह धर्म जो कि प्रकृतिजन्य नहीं, मानवजनित सत्ता है–ने भारतीयों के मनोमस्तिष्क में अपूर्व वैमनस्य, कट्टरता और घृणा को जन्म दे दिया। धर्मान्धता के हिंसक नशे में तब्दील मस्तिष्क यह एहसास खो बैठा कि प्रथमत: और अन्तत: प्रत्येक धर्मालु हमारे ही जैसा बस एक मनुष्य है, पिटने पर कराहता, क्षमा की प्रार्थना करता, सुरक्षा के लिए बेचैन, मित्रता का प्यासा और प्रेम के अभाव में गैर मनुष्य हुआ जाता मानव। ईसाई होना, मुस्लिम, सिक्ख, बौद्ध, जैनी या पारसी होना उसके साँसारिक जीवन की बाहरी पहचान है, एक सामाजिक नियति, जिससे उसके नैसर्गिक अस्तित्व को जकड़ दिया गया है, जो कि उसका अपना चुनाव नहीं। देश में धर्मपन्थी हिंसक घटनाओं के सिलसिले इस कदर बेलगाम हुए हैं कि धर्म में धर्म कितना बचा हुआ है, अब यह सवाल अधिक उठने लगा है। दिनांक 23 जून 2019-झारखण्ड के मज़दूर तबरेज अंसारी को हिन्दूपन्थी भीड़ ने 'जय श्रीराम' के नारे के साथ इतना मारा कि उसकी मौत हो गयी। देश की 49 फ़िल्मी हस्तियों ने मोदी सरकार को चिट्ठी लिखी, जिसमें माबलिंचिंग की हिंसक घटनाओं का ज़िक्र करते हुए 'जय श्रीराम' को हिंसा भड़काने वाला नारा कहा गया। इस पत्र में दलितों, मुसलमानों और अल्पसंख्यकों के साथ माबलिंचिंग की घटनाओं का उदाहरण भी पेश किया गया। हिन्दूवादियों को कानून के नियन्त्रण में लेना तो बहुत दूर, इन फ़िल्मी हस्तियों पर उल्टे देशद्रोह का मुकदमा तय कर दिया गया। अर्थात् सही अर्थों में देश को वैज्ञानिक मस्तिष्क देने वाले श्याम बेनेगल, सौमित्र चटर्जी, सुमित सरकार, गौतम घोष और रामचन्द्र गुहा अब देशद्रोही कहे जायेंगे। उत्तर प्रदेश के मौजूदा शासन काल में पिंडारियों और मवालियों का एक उग्रवादी गिरोह निर्मित हो चुका है। एक प्रकार से समाज का सुनियोजित अपराधीकरण। सत्ता द्वारा संरक्षित मवालियों का यह गिरोह 'जय श्रीराम' का नारा लगवाने के नाम पर मुस्लिम समुदाय का पाशविक उतपीड़न करने पर आमादा है। यह धर्म जिसने भारत भूमि पर अनेक विलक्षण व्यक्तित्वों को सम्भव किया है, मौजूदा वक़्त में ऐसा धन्धा बन चुका है, जिसमें अथाह अवैध सम्पत्ति जमा है। देश की आम जनता चूँकि किसी न किसी धर्म के प्रभाव में नियन्त्रण और निर्देशन में जी रही होती है, इसलिए बहुत सहजतापूर्वक धार्मिक मायाजाल में इन्हें फंसाया जा सकता है। कभी दैवी प्रकोप, कभी असाध्य रोग, कभी मोक्ष तो कभी ईश्वर कृपा के नाम पर जनता को शारीरिक, मानसिक, आर्थिक और भावनात्मक तौर पर मन्दिरों, मस्जिदों, देवालयों,

पूजा केन्द्रों और धर्मालयों में चूसा जाता है। पुरोहितों, पुजारियों, मठाधीशों और कामान्ध बाबाओं की बीमार मानसिकता का शिकार बनना स्त्रियों के लिए आम बात हो चुकी है। जैन और बौद्ध धर्म को छोड़कर शायद ही कोई धर्म बचा हो, जो दावा कर सके कि अपने पतित स्वार्थ के लिए श्रद्धालु जनता का धूर्ततापूर्ण शोषण न किया हो। आशाराम बापू, रामरहीम और रामपाल जैसे धर्मगुरुओं के तन्त्रजाल का साम्राज्य इस लौहजाला का बस एक नमूना है। देश के कोने-कोने में धार्मिक प्रहरी की तरह तैनात ये मठ, मन्दिर, मस्जिद और तीर्थस्थान दिन-प्रतिदिन भाँति-भाँति से शोषण कर धनकुबेर बनने वाले धर्माचार्यों के केन्द्र हैं। अपनी बहुचर्चित कृति '**दिमाग़ी गुलामी**' में राहुल सांकृत्यायन दशकों पहले धर्म के धन्धे का खुलासा कर चुके थे–"ये धार्मिक महात्माओं के मठ और आश्रम ढोंग के प्रचार के लिए खुली पाठशालाएँ हैं और धर्म प्रचार पूरे सौ सैकड़े नफे का रोज़गार है। अधिकांश लोग इसमें अपने व्यवसाय के ख्याल से जुटे हुए हैं।" (राहुल साँस्कृत्यायन, दिमाग़ी गुलामी, पृ. सं.- 8)

यहाँ के सजग बुद्धिजीवी धर्म के मामले में सुधारवादी, उदारवादी, समन्वयवादी या भाईचारावादी नज़रिया रखते हैं, जैसे हिन्दू, मुस्लिम, सिक्ख, ईसाई...। परन्तु सही मायने में भाई-भाई आज तक न बन सके। धर्म अपनी मूल प्रकृति में ही शुद्धतावादी है, भेद का मन्त्र जीता है, मनुष्य-मनुष्य में फ़र्क़ पालता है, इसीलिए तमाम लुभावने आदर्शों की उच्चस्वरीय व्याख्या, स्थापना करने के बावज़ूद विभिन्न धर्मालुओं के भीतर व्यावहारिक एकता नहीं ला सकता। वरना क्या कारण है कि मन्दिर के गर्भगृह में एक मुसलमान कदम नहीं रख सकता। देवियों के स्थान केवल हिन्दुओं के लिए आरक्षित हैं। देवी को प्रसन्न करने के लिए नमाज पढ़ने की कल्पना नहीं की जा सकती। हिन्दू धर्मस्थल पर कुरान पढ़ना अक्षम्य अपराध हो जायेगा। इसी तरह सूफियों की दरगाह को छोड़कर कोई भी इस्लामिक धर्मस्थल हिन्दुओं के लिए निषिद्ध है। जब तक मन्दिर के द्वार मुस्लिमों के लिए न खुलेंगे, जब तक गुरुद्वारों में सूफियों की सदाएँ न उठेंगी, जब तक गिरजाघर में सबद का पाठ न होगा, जब तक मस्जिद में धम्मपद का उच्चारण न किया जायेगा, तब तक भारतदेश धर्म के नाम पर खण्ड-खण्ड विभाजित रहकर जीता देश ही कहलाएगा। देश की दो कौमों के बीच सामंजस्य के इसी अकाल को भाँपकर प्रेमचन्द ने लिखा था–"आज कौन-कौन हिन्दू हैं, जो हिन्दू-मुस्लिम एकता के लिए जी-जान से काम कर रहा हो। जो उसे हिन्दोस्तान की सबसे महत्वपूर्ण समस्या समझता हो, जो स्वराज के लिए एकता को

बुनियादी शर्त समझता हो। कौम का यह दर्द, यह टीस, यह तड़प आज हिन्दोस्तान में कहीं दिखायी नहीं देती।" (प्रेमचन्द, लेख-मनुष्यता का अकाल-1924)

यह धर्म अनिवार्यतः मनुष्य की असीम सम्भावनाओं के द्वार पर पड़ा एक ताला है, जो कि बहुत धीरे-धीरे, मीठे, मादक, मोहक और नशीले अन्दाज में प्रकृति के द्वारा सौंपी गयी क्षमताओं को निष्क्रिय करना आरम्भ कर देता है। यदि निगाहें धार्मिक हैं, तो पत्थरों में छिपा अनगढ़ सौन्दर्य कैसे दिखायी देगा? आकाश के वितान में फैले प्रकाश का ऋण कैसे आत्मा में उतरेगा? दूर-पास के जंगलों से आती हवाओं की छुअन कैसे तन-मन को आन्दोलित करेगी? दिशाहीन दिशाओं में पसरी हुई अनजानी भौतिकता का जादू कैसे संसार के प्रति करबद्धता का विवेक पैदा करेगा? धर्म हृदय का एक गाढ़ा, स्थिर और अमिट रंग है, जो धर्मालु के हृदय, मन, बुद्धि, प्रवृत्ति, व्यवहार यहाँ तक कि कल्पनाशक्ति को रंग डालता है, जिसके कारण धर्मालु नदी, पर्वत, वृक्ष, जानवर, पक्षी, मिट्टी, पृथ्वी यहाँ तक कि सूर्य, चाँद, ग्रह, तारे, आकाश सबको लपेट लेता है–उसी कृत्रिम धार्मिक रंग में। धर्म की जद में आकर विविधता के मौलिक अस्तित्व अपनी अद्वितीय पहचान और परिभाषा खो बैठते हैं। उनकी आदिम गन्ध पीने की क्षमता हमारी चेतना से गायब होने लगती है।

प्राकृतिक रूप से अद्वितीय सम्पन्नता के बावजूद भारत आर्थिक समृद्धि में अग्रणी देश नहीं है। विशालता में 7 वें स्थान पर (32.87 लाख वर्ग किमी.) और जनसंख्या में दूसरे नम्बर का यह देश अर्थव्यवस्था के पैमाने पर अन्य देशों से बहुत पीछे है। साल-दर-साल परिवर्तन होते रहने के बावज़ूद भारत आर्थिक सम्पन्नता में छठें स्थान का देश है। यह अधिक सन्तोषजनक है कि इसकी वर्तमान (2021) वृद्धि दर 11.5 प्रतिशत है, जो कि अन्य किसी भी देश के मुकाबले बेहतर है। भौगोलिक, सामाजिक और साँस्कृतिक विविधताओं से अंटा पड़ा भारत आन्तरिक विपन्नता और आर्थिक तंगहाली से अभी भी जूझ रहा है। कबीलाई, ग्रामीण और आंचलिक क्षेत्रों में आजादी के बाद अनिवार्यतः हासिल होने वाली प्राथमिक सम्पन्नता नहीं पहुँची है। महाराष्ट्र, आन्ध्रप्रदेश जैसे सीमान्त प्रदेशों के खेतिहरों, किसानों ने विगत 20 वर्षों में आत्महत्या का विकल्प चुना ही। पंजाब, उत्तर प्रदेश, राजस्थान, गुजरात–जिन्हें भारत के अग्रणी कृषि प्रदेशों में गिना जाता है, वहाँ के भूमि पुत्रों ने भी व्यापक पैमाने पर फंदे को गले लगाया। ताजा आँकड़े, जो कि सरकार द्वारा निर्देशित हैं–हर माह औसतन 70 किसान आत्महत्याएं कर रहे हैं। आत्महत्याओं की यह बाढ़ 1990 ई. के बाद व्यापक होती दिखायी देती है। 1997 से 2006 (लगभग 10 वर्ष) के बीच 1 लाख, 66 हजार, 304 किसानों, श्रमिकों, दिहाड़ी मज़दूरों द्वारा आत्महत्या

की घटनायें दर्ज की गयीं। मानसून की अनिश्चितता, सूखा, अकाल, मूल्यवृद्धि, ऋण का असहनीय भार और श्रम के अवसरों का सिमट जाना प्रमुख कारण गिनाए जाते हैं–आत्महत्याओं में बेहिसाब वृद्धि के सामाजिक कारण भी अदृश्य किन्तु शक्तिशाली हैं। आश्चर्यजनक रूप से इन आँकड़ों में ऐसे किसानों का उदाहरण भी शामिल है–जो नगदी फसलों के मालिक थे। आत्महत्याओं को अंजाम देने वाले केवल छोटी खेती वाले किसान नहीं थे, बल्कि मध्यम और बड़ी जोत के खेतिहर भी आत्महत्या का मार्ग अपनाने पर विवश हुए। निश्चय ही यह दशा केवल आर्थिक मोर्चे पर विफलता का इशारा नहीं करती, बल्कि इसके अर्थेतर कारण भयावह, विकट और गहरे हैं। आत्महत्याओं का यह दावानल कर्नाटक, केरल, मध्यप्रदेश और छत्तीसगढ़ जैसे राज्यों में भी बेहिसाब फैला। 2009 ई. में आत्महत्याओं का अविश्वसनीय आंकड़ा दर्ज किया गया। इस वर्ष 17 हजार 368 किसानों ने अपने हाथों अपने जीवन को समाप्त कर लिया। ठीक एक वर्ष पूर्व- 2008 ई. में 16 हजार 196 किसानों द्वारा अपने प्राण लेने की घटनाएं सामने आयीं।

सही मायने में देश का खेतिहर अपने जीवन पर छाए हुए गुलामी के प्रत्यक्ष, अप्रत्यक्ष चक्रव्यूह से कभी मुक्ति पाया ही नहीं। वह अन्नदाता है, मगर भूख की आग का सबसे ज़्यादा शिकार। वह ज़मीन तोड़कर माटी को उपजाऊ बनाता है, मगर स्वयं टूटने में उससे कमज़ोर कोई नहीं। जिसके बगैर अमनुष्यता की अराजकता फैल सकती है, किन्तु जो स्वयं हमारी सम्पन्नता की अराजकता का शिकार शताब्दियों से है। जो अपना अतुलनीय श्रम, धूरिहा लीक जैसी ज़मीनी सिधाई और पसीने में हड्डियाँ भीगाकर सबसे ज़्यादा आशाविहीन जीवन काटता है। इन छोटे या मझोले किसानों की अन्तहीन आत्ममृत्यु का एक कारण उनके भूस्वामित्व का हक सिमटते जाना है। साथ ही कृषि-व्यवस्था का लगभग अनुपयोगी बनने चले जाना है। नयी सदी में पूँजी, मशीनी उत्पाद और स्मार्ट बिजनेस का दबदबा नगर से लेकर शहर तक, अंचल से लेकर कस्बों तक कायम होता जा रहा है, ऐसे में गेहूँ, चावल, दाल, सब्जी, आलू इत्यादि बाज़ार की धनउगाऊ प्रतिस्पर्धा में टिक नहीं पा रहे। पारम्परिक खेती किसान का पेट तो भर देती है, परन्तु समाज के बीच इज्जत से खड़े रहने योग्य नहीं कर पाती। अब खेतों में फसलें खड़ी कर पाना महँगा दाँव बन चुका है, बल्कि खून सुखाऊ मजबूरी। देश की अनगिनत पिछड़ी जातियाँ, जो कि अत्यल्प जोत की भूमि के साथ खेतीबारी से जूझती रहती हैं, के पास नकदी फसल उगाने के लिए न तो न्यूनतम तकनीकी सुविधायें हैं, और न ही प्राथमिक सम्पन्नता, कि नगदी फसल का दृश्य उनकी ज़मीन को नसीब होती है। एक तरफ खेतीबारी

की निरन्तरता महँगी हुई है, दूसरी तरफ बाज़ार के उत्पादों में तकनीकी का हस्तक्षेप बढ़ जाने से किसानों की आमदनी बेतरह घट गयी है। सही वक़्त पर उनकी फसल की न्यायपूर्ण क़ीमत न मिलना दिन पर दिन घटित हो रही आत्महत्याओं के अनिवार्य कारणों में से एक है। खेती किसान के लिए पैरों को जकड़ी हुई विषम ज़िम्मेदारी की तरह है। जिसे न वह छोड़ सकता है, न प्रसन्नतापूर्वक अपना पाता है। खेती-किसानी के साथ जातिगत भेद की मानसिकता जुड़ गयी है–यह कि जो सम्पन्न है, उच्चवर्ग का है, सम्भ्रान्त और ताकतवर है–वह किसानी क्यों करेगा? यह तो कमज़ोर, अशिक्षित, मज़बूर और निम्नवर्ग के लोगों के जीवन-यापन का धन्धा है। कमोवेश यह हकीकत है कि खेतीबारी में देश की जनसंख्या का वह हिस्सा सर्वाधिक लगा हुआ है, जो अशिक्षित है, रोज़गार हीन है, जिसने सम्पन्नता का स्वाद नहीं चखा है, जो समाज की परिधि पर जीवन ढोता है। यदि सम्पन्न ग्रामीण किसानी पेशा अपनाते भी हैं–तो अपनी ठाटबाट और ठसक के साथ। वे किसान कम, ज़मींदार ज़्यादा हैं। किसानी करते नहीं, बल्कि करवाते हैं। लगे हाथ स्थानीय या जनपदीय स्तर की जातीय राजनीति बोते-काटते और फैलाते हैं। अर्थात् जैसे श्रम का कार्य सम्मान का कर्म नहीं माना जा रहा, जैसे मज़दूरी के प्रति एक घृणापूर्ण उपेक्षा का दृष्टिकोण विकसित हो गया है, वैसे ही कृषिकर्म के प्रति निम्नता का भाव, अनादर और दुराव का भाव। खेती करना ऐसी विवशता बनती जा रही है, जिसको न त्याग पाना जीवन को जलाती, पल-पल छीनती, चूसती नियति की तरह है। जिसमें न किसान का मनुष्य रहना सुरक्षित है, न न्यूनतम सम्मान, न परिवार और न ही सामाजिक कर्त्तव्यों का कुशलतापूर्वक निर्वाह। एक प्रकार से किसानी किसान की सामाजिक दासता को बनाए रखने का जरिया बन चुकी है। किसान धरती के प्रति भक्त से ज़्यादा समर्पित रहता है। बीज अंखुआने के साथ जागता है और फसल कटने के साथ सोता है। वह सारी कठिनाइयाँ, तिरस्कार, अपमान, अभाव और गुमनामी सहने के बावज़ूद भोले बच्चे की तरह धरती की छाती से जीवनभर चिपटा रहता है। वह घाव खाए सैनिक की तरह मोर्चे पर लड़ता, हारता, गिरता और मिट्टी में धंसा हुआ जीवन पार करता है। होगा औरों के लिए अन्न महज अनाज, किसान के लिए पसीने के दम पर चमकता हुआ प्राणबीज है। फसलों का संगीत उसकी सदा पराजित और गूंगी आत्मा में कितनी तृप्ति का नशा पैदा करता है–यह श्रमवीर के अतिरिक्त कोई नहीं जान सकता। देश के लिए किसान के प्रति हमारा ऐतिहासिक अपराध उसे अपनी निगाहों में सर्वोपरि स्थान देने से वंचित कर देना है। यदि धरती पर रहते हुए हम किसी को सबसे ज़्यादा सम्मान देने के प्रति कर्त्तव्यबद्ध हैं–तो वे हैं–किसान, कारीगर, श्रमिक

और मज़दूर। पूछिए क्यों? यही चारों एक-एक मनुष्य के दैनिक जीवन के मूलाधार हैं। छोटी से लेकर बड़ी, अपनी से लेकर पराई, शानदार से लेकर बेखास इमारतें, कारखाने, पुल, सड़कें, रेल की पटरियाँ इन्हीं के बूते निर्मित होती हैं। इसीलिए हमारे दृष्टिकोण का दूसरा ऐतिहासिक पतन है–श्रमिक को दलित बना देना, मेहनतकश को निम्नवर्ग के खाते में डाल देना, कारीगर और मज़दूर को सामाजिक श्रेष्ठता के मौलिक अधिकार से वंचित कर देना और तीसरा सबसे अक्षम्य अपराध है–उनके श्रम का आर्थिक लाभ उठाते हुए उन्हें अस्पृश्य, घृणास्पद और त्याज्य घोषित कर देना, उनकी छाया से पवित्र हो जाने के बजाय, उसे अपवित्र मान लेना। हजारों वर्षों से यह वर्ग जिस मौलिक अधिकार से वंचित है–वह 'सम्मानपूर्ण सामाजिक श्रेष्ठता' का अधिकार। शब्दशः सत्य है–टैगोर का निष्कर्ष–"भारत वर्ष में समाज अपने आपको रस्सी से बाँध-बाँधकर आगे बढ़ा है।" (लेख-भारतवर्ष में इतिहास की धारा।)

रेशनैलिटी के आन्दोलन में जागरण

रेशनैलिटी तीन अद्वितीय-मानवीय तत्वों से मिलकर बनी है– विवेक, तर्क और चेतना। इन तीनों में भी प्रमुख भूमिका तर्क की है। वह तर्क जो परिणाम को कारणों की कसौटियों पर परखता हो, जिसमें ऊँचे से ऊँचे आदर्श की परीक्षा व्यावहारिकता की ज़मीन पर होती हो, जो विश्लेषण की उस गहराई तक उतरता हो, जहाँ पारदर्शी और वैज्ञानिक निष्कर्ष के सिवाय कुछ न बचे। तर्क केवल वह नहीं जो तथ्य, प्रमाण, घटना और प्रत्यक्ष पर निर्भर रहे, बल्कि आत्मप्रज्ञा के मंथन और स्वानुभूत सत्य से प्रेरित एक निर्णयशक्ति भी है। प्राय: तर्क को वैज्ञानिक दृष्टि से सम्बद्ध कर दिया जाता है, जो कि सर्वथा उचित है, परन्तु रेशनैलिटी, जिसमें विवेक और चेतना दो अन्य प्राणतत्व की भूमिका निभाते हैं, अद्‌भुत अर्थवत्ता के हैं। विवेक स्थायी प्रकृति का नहीं, बल्कि दुर्लभ और कठिन परिश्रम से हासिल आत्मदृष्टि है, सही और अनुचित को पहचानने की अचूक दृष्टि है, साथ ही एक ऐसी अन्त:योग्यता, जो ख़ुद को भी तटस्थता की कसौटी पर परखती है। यह विवेक निरपेक्ष सन्तुलन की न्यायप्रिय मनोदशा है, जिसमें आत्यंतिक ईमानदारी कूट-कूट कर भरी हुई है, किसी को दिखाने के लिए नहीं, बल्कि आत्मदृष्टि की रौशनी में यथोचित न्याय करके स्वयं को तृप्त करने के लिए। सच्चा विवेक बगावती होता है, 'एकला चलो रे' का पोषक और आत्महन्ता साहस से परिपूर्ण। इस विवेक में असीम करुणा, मोहशून्यता और अखण्ड तर्कशक्ति का वास होता है। 'रेशनैलिटी' में चेतना की भूमिका दीपक की तरह है। चैतन्य व्यक्ति स्वभावत: रेशनल होता है। चैतन्य हृदय का दुर्लभ परिणाम है–रेशनैलिटी। परन्तु यह चेतना जिसे आत्मजागरण की परमदशा कहते हैं- स्वयं में उतरने, स्वयं को जानने और अनुभूति की नायाब क्षमता को हासिल किये बगैर सम्भव नहीं होती। विवेक की तरह चेतना भी परिवर्तन के मूल्य पर टिकी है। विवेक स्थायीपन में नहीं जीवित रहता, उसी तरह चेतना परिवर्तनधर्मी आत्मजागृति में कायम रहती है। इस तरह रेशनैलिटी व्यक्तित्व में न्यायप्रियता और मनुष्यता की

अलख जगाने वाली ऐसी क्षमता है, जो व्यक्तित्व को सत्य के प्रति प्रतिबद्ध कर देती है। रैशनल व्यक्ति सत्य का प्रहरी, अन्वेषक और भक्त होता है। स्वयं से तटस्थ, निरपेक्ष और मुक्त रहकर ही रैशनल हुआ जा सकता है। अपनी योग्यता, प्रतिभा, उपलब्धि, शक्ति और सफलता से आत्मग्रस्त हुए नहीं, कि रेशनैलिटी विदा होने लगती है। यह जड़ता की संहारक है, रूढ़ियों की विनाशक है और अभिनवता की पक्षधर है। इसमें इनकार की आँच प्रखर होती है। परम्परा की तटस्थ और समुचित आलोचना का विवेक रेशनैलिटी की पहचान है। कोई व्यक्ति रैशनल तभी हो पाता है, जब वह समय के प्रति जवाबदेह हो, जब निरपेक्षता का आग्रह प्रबल हो, जब मनुष्यता की चिन्ता स्वभाव का रूप ले ले।

भारतवर्ष का इतिहास ऐसे मानव व्यक्तित्वों से भरा पड़ा है, जिसने नायाब रैशनैलिटी की ज्योति जलाई। सामान्य जीवन में अप्रसिद्ध व्यक्ति भी आधी-अधूरी और अविकसित रेशनैलिटी को जीते हैं। खास तौर श्रमिक, मज़दूर और कर्मठ व्यक्तियों में रैशनैलिटी की चिंगारी पायी जाती है। बुद्धिजीवियों और ज्ञानियों में उद्दाम रैशनैलिटी कभी-कभार विकसित होती है। ज्ञान अक्सर चालाक बनाता है, चालाकी दोहरापन पैदा करती है। यह दोहरापन अनिवार्यत: कायर और स्वार्थी बना देता है। इसी स्थायी कायरता और स्वार्थीपन से शोषक वृत्ति का जन्म होता है। रैशनल बुद्धिजीवी ख़ुद से बहुत ज़्यादा मूल्य आंकता है–अशिक्षितों का। ख़ुद से आगे रखता है, साधारण जन की क्षमता को। वह भूलकर भी स्वयं के निष्कर्षों को अन्तिम और निर्दोष नहीं मानता। उसका मंथनमय निर्णय बस प्रस्ताव है, जिसे व्यावहारिकता की ज़मीन पर सिद्ध होते देखना चाहता है–रैशनल व्यक्ति।

भारत में ऐसा कोई जिला, ऐसा समाज, गाँव या क्षेत्र नहीं, जहाँ सैकड़ों प्राचीन अंधविश्वास जड़ जमाए हुए न हों। इन अंधविश्वासों के सिर-पैर नहीं होते, इनके पीछे न तथ्य होते हैं, न तर्क न ही प्रमाण। बस भयग्रस्त आस्था की तरह हृदय प्रदेश में आसन जमाए रहते हैं। ये अंधविश्वास अन्तर्दृष्टि को पंगु बनाकर, हृदय की नैसर्गिक शक्ति को विकृत कर और सहज मनुष्यता को निष्क्रिय करते हुए हमें ऐसी मनोदशा में ले जाते हैं, जहाँ समूचा व्यक्तित्व एक मशीननुमा गुलाम से अधिक कुछ नहीं रह जाता। दिशाहीन, अचेत और अतार्किक आस्था के परिणाम हैं- ये अंधविश्वास। निश्चय ही आमज़न की मानवीय योग्यता, क्षमता और भावनात्मक समृद्धि को दूषित कर, क्षीणकर विकृत करने वाले ये जटिल किन्तु अनिवार्य बन चुके अंधविश्वास ही हैं। दुकानों पर मिर्च और नीबू (नज़रबट्टू) लटका देना, उपहार में एक रुपये का सिक्का जोड़ देना, नदी में सिक्का फेंककर मनौती करना, देव

स्थानों पर नारियल फोड़ना, सूर्य डूबने के बाद सफाई करने से पल्ला झाड़ लेना, सर्प को दूध पिलाना, शीशा टूटने पर भयाक्रांत होना, 13 के अंक को अपशकुन मानना, यात्रा के समय किसी का छींक देना, शनिवार-मंगलवार को नाखून न काटना, सूर्यग्रहण के समय न बाहर निकलना, न भोजन करना, पीपल के वृक्ष को शनि, विष्णु और हनुमान का निवास स्थल मानना इत्यादि ऐसे ही बेसिर पैर वाले अंधविश्वासों के चंद उदाहरण हैं। आमजन वैसे भी भाग्यवादी, चमत्कारदास और आस्थाजीवी होते हैं। वे मान्यताएं जो उनके जीवन की सुरक्षा, स्वास्थ्य और जान के लिए शर्त की तरह हों, उनका मुस्तैदी से पालन करना परमदायित्व समझते हैं। ग्रामीण जन साँप मारने के बाद सिर कुचल देते हैं। यदि जी गया तो खोजकर उसी को काटेगा, जो उस सर्प की जान लेना चाहता था। महिलाएं मंगल और गुरुवार को बाल नहीं धोती हैं–ठोस कारण और कुछ नहीं, सिवाय इसके कि उनके बुरे वक़्त शुरु हो जाने की धारणा इसके पीछे जीवित है। गर्भवती स्त्रियों का अक्सर बाहर निकलना मना है, क्योंकि बुरी आत्माएं हवाओं में टहलती रहती हैं, बच्चों पर इनका साया पड़ सकता है।

यह देश वैसे भी अन्य कई देशों के मुकाबले वैज्ञानिक और तकनीकी प्रगति में पिछड़ा है किन्तु जहाँ, जिस क्षेत्र में प्रगति हुई भी है, वहाँ शीर्ष स्तर पर सिर चढ़कर अंधविश्वास बोल रहा है। इसका अकाट्य उदाहरण है- मंगलयान के प्रक्षेपण के पहले इसरो के तत्कालीन अध्यक्ष के. राधाकृष्णन का तिरुपति वेंकटेश्वर मन्दिर में पूजा-अर्चना करना। अर्थात् मिशन की सफलता वेंकटेश्वर की प्रसन्नता पर टिकी हुई है। नम्बर-13 के अशुभ होने की अंध अवधारणा पर जमकर विश्वास करते हुए इसरो ने पी-एस-एल-वी-12 के बाद सीधे पी-एस-एल-वी-14 का प्रक्षेपण किया। अंध धारणाओं के पीछे भागते अद्भुत देश भारत में ऐसे शीर्षस्थ वैज्ञानिक मिल जायेंगे, जो अधिकांश अत्याधुनिक खोजों का प्रमाण प्राचीन वैदिक काल से जुटा लेते हैं। भारत में रामराज्य की सटीक तिथि क्या है, इसका पता लगाने में अधिक रुचि हमारे वैज्ञानिकों को होती है। हमारे भेड़चाली समाज में एक अंधविश्वास यह भी है कि घर के बाहर रखे जूते-चप्पल यदि उल्टे हो जायें, तो तुरन्त, बिना वक़्त गंवाए सीधा कर देता चाहिए, वरना लड़ाई होना तय है। गाड़ी के पीछे जूता लटका देना ऐसी ही किसी अंध धारणा की उपज है। मिर्गी तन्त्रिका तन्त्र के अव्यवस्थित होने की बीमारी है, परन्तु हमारे दयालु भारतीय पूरे विश्वास के साथ मरीज को जूता सुंघाते हैं। यदि बिल्लियाँ आपस में झगड़ रही हों, तो गृह कलह भी सुनिश्चित माना गया है। कुत्ते से जुड़ी एक विचित्र धारणा है कि यदि घर की ओर मुँह करके वह रो

दे, तो घर के किसी व्यक्ति की मृत्यु हो सकती है। 26 दिसम्बर 2013 को असम के शिवसागर जिले की एक घटना सामने आयी। एक महिला ने अन्य चार नरदानवों के साथ मिलकर एक नवजात बच्चे को ज़िन्दा जला दिया था–कारण वही सदियों पुराना आकाश में विराजमान मगर अदृश्य ईश्वर को ख़ुश करना था।

असम में दुर्गापूजा पशुओं, पक्षियों और जानवरों के लिए घोषित मौत का पैगाम होती है। कारण है–दुर्गा तथा अन्य शक्तियों को गद्गद कर देना। बलिप्रथा को कायम रखने में यहाँ के नेता, अफ़सर, मन्त्री, विधायक, एम. पी. सब एक से बढ़कर एक हैं। देवीदोल (शिवसागर) के उग्रतारा मन्दिर, नलबाड़ी में प्रतिवर्ष नवमी के अवसर पर पशुबलि दी जाती है। कामाख्या मन्दिर की ज़मीन अक्सर कबूतरों और बकरों के खून से लाल होती है। यह बलि वहाँ के पांडा देते हैं। नलवाड़ी के बिल्लेश्वर देवालय में, वर्ष 2013 की नवमी में 38 भैंसों, 300 बकरियों और 2000 कबूतरों की आहुति दी गयी।

ऐसे में बार-बार सवाल उठ खड़ा होता है कि अंधविश्वास इतना घातक, निर्मम, जघन्य और हिंसक होने के बावज़ूद युगों-युगों से जीवित कैसे हैं? क्यों अभी तक अंधविश्वासों को ज़मींदोज करने के लिए सशक्त आन्दोलन नहीं हुए? हमारे समाज की सहनशक्ति स्थायी कायरता की दशा में क्यों पहुँच गयी है? अपनी मौत के अतिरिक्त मृत्यु, हत्या, बलि की शेष घटनाएं केवल सूचनाएं बनकर क्यों रह जाती हैं? कारण गहरा है, मानसिक है, किन्तु अमिट। वह है–आत्मग्रस्त हिंसावादी आस्था। यदि आस्था ज़ागरूक नहीं, तर्कप्रिय नहीं, यथार्थवादी और परिष्कृत नहीं, तो व्यक्ति की काया को घातक यन्त्र बनाकर ऐसी जड़दशा में छोड़ती है, जहाँ व्यक्ति अवैध घटनाओं को बार-बार अंजाम देने वाला पुतला रह जाता है। आस्था अन्तर्बाह्य प्रकृति, प्रवृत्ति और मनोदशा को रूपान्तरित करती है, वह शरीर को संचालित, नियन्त्रित और निर्मित करने वाली सबसे जादुई शक्ति है। आस्था भावमय होती है, जिसमें आवेग, समर्पण और भक्ति तीन मूल तत्व मौजूद होते हैं। यदि हमारी बुद्धि का वैज्ञानिकीकरण नहीं हुआ, यदि हमारी भावनाओं को विवेक की तराश न मिली, यदि दूसरे की पीड़ा को अपना दर्द बनाने का पाठ न सीखा तो तमाम वैज्ञानिक प्रगति हमारी मनुष्यता का इज़ाफ़ा करने में बहुत कारगर सिद्ध नहीं होने वाली।

रूढ़ि एक ऐसी मानसिक, भावात्मक और कर्मगत प्रवृत्ति है, जो कमोवेश सभी देशों के मानव-समाज में पायी जाती है। यह कोई विचारधारा न होकर भी सदियों से प्रचलित, स्वीकृति और अटूट विचार शृंखला के रूप में हमारे बीच उपस्थित रहती

है। इसके अस्तित्व का आधार अनुभवों की व्यापक स्वीकृतियाँ, संदेहरहित विश्वास और अखण्ड आस्था होती है। कई बार अरूचि, अनास्था और अविश्वास के बावज़ूद रूढ़ियों का पालन करते हुए देखा गया है। कहना चाहिए कि यह मन से या बेमन से, समर्पित होकर या असन्तुष्ट रहकर पालन की जाने वाली सामाजिक और पारिवारिक औपचारिकता है। रूढ़ियों की मर्यादा निभाते रहने से अनुकूल वातावरण कायम अवश्य रहता है और व्यापक ख़ुशहाली का आभास भी बना रहता है, किन्तु इसके पालन से हमारे गुणात्मक मानसिक या बौद्धिक विकास में इज़ाफ़ा रत्ती भर नहीं होता, ऊपर से हमारा दुर्लभ समय, श्रम और क्षमता भी जाया होती है। रूढ़ियों का पालन प्रायः असामाजिक, अराजक और असभ्य कहलाने के आरोप से बचने के लिए भी किया जाता है, अर्थात् यह हाथ-दर-हाथ में दी जाती हुई उस गेंद की तरह है, कि जिसके हाथ में रूक गयी, वह दोषी करार दिया जायेगा। रूढ़ियों की आलोचना, अस्वीकार और अनादर सम्यक् सामाजिक प्रगति की शर्त है। रूढ़ियों को अंध आस्था की श्रेणी में नहीं रखा जा सकता। अत्यल्प मात्रा में ही सही रूढ़ियाँ तर्कसम्मत भी होती हैं और उनका पालन लाभकर भी। कई बार स्वास्थ्य रक्षा के दृष्टिकोण से फायदेमन्द भी। **डेविड ह्यूम** और **एडमण्ड बर्क** रूढ़िवाद के स्थायी उन्नायकों में गिने जाते हैं। माइकेल आकेशॉट को आधुनिक समय में रूढ़िवाद का प्रमुख सिद्धान्तकार माना जाता है। देखा तो यहाँ तक गया है–यह आर्थिक, वैचारिक, साँस्कृतिक और सामाजिक परिवर्तन के मार्ग में कठिन बाधा बनकर खड़ी होती हैं। भारत में दक्षिणपन्थ के पोषकों, पालकों और प्रचारकों को रूढ़िवाद का पक्षधर पाया जाता है।

रूढ़िगत जड़ता में उलझे हुए भारतीय जन की मानसिकता झाड़ू तक के प्रति विचित्र अज्ञानता से भरी हुई है। हिन्दू धर्मालु इसे लक्ष्मी का प्रतीक मानते हैं और सन्ध्या एवं रात में झाड़ू लगाना घर में निषिद्ध है। झाड़ू खड़ा करके रखने पर कलह की आशंका मज़बूत होती है। इसी तरह बन्दर के प्रति एक अलहदा मान्यता है कि सुबह सबेरे यदि बन्दर बाबा दिख गये तो दिन भर भोजन मिलना मुश्किल होगा। सफलता समृद्धि, नौकरी या प्रसिद्धि पाने के लिए ग्रामीण, आंचलिक और आदिवासी क्षेत्रों में वीभत्स टोने-टोटकों की व्यापकता का क्या कहना? **बगलामुखी** एक ऐसी तन्त्र साधना है, जिसके जरिए लोग वशीकरण, मारण, उच्चाटन जैसी क्रियाओं को अंजाम देते हैं। अपने शत्रु को आघात पहुँचाने के लिए पतन की हद तक इस तन्त्र साधना को अंजाम देते हैं। तन्त्र विद्या के अनुसार मुकदमा जीतने के लिए यह बगलामुखी साधना रामबाण की तरह है। इस साधना के दौरान स्त्री का

स्पर्श, उसके साथ संसर्ग या स्वप्न में उसकी आकांक्षा तक पूर्णत: निषिद्ध है। मात्र शुक्लपक्ष में इसका जाप स्वीकृत है। पोलैंड में स्थित एक स्कूल है–'**कालेज ऑफ़ विजड्री**' जहाँ लड़कों को जादूगर और युवतियों को चुड़ैल बनने की ट्रेनिंग दी जाती हैं वर्ष 2014 में इस कॉलेज का आरम्भ हुआ। यहाँ ओझा बनने तक की शिक्षा दी जाती है। यहाँ के प्रोफ़ेसर सिमोन बोरूता अपनी जादू विद्या के लिए बेहद लोकप्रिय हैं। धन्य है भारत देश जहाँ की जनता बजबजाती अंध श्रद्धा की वशीभूत खरगोश की हड्डी से वशीकरण का उपाय करती है। यदि इससे बात नहीं बनी, तो बासी रोटी से वशीकरण किया जाता है। बावजूद इसके कि बासी रोटी खाना बीमारियों को दावत देना है। खरगोश के माँस का व्यापार ख़ूब प्रचलन में है और इसके लिए 'रैबिट फार्म' खुले हुए हैं। तान्त्रिकों का उपाय इतना विकृतिपूर्ण है कि रोवां सिहर जाय। इसमें चील (पक्षी) के दाएं और बाएं पंखों को लाकर थूहर के पौधे के साथ भस्म बनाते हैं, फिर स्वयं का रक्त, बन्दर का मल और कलिहारी की जड़ मिलाकर एक और मिश्रण तैयार करते हैं। अब इस मिश्रण को खरगोश की हड्डी के साथ 7 दिन तक ज़मीन में गाड़ देते हैं। सात दिन बाद यह बाहर निकलता है। फिर जिसको वश में करना है, उस पर यह चूर्ण छिड़क दिया जाता है। ऐसी तान्त्रिक साधनाएं न केवल भय और असुरक्षा का माहौल पैदा करती हैं, बल्कि आपराधिक घटनाओं को अंजाम देते हुए भी इन तान्त्रिकों को पाया जाता है।

तान्त्रिक विद्या अपनी अज्ञानता की बेहोशी में उपजी साँसारिक सफलताओं और ख़ुशियों को हासिल करने की एक अमानवीय युक्ति है। जिसमें व्यक्ति का मस्तिष्क, हृदय, स्वभाव और कर्म एक षड्यन्त्र के ज़हरीले शौक से भरा होता है और उद्देश्य की सिद्धि न होने के बावज़ूद उसका दावा अनिवार्यत: करता है। कर्मविमुख, भाग्यवादी और चमत्कारप्रिय मन वाला व्यक्ति सबसे पहले तन्त्र विद्या की गिरफ्त में आता है। यह एक प्रकार की विचारशून्य मनोदशा भी है। अज्ञात शक्तियों के वशीभूत एक जीवित पुतला, जो दैवीय प्रतीकों की सत्ता द्वारा नियन्त्रित है। दैवीय शक्तियों के काल्पनिक हुक्म का अन्धा गुलाम है। जिसके शरीर में दैवीय शक्तियों की भयावह माया आन्दोलित होती रहती है। उपलब्धियों को योग्यता, प्रयत्न और कर्मठता के बूते न पाने की एक घातक प्रतिक्रिया भी तन्त्रविद्या। अधिकांश जन को इस दुरावस्था का जरा भी भान नहीं कि उसके ढाँचे में कितनी मानसिक विकृतियों का कूड़ा, ख़ुद को सड़ाने वाले कितने आयातित रोग और प्रतिदिन नष्ट करते रहने वाले कितने आत्मघाती अंधविश्वास भर उठे हैं। उसने जाने-अनजाने कितने मोहक शत्रुओं का अजायबघर बना लिया है–ख़ुद को, यह पता ही नहीं

चलता। स्वभावतः मनुष्य सार्थक सद्गुणों की अपेक्षा खोखले दुर्गुणों की ओर अधिक तेजी से खिंचता है। यह तान्त्रिकता अकर्मण्यता, धूर्तता, स्वार्थान्धता और शोषक प्रवृत्ति भी विकसित करती है और धर्म की आड़ लेकर धर्मालु जनता का आर्थिक, शारीरिक, मानसिक शोषण बेहिचक करती है। जनमानस पर लगा हुआ यह ऐसा ग्रहण है, जो अवैध इरादे से गढ़ा गया होने के बावज़ूद अमिट, अक्षय और कालजयी नियति की तरह है।

इस तन्त्रविद्या का एक अचूक हथियार है–चमत्कारवाद, जो कि अवैज्ञानिक और सत्यविमुख मस्तिष्क की उपज है। जब व्यक्ति तर्क शक्ति से हीन होता है, जब अपने प्रयत्न की सफलता से भरोसा उठ जाता है, जब नियति के हाथों अपने जीवन को समर्पित कर देता है–तब चमत्कारप्रियता भीतर जन्म लेती है। आस्था, विश्वास और भक्ति की तरह यह भी चित्त का एक दबा हुआ आदिम स्वभाव है, जो कि धर्म की सह पाकर शक्तिशाली होता है। चमत्कारप्रिय मानसिकता का व्यक्ति ख़ुद पर यकीन करने की क्षमता खो चुका होता है। उसका पूरा जीवन कर्म शून्यता की पटकथा है, यहाँ तक कि चमत्कारिक सिद्धियों का प्रचार करके वह असंख्य मनुष्यों को भी अकर्मण्य और चमत्कार दास बनाता है। इस्लाम धर्म में चमत्कार ऐसे असाधारण कार्य हैं, जो ईश्वर की आकांक्षा पूर्ति के लिए उसकी अनुमति लेकर पैगम्बरों द्वारा सम्पन्न किये जाते हैं। इससे उसकी पैगम्बरी सिद्ध होती है, जिसे **'मोजिज़ा'** कहा जाता है। यह ऐसी असाधारण क्रियाओं का जोड़ है, जिसके पीछे कोई प्रमाण नहीं होता। व्यावहारिक जीवन में घटने वाली कार्य-कारणपरक घटनाओं से नितान्त भिन्न होती हैं ये। चमत्कार प्रदर्शन के पीछे मूल कारण आश्चर्य को उत्तेजित करके अपनी असाधारण क्षमता का मुरीद बनाना है। अलौकिक शक्तियों के अधीन जीने वाला हृदय चमत्कारों के प्रति बेतरह दुर्बल होता है और जीवन की समस्याओं का तत्काल समाधान किसी न किसी चमत्कार के द्वारा हल हो जाने की आकांक्षा रखता है। चमत्कारप्रियता एक चित्तवृत्ति है, जो व्यक्ति को तर्क विमुख नियतिवादी, यथार्थ विरोधी और अलौकिकता प्रेमी बनाती है। चमत्कारप्रेमी व्यक्ति अकर्मण्य भी होता है, वह अपनी प्रत्येक सफलता की राह चमत्कार के द्वारा देखना आरम्भ कर देता है। धर्म पुरुषों, तान्त्रिकों, मठाधीशों और औघड़ साधकों ने देश में चमत्कार प्रदर्शन की संस्कृति को चिरस्थायी बना दिया और इसके केन्द्र बने तमाम सारे धार्मिक केन्द्र, पूजा-पाठ के स्थल और साधना के केन्द्र। साधकों के सिद्धि मार्ग में चमत्कार-सिद्धि अनिवार्यतः सम्मिलित है। आदिकाल में जब बौद्धधर्म तन्त्रयान, वज्रयान, मन्त्रयान जैसे आडम्बरी शाखाओं में टूटकर बिखर गया तो आमजन के

बीच अपने खोखले प्रभुत्व को कायम रखने के लिए इसी चमत्कार-सिद्धि का सहारा लिया। तरह-तरह की गर्हित साधनाओं, तान्त्रिक विधियों और बेबूझ षट्कर्मों के द्वारा तत्कालीन जनता का मानस भयग्रसित किये रहते थे–बौद्ध तान्त्रिक। धर्म जब करुणा रहित होता है, तो उसमें शोषण-वृत्ति जन्म लेती है। स्वभाव में शोषण भर जाने से घृणित कारनामों की चालाकी पनपती है, फिर यही चालाकी आश्चर्यजनक चमत्कारों से भरे हुए कर्मकाण्ड सिखाती है और फिर यही कर्मकाण्ड या षटकर्म हमें तथ्य विरोधी और सत्य विमुख करते हैं। शिक्षित क्या अशिक्षित दोनों वर्गों में चमत्कारों के प्रति अतिरिक्त मोह व्याप्त है। यह मानसिकता हमें लक्ष्य या सफलता के लिए प्रयत्न करने से न केवल रोकती है, बल्कि प्रयत्न के महत्व को निरर्थक भी बना डालती है। जादू, टोना, तन्त्रमन्त्र इसी चमत्कार की माया पर निर्भर हैं। जिस दिन, जिस पल देश की जनता चमत्कार की सत्ता को इनकार करना सीख जायेगी, ये सारे तान्त्रिक मायाजाल विदा होने लगेंगे। पत्थर के गणेश देवता गाय का शुद्ध दूध यदि पी सकते हैं, तो किस विवेक के जागरण की उम्मीद की जाय? यदि नदियों का पानी दुष्कर्मों के दाग को धो देता हो, तो भले कर्मों के प्रति किस प्रतिबद्धता की उम्मीद की जाय? यदि मन्दिरों, देवालयों, मठों में विराजमान लाखों देवी-देवता हमें दोष मुक्त करने का ठेका ले रखें हों, तो अपराध करने से हिचकने वाली जनता का स्वप्न कैसे देखा जाय? अक्सर ये धार्मिक कृत्य, पूजापाठ, नमाज और आस्थावादी आयोजन हमें अपनी नीचताओं की ज़िम्मेदारी लेने की अनिवार्यता से मुक्त कर देते हैं।

भारत ही नहीं, किसी भी देश, समाज अथवा मनुष्य की अन्तर्बाह्य निर्मिति में जितनी घातक जाति व्यवस्था, रुढ़िवाद और अतीतमोह है–भाग्यवाद उससे जौ भर भी कम नहीं। यह भाग्यवाद अपने अनिवार्य दायित्व से पलायन, मनुष्यगत भूमिका से इनकार और कर्मविमुखता से पैदा होता है। जो कि हमें भीतर से पहले निष्क्रिय फिर बाहर से यथास्थितिवादी बनाता है। हथेलियों की रेखाओं पर अंधभक्त से बढ़कर आस्था रखना, पंचांग, ज्योतिष और पोथी-पत्रा में दिगे गये नियमों, विचारों को रोम-रोम से चाहना, मानना और उनका पालन करना इसी भाग्यवादी मानसिकता की देन है। यहाँ भी सम्यक् और विवेकपूर्ण तर्क के लिए कोई स्थान नहीं होता, बस एक मादक आस्था और लिजलिजा विश्वास इसके पीछे सक्रिय रहा करता है। एक मनुष्य को अकर्मण्य, कायर, शक्तिहीन और जड़वादी यहाँ तक कि जिन्दा मृतक के समान बना देने के लिए भाग्यवाद काफ़ी है। किसी माहिर घुन की तरह यह आपकी नैसर्गिक योग्यता, सफलताओं की सम्भावना, आश्चर्यजनक कल्पनाशक्ति

और अन्वेषक क्षमता को चाल खाता है। यह ख़ुद के द्वारा आमन्त्रित ऐसा दुर्भाग्य है, ऐसा ज़हरीला मेघ है, जो एक बार मनोमस्तिष्क पर छा जाय, तो अहिस्ता-आहिस्ता सम्पूर्ण जीवनशक्ति चूसे बगैर जाने का नाम नहीं लेता। इसीलिए बहुमुखी दिशाओं में समुचित और स्वस्थ प्रगति के लिए भाग्यवाद से आत्यन्तिक मुक्ति मूलशर्त की तरह है। व्रत, उपवास, पूजापाठ, धार्मिककृत्य और अनुष्ठान इसकी नींव में प्रतिष्ठित हैं। भारत जैसे देश में अल्पशिक्षित, अर्द्धशिक्षित और उच्चशिक्षित सभी इस अदृश्य शत्रु की जादुई माया में गिरफ़्तार हैं। मनौतियाँ मानना, देवालयों में मिठाइयाँ चढ़ाना, मन्त्र जाप का अनुष्ठान करना, बलि चढ़ाना या सत्यनारायण कथा सुनना इसी भाग्यवादी हृदय की बाहरी प्रतिक्रियाएँ हैं। इसने हम भारतीयों को शुतुरमुर्गी स्वभाव का बना छोड़ा है, जो सामने पड़ने वाली हर चुनौती को ईश्वर पर छोड़कर हाथ-पाँव ढीला कर लेता है। "होइ हैं सोइ, जो राम रचि राखा" अकेले इसी पंक्ति ने कितनी ज़्यादा अकर्मण्यता को जन्म देकर हम आस्थावादी भारतीयों को निद्राप्रेमी प्रकृति का बनाया है, इसका कोई हिसाब नहीं। हिन्दू संस्कृति में भाग्यवाद का जन्म उस संकल्पना में छिपा हुआ है, जिसमें कहा गया है कि मनुष्य अपने कर्मों के लिए ज़िम्मेदार है, तथा दुनिया को ईश्वर की सृजनशक्ति का उत्पाद माना गया है। यही ईश्वर ही वास्तविक कर्ता, सर्वज्ञ, सर्वव्यापी और नियन्त्रक है, और मानव ईश्वर की माया के आगे कठपुतली मात्र है। छठी शताब्दी ई. पू. का **आजीवक सम्प्रदाय** प्रमुख भाग्यवादी संगठन माना जाता है, जिसके संस्थापक **मक्खिल गोसाला** थे। ये निष्क्रिय जीवन-यापन में यकीन करने वाले थे। मक्खिल इस हद तक भाग्यवादी निकले कि सभी मानवीय प्रयासों को निरर्थक कहते थे। महावीर और गौतम बुद्ध दोनों के समकालीन थे–गोसाला। प्राचीन पश्चिमी दर्शन में भी भाग्यवाद के तत्व दिखायी देते हैं। इसमें से एक है–'व्यर्थ तर्क' का सिद्धान्त। इसके अनुसार यदि कोई घटना, कार्य, परिणाम पूर्व नियत है, तो उसको लेकर कोई प्रयास करना व्यर्थ है। 'व्यर्थ तर्क' की पद्धति सिसरो द्वारा स्थापित की गयी। सिसरो का कहना था कि यदि किसी की नियति में किसी बीमारी से ठीक होना लिखा होगा, तो वह बिना चिकित्सक के पास गये ठीक हो ही जायेगा। परन्तु यह 'ठीक होना' कौन लिखेगा, कहाँ लिखेगा, किसी आधार पर लिख देगा–इसका कोई उत्तर सिसरो या किसी भाग्यवादी के पास नहीं। 'व्यर्थ तर्क' का अनुमान अरस्तू ने अपनी कृति '**द इंटरप्रिटेशन**' के अध्याय - 9 में लगाया था। बुद्ध के गुरू आलारकलाम स्वयं एक आजीवक संन्यासी थे। वैयाकरण पाणिनी ने भी आस्तिक और नास्तिक दार्शनिकों के साथ-साथ 'दिष्टिवादी' विचारकों का भी उल्लेख किया है, जो कि

नियतिवादी या प्रकृतिवादी भी कहलाए। गोसाला 'दिष्टिवादी' थे। मक्खिल गोसाला के छः प्रमुख शिष्यों ने घूम-घूमकर तत्कालीन भारतीय समाज में इसी नियतिवाद को प्रचारित किया। ये शिष्य थे–शान, कलंद, कर्णिकार, अच्छिद, अग्नि वैश्यायन और अर्जुन गोमायुपुत्र।

भारत अन्वेषण, मौलिक खोज या मौलिक स्थापना के क्षेत्र में अग्रणी देश न बन सका, इसका प्रमुख कारण है–पिछलग्गूपन की प्राचीन आदत। यह देश भक्तों, अनुयायियों, भजन गायकों, स्तुतिकर्ताओं और चारणों की कतार खड़ी करने वाला देश रहा है। बचपन से ही बच्चे को चरणस्पर्श करने का अभ्यास कराया जाता है, पत्थरों में उपस्थित ईश्वर एवं उनके कुनबे के आगे साष्टांग हो जाना सिखाया जाता है। आदतें रोपी जाती हैं कि अलौकिक शक्तियों से डरो, उनको ख़ुश किये रहो, वह हर कर्मकाण्ड करो, जो इनको प्रसन्न करने वाला हो। जहाँ बचपन में प्रश्न की जगह स्वीकार, जिज्ञासा की जगह समर्पण और आँखें खोले रखने की जगह बन्द करना सिखाया जाता हो, वहाँ युवा वर्ग में कछुआ, शुतुरमुर्ग, भेंड़ की आदतें विकसित हो जाना जरा भी मुश्किल नहीं। आदत स्वयं में एक दुर्बलता है, जो सजगता की क्षमता को क्षीण करती है, ऊपर से यदि अनुचर बने रहने, हाथ जोड़े रहने, बस हाँ कहने, सबकुछ मान लेने की आदत पनप गयी तो फिर निरर्थक जीवन के विस्तार का क्या कहना। **लार्ड मैकाले**, जो कि भारतीयों में अंग्रेज़ियत का उच्चतावादी रोग प्रतिष्ठित करने वाला प्रमुख कारण माना जाता है, ने 1883 ई. में कहा था–कि 'हमें इस कोटि के मनुष्य तैयार करने की भरपूर चेष्टा करनी चाहिए जो रक्त और वर्ण में तो भारतीय हों, किन्तु रुचि, मत और बुद्धि के लिहाज़ से अंग्रेज़ हों।' मैकाले की यह कुटिल दुर्नीति हद दर्जे तक कामयाब रही और आज करोड़ों भारतीय अंग्रेज़ियत की आत्मा में ढल चुके हैं, जिनके लिए विदेशीपन को जीना अनिवार्य संस्कार बन चुका है, जो छींकते भी हैं, तो 'सारी-सारी' कहना नहीं भूलते। स्वयं के प्रति बुझदिली, आत्महीनता, अपनी काबिलियत के प्रति अविश्वास, उपहास और अपनी क्षमता के प्रति अज्ञानता से पैदा होता है–यह पिछलग्गूपन। अनुचर भाव मानसिक गुलामी की अनिवार्य परिणति है, जिसके भीतर यह घर कर गया वह न केवल स्वयं की सोच, मूल्यवान इनकार और जरुरी सवाल करने का साहस खो देता हे, बल्कि स्वयं के प्रति न्यूनतम सम्मान का एहसास भी खत्म कर डालता है। ऐसे संज्ञाशून्य व्यक्ति के पास आँखें तो हैं, पर उससे देख नहीं पाता, कान तो हैं, पर सुनना बन्द कर चुके हैं, मष्तिस्क तो है, पर सोचना छोड़ चुका है। हृदय भी है, परन्तु अपने लिए नहीं धड़कता। पिछलग्गूपन न तो रीढ़ रहने देता है, न घुटने में बल, न आँखों में तेवर

और न पंजों में मुट्ठियों का कसाव। वह शरीर, मन, आत्मा, वाणी और आदत तक में गूंगापन भर डालता है। स्वयं के प्रति न्यूनतम कर्त्तव्य का भाव भी छीनता है यह। किसी सत्ता, शासक या व्यक्ति के प्रति पिछलग्गूपन की आदत से मुक्ति पायी भी जा सकती है, परन्तु अलौकिक सत्ता, दैवीय शक्ति और अदृश्य शासक से कभी नहीं। क्योंकि ये न केवल शरीर, मन, बुद्धि पर कब्जा करते हैं, बल्कि चित्त, चेतना और कल्पना तक को गुलाम बनाते हैं और मनुष्य से उसकी आत्मशक्ति छीनकर जीता-जागता पुतला बना छोड़ते हैं। धर्म चूँकि भक्ति, समर्पण, आस्था, आत्मविसर्जन और तर्क रहित विश्वास की नींव पर खड़ा है, इसलिए भारतवासियों में अनुचर की आदत डालने वाला सबसे बड़ा कारण धर्म ही है। दूसरा कारण है–अपनी योग्यता, क्षमता, कर्मशक्ति और मानवीय सम्भावना का तिरस्कार और उसके प्रति अज्ञानता। यदि एक बार ढंग से व्यक्ति को एहसास हो चले कि 'न भूतो, न भविष्यति' वाला यह मानव शरीर किसी की छाया बनकर जीने के लिए नहीं बना है, तो एक पल के लिए भी अनुचर बने रहना अपराध समझेगा। तीसरा सबसे अहम कारण है–तीसरे के हाथ में अपने चैन, सुकून, ख़ुशियों, इच्छाओं और जज्बा़तों की गिरवी रख देना। इस तरह किसी समाज, कौम, मानव-संस्कृति या देश को यदि स्थायी तौर पर गुलाम बनाना हो, तो भाषा, धर्म या रंग के नाम पर अनुचर बना लेना सबसे कारगर और अचूक हथियार सिद्ध होता है।

बाहर से अकर्मण्य और भीतर से खण्डित व्यक्तित्व को जन्म देता है–यह पिछलग्गूपन। खण्डित व्यक्तित्व इस अर्थ में कि वह जो करना चाहता है, कर नहीं सकता, मन की कहना चाहता है–मगर जुबान सिली हुई है, सोचने की तड़प उठती है, परन्तु बुद्धि पर किसी का कब्जा है। इसीलिए अनुचर धीरे-धीरे निष्क्रिय नकारात्मकता से भी भरता चला जाता है–अपने प्रति, समाज, व्यवस्था, सत्ता, जीवन-मूल्य सबके प्रति। वह यह स्वीकार करने की क्षमता ही खो बैठता है कि मुक्ति के वातावरण में साँस लेना भी सम्भव है। अनिर्णय, आत्महीनता और निराशा की आन्तरिक आँच में झुलसता ऐसा व्यक्ति ख़ुद के जीवन को असह्य बोझ समझने के सिवाय और कुछ सोच भी नहीं सकता। इस देश में जातिवाद की तरह पिछलग्गूपन की एक अन्तहीन श्रृंखला है। दलित है–तो सवर्ण का पिछलग्गू बना दिया गया है, अनपढ़ है तो शिक्षितों की गुलामी तकदीर में लिख उठी है। श्रमिक है–तो धनिकों का ताउम्र हुक्म बजाये, कमज़ोर है तो शक्तिशाली के अस्तित्व से छाया की तरह चिपका रहे। यदि बालक ठहरा तो माँ-बाप-भाई और सयानों के दिशानिर्देशन में जीए, यदि स्त्री है तो भूल जाय कि वह मनुष्य की तरह आजाद

ख्याल होकर जी सकती है। यदि युवा है–तो उसके भी गले में रूढ़ियों, पारिवारिक संस्कारों, सामाजिक परम्परा और धार्मिक विधि-विधान का जुआ डाल दिया जाता है। नौकरीपेशा व्यक्ति अपने बॉस या प्रशासक का अनुचर है। प्रशासक नेता का, नेता मन्त्री महोदय का, मन्त्री पूँजीपति का, पूँजीपति मुख्यमन्त्री का और मुख्यमन्त्री बड़े से बड़े पद की कल्पना का पिछलग्गू। लोभ, स्वार्थ, भय, हानि-लाभ, लेन-देन और अस्तित्व विहीन होने की आशंका से मुक्त होकर जीने वाला पुरुष शुद्ध कल्पना बन चुका है और जहाँ चित्त भयशून्य नहीं, जहाँ साँसें किसी के इशारों पर थम जाती हों, जहाँ मस्तक झुके रहने की सारी मज़बूरियाँ सीख चुका हो, वहाँ असली मायने में एक विश्वसनीय और प्रामाणिक मनुष्य को, एक स्वस्थ समाज को कैसे साकार किया जा सकता है?

दासता, पिछलग्गूपन की ही तरह जीवन को खोखला करने वाली एक और आत्मघाती प्रवृत्ति है–आत्महीनता। यह ख़ुद के प्रति अविश्वास, उपेक्षा, परिहास और अज्ञानता से उत्पन्न होती है। ऐसी मानसिकता का व्यक्ति सदैव दायित्व लेने से पीछे भागता है, मोर्चा सँभालने पर काँपता है और पीछे खड़े रहने में चरम सुख पाता है। यह मानसिकता प्राय: हाशियाई जीवन काट रहे जन में अधिक पायी जाती है, क्योंकि सदियों से उनके भीतर मामूलीपन, लघुता, निरर्थकता, दुर्बलता, बेखासियत का रोग भरा गया, उनसे उनकी संवेदना, विवेक, स्वतन्त्र बुद्धि और प्रतिभा को छीनकर शक्तिहीन बनाया गया और नाचीज़ होने की ऐसी आनुवंशिक अनुभूति में कैद दिया गया, जिससे बाहर निकल पाना इन अधिसंख्य हाशियाई भारतीयों के लिए कल्पना से बाहर की बात हो गयी। आत्महीन व्यक्ति इतने तक की योग्यता खो बैठता है कि अन्य की तरह वह भी मनुष्य है, जिसे अभय बनकर जीने, अपने मन की बोलने, मन मुताबिक सोचने और इच्छानुसार कर्म करने का मौलिक अधिकार है। प्रेमचन्द के उपन्यास 'गोदान' का अमर चरित्र होरी इसका एक स्थायी उदाहरण है। आत्महीनता स्वयं की दुर्बलताओं से उत्पन्न दोष नहीं, बल्कि हैसियत सम्पन्न लोगों द्वारा शारीरिक-मानसिक तौर पर शोषित, उच्चवर्गीय शैतानों द्वारा अपमानित, बुद्धिजीवियों द्वारा अस्वीकृत और सभ्यजनों द्वारा असभ्य करार दिए जाने का घातक नतीजा है। कई बार इस आत्महीनता के कारण अप्रत्यक्ष, रहस्यमय, अबूझ और ईश्वरीय होते हैं। कई बार अतीत की महानता का अतिशय स्तुतिगान भी हमें आत्महीन बनाता है और कई बार वर्तमान अवस्था में दबकर गूंगे बने रहने की बेबशी। प्रसिद्ध भारतीय रसायनज्ञ **प्रफुल्लचन्द राय** का विचार यहाँ नज़र में रखने योग्य है–"उसकी (भारत की) मिट्टी को नैतिक रूप से ऐसी अनुचित अवस्था

में पहुँचा दिया गया, जहाँ वह बॉल, देकार्त और न्यूटन के अभ्युदय के योग्य नहीं रह गयी।" (लेख- विज्ञान का गांधी, 'हिन्दू रासायनिकी का इतिहास', प्रफुल्ल चन्द्र राय)

यदि युवक में यह सबक रोज-रोज भरा जाय कि तुम अनुभवहीन हो, निर्णय लेने में कच्चे हो, तुम्हें परम्परा का ज्ञान नहीं, तुम दायित्व लेने योग्य नहीं, तो आख़िरकार उसमें कैसे आत्मविश्वास विकसित होगा? यदि स्त्री को रातदिन एक ही तानाशाही सोच से बेधा जाता हो कि पुरुष के मुकाबले तुम्हारी बुद्धि कमतर है, कठिनाईयों और संघर्ष के मोर्चे पर पुरुष तुमसे अधिक योग्य है, अगुवाई करना तुम्हारे हिस्से का दायित्व नहीं, तुम्हारा अखण्ड दायित्व बस परिवार विकसित करना और सँभालना है, तो उसमें अथाह आत्मशक्ति कहाँ से आने वाली? इसी तरह जहाँ समाज के सबसे बड़े तबके को अछूत, त्याज्य, उपेक्षित और आत्मशक्ति से रहित कर डाला गया हो, वहाँ सही मायने में जीती-जागती, अग्रगामी मानवता की उम्मीद कैसे की जा सकती है?

एक साथ असंख्य मानसिक, हृदयगत और भावात्मक जड़ताओं में जीते हुए भारतीय मानव को अपूर्व रैशनेलिटी में झकझोरने, तराशने और मथने की आवश्यकता चुनौतीपूर्ण और कठिन होती जा रही है। हम भारतीयों की आदत, सोच, संस्कार, मूल्य, विश्वास, आस्था सबमें बहुपरतीय जंक लगी हुई है। सर्वप्रथम चुनौती यह एहसास दिलाना है कि हम रोज-रोज इन खोखला करती तमाम जंक की जकड़ में गल रहे हैं, सड़ रहे हैं–अर्थहीन हो रहे हैं। अधिसंख्य भारतीय जन को अपने भीतर पल्थी मारकर बैठे अपूर्व आत्मघाती रोगों का जरा भी भान नहीं। हमें यह सुनिश्चित करना होगा कि भाषा के नाम पर, रंग की अकड़ में, पद के आतंक में और अधिकार की आड़ में किसी के साथ घृणित भेदभाव करना अपराध जैसा है। यदि हमें सम्मानपूर्वक जीना प्राणों से ज़्यादा प्रिय है, तो एक भी भारतीय को, एक भी दिन के लिए इस अनिवार्य अधिकार से वंचित कैसे रखा जा सकता है?

रेशनैलिटी के जागरण की प्रथम और अनिवार्य शर्त है–स्वयं की असाधारण आलोचना, स्वयं से प्रश्न, स्वयं पर संदेह और ख़ुद से बगावत। आज व्यक्ति ख़ुद के प्रति इतना ज़्यादा स्वार्थग्रस्त है, इस हद तक स्वयंबद्ध है, इस कदर अपने प्रति अन्धा है कि हर एक वस्तु, विचार, घटना, मूल्य, या व्यक्ति के बारे में अन्तिम फैसला अपनी आत्मग्रस्त निगाहों से कर लेता है, और जीवनपर्यन्त उसी दोषयुक्त आत्मनिर्णय में गिरफ़्तार रहता है। जबकि किसी भी व्यक्ति, व्यवस्था, सिद्धान्त या घटना के बारे में सम्यक् निर्णय स्वयं से परम मुक्त होकर ही किया जा सकता है।

यदि हमारे ज्ञान के कारण किसी की अज्ञानता अपमानित, उपेक्षित होती हो, तो वह ज्ञान श्रेष्ठ नहीं। यदि हमारी योग्यता किसी अयोग्य को घृणा किये जाने की दशा में पहुँचा दे, तो वह अवैध योग्यता है। यदि हमारी शक्ति किसी शक्तिहीन को कुचले जाने का कारण बने, तो यह नाजायज शक्ति है। इसलिए रैशनल व्यक्तित्व के लिए अपना मूल्यांकन बहुजन हित की कसौटी पर करना शर्त की तरह है। रैशनैलिटी केवल बगावत, संदेह, इनकार, आलोचना या प्रश्न बुलन्द करने का नाम नहीं है, बल्कि वैज्ञानिक दृष्टि से लबरेज सम्यक आस्था को जन्म देना रैशनल व्यक्ति का लक्षण है। जिस दिन हम भारतीय केवल अपने लिए जीने की संकीर्णता, बस अपने बारे में सोचने की कायरता और मात्र ख़ुद की ज़रूरतों के लिए लड़ने की चालाकी छोड़ देंगे, निश्चय ही एक अन्त:स्वास्थ्य से सम्पन्न रैशनल भारतीय मनुष्य का जन्म होगा। एक और मूल तत्व, जिसके बगैर क्रान्तिकारी व्यक्तित्व की धारणा बेमानी है–वह है–देश के भंगी, दलित, मेहतर, श्रमिक, अन्त्यज, उपेक्षित, दुर्बल और निराश्रित को अहैतुक हृदय से साष्टांग गले लगाने का एकात्म भाव विकसित करना। क्योंकि यही वे बहुसंख्यक हैं, जिन्होंने नींव के नीचे ईंटों, पत्थरों, चट्टानों की भाँति सहस्राब्दियों से अदृश्य रहकर कालजयी, चिरसुदृढ़ भारतीयता को साकार किया है।

वैज्ञानिक अन्तश्चेतना की तलाश

इसमें दो मत नहीं कि भारतवर्ष अपने सामाजिक, साँस्कृतिक और स्वभावगत निर्माण के आरम्भ से लेकर आजतक एक आध्यात्मिक, धार्मिक और ईश्वरवादी देश है। केवल संवैधानिक और राजनीतिक ढाँचे के अन्तर्गत उसे धर्मनिरपेक्ष घोषित किया गया है, जो कि एक दुर्लभ आदर्श की तरह है। यहाँ की राजनीति में शामिल चेहरों का न अपना सुनिश्चित मानवीय मूल्य है, न कोई सुदृढ़ सिद्धान्त और न ही लोकतान्त्रिक प्रतिबद्धता ऊपर से रूढ़िवादी, कर्मकाण्डी, धर्मालु और आडम्बरप्रिय इस कदर कि अपनी राजनीति की दुकान चमकाने के लिए पूजापाठ करवाने और अखण्ड कीर्तन आयोजित करने से लेकर वह किसी हद तक धर्मान्धिता के दलदल में गिर सकता है। देश की धर्मनिरपेक्षता ऐसी ही आडम्बरी मानसिकता के राजनेताओं के हाथों में है। ऊपर से प्रशासक, बुद्धिजीवी, शिक्षाविद, कलाकार, विद्यार्थी, अभिनेता, कृषक, श्रमिक, घरेलू औरतें, युवतियाँ और बच्चे-बच्चे या तो धर्मवीर बन चुके हैं या धर्मपुत्र बनने की बढ़-चढ़कर ट्रेनिंग ले रहे हैं। इसलिए भारत की धर्मनिरपेक्षता 'सत्यमेव जयते' के कठिन आदर्श की तरह है। धर्म की सत्ता भय पर टिकी है, अलौकिकता के व्यामोह पर कायम है। इसीलिए उससे पूर्ण मुक्ति की कल्पना करना फिलहाल असम्भव से भी ज़्यादा असम्भव है। आध्यात्मिकता अपने आप में एक भावप्रेरक अन्तःशक्ति है, जो ज़ागरूक मनुष्य के भीतर स्वभावतः मौजूद होती है, ख़ास तौर पर उनमें स्वयं के अस्तित्व, जगत की मौजूदगी, जीवन-मरण के प्रश्नों और सृष्टि की सार्थकता, निरर्थकता को लेकर स्वभावतः विकृत रूप लेती है–तब संसार में प्रचलित किसी भी धर्म की जकड़ में आ जाती है। स्थिति इस कदर दयनीय है कि धार्मिकता का परिष्कृत रूप ही आध्यात्मिकता बन गया है, जिन्हें सीधे-सीधे धार्मिक कहलाने से गुरेज है, किन्तु हृदय से धर्म का नशा छोड़ नहीं पाये हैं, वो आध्यात्मिक पुरुष को चोला पहन लेते हैं। यह किसी से छिपा हुआ तथ्य

नहीं, भारत में धर्म और अध्यात्म दोनों अब व्यापक उद्योग और मुनाफे का व्यवसाय बन चले हैं। गाँव, शहर, महानगर, कस्बा, अंचल कोई भी क्षेत्र अब व्यावसायिक धर्मबाजों से मुक्त नहीं। बीसवीं सदी के अनमोल **क्रान्तिकारी भगत सिंह** ने अपने साहसिक विचार बड़ी दिलेरी के साथ प्रकट किये हैं–"ईश्वर मनुष्य का सबसे बड़ा दुश्मन है। दुनिया के दिमाग़ को गुलाम बनाने के लिए शोषकों, बेईमानों और धूर्तों के द्वारा ईश्वर की पैदाइश की गयी।"

स्वभाव, सोच और संस्कार से भारत कभी भी भौतिकवादी देश नहीं रहा। यह तथ्य अलग है कि प्राचीन काल में यहाँ भी भौतिकवादी आचार्य, दार्शनिक और साधक उत्पन्न हुए, जिन्होंने अपनी साहसिक संसारवादी दृष्टि से चिन्तन के क्षेत्र में अलग छाप छोड़ी। ऐसी चिन्तन धाराओं में सबसे पहले '**लोकायत मत**' का नाम आता है। इस मत के विचारक मेधातिथि का एक श्लोक है :

'नास्ति दत्तम् नास्ति हतम् परलोकम् इति।।'

(लोकायत- श्लोक- 30)

अर्थात् प्रसाद चढ़ाना, यज्ञों में आहुतियाँ देना व्यर्थ है। परलोक जैसा कुछ भी नहीं है। दो मत नहीं, कि हजारों वर्ष पहले का यह भावात्मक, किन्तु यथार्थवादी निष्कर्ष अक्षरशः सिद्ध हो रहा है, किसी वैज्ञानिक प्रामाणिकता से रहित होने के बावजूद। अन्न, दूध, फल, वस्त्र और पैसामय प्रसाद अलौकिक देवों के चट्टानी चरणों पर चढ़ाने वालों से पूछा जाना चाहिए कि पहले साबित करो, तुम्हारे देवता का अस्तित्व है या नहीं? वह तुम्हारा चढ़ावा लेता है, खाता-पीता है, अपने स्वास्थ्य की रक्षा करता है–तत्पश्चात् प्रसन्न होकर तुम्हारी रक्षा की गारण्टी लेता है–वरना जहाँ आम जन अन्न, दूध, धन के अकाल में बेमौत मर रहे हों, रोग-दर-रोग की चपेट में आ रहे हों, देवताओं को चढ़ावे लुटाना अपराध है, और इस अपराधी कृत्य को सदियों से बढ़ावा देने में हजारों छोटे-बड़े देवता एवं देवियाँ भी शामिल हैं। भारत के कोने-कोने में प्रचलित और स्थापित ब्राह्मणवाद का सफल और सशक्त विरोध इन्हीं भौतिकवादी विचारधाराओं में मिलता है। केवल बुद्ध के जीवनकाल में ही पाँच प्रखर भौतिकवादी विचारक मौजूद थे। मक्खलि गोसाल, अजित केशकंबलि, संजय वेलट्ठपुत्त, पूर्ण कास्यप और पकुधकात्यायन। स्वयं बुद्ध अनीश्वरवादी और ब्राह्मणवाद के आलोचक होने के बावजूद भौतिकवादी नहीं थे। उनके द्वारा बोधि प्राप्ति के पूर्व ये पाँचों विचारक काफ़ी प्रतिष्ठा हासिल कर चुके थे। इन्हीं भौतिकवादियों में एक और नाम 'निगंठ नाथपुत्त' का भी है। बाद में यही जैन धर्म के 24 वें तीर्थंकर महावीर स्वामी हुए। तथ्य ध्यान देने योग्य है कि बौद्ध धर्मग्रन्थ

'दीघनिकाय' में इन भौतिकवादी विचारकों को लेकर बुद्ध और अजातशत्रु के बीच लम्बी चर्चा होती है। जिसमें इन्हें संघस्वामी, गणाध्यक्ष, बहुपूज्य, गणाचार्य, परमप्रज्ञ, तत्ववेत्ता जैसी ऊँची उपाधियों के साथ सम्बोधित किया गया है। इन नास्तिक दार्शनिकों का उल्लेख 'मिलिन्द प्रश्न' में भी हुआ है, जो कि दीघनिकाय से लगभग 250 वर्ष बाद की रचना है। आश्चर्यजनक तथ्य तो यह है कि भारत में भौतिकवादी चिन्तन की परम्परा, आध्यात्मिक चिन्त की पद्धति से तनिक भी कम पुरानी नहीं ठहरती। यह बात और है कि अनेक धार्मिक मतों के व्यापक प्रभाव और सत्ता-शक्ति के कारण इनका विकास रूक गया। यदि भौतिक दर्शन की ये धाराएँ युगानुकूल करवट लेते हुए, अधिकाधिक यथार्थपरक होते हुए अपना अस्तित्व बनाए रखतीं, तो देश के मानवों का स्वभाव कुछ और ही निर्मित होता। 'लोकायत दर्शन' के प्रचारक **आचार्य बृहस्पति** को माना जाता है। जो कि 'बृहस्पति सूत्र' के रचयिता थे। विद्वानों के अनुसार यह छठीं शताब्दी की रचना है। श्रुतसागर सूरी ने बृहस्पति को चार्वाक सम्प्रदाय का आदि प्रवर्तक माना है। बृहस्पति ऐसे असाधारण भौतिकवाद हुए जिन्हें अर्थशास्त्र, राजनीति शास्त्र और लोक व्यवहार का ज्ञाता तथा लोक संस्कृति का विद्वान माना गया।

प्राचीन भारतीय दर्शन की परम्परा में '**आजीवक**' पहला भौतिकवादी सम्प्रदाय था।

इसकी स्थापना मक्खलि गोसाल ने की। बुद्ध और महावीर के अभ्युदय के पूर्व यह भारत भूमि पर लोकप्रिय सबसे प्रभावशाली दर्शन था। आजीवक सम्प्रदाय का दर्शन नियतिवाद कहलाया। ईश्वर, पुनर्जन्म और कर्मकाण्ड तीनों में इन्हें आस्था न थी। आजीवकों के अनुसार संसार का चक्र नियत (सुनिश्चित) है। वह अपने ढंग से चलता है। मनुष्य की सभी अवस्थाएँ, दशाएँ नियति के अधीन हैं। 'आजीवक' शब्द का शाब्दिक अर्थ ही था–जीविका के लिए श्रम करने वाला समुदाय। आजीविकों के अनुसार उदारता, आत्मनियन्त्रण, संयम और सत्यवचन से न कोई गुण पैदा होता है, न ही अवगुण। ये इस कदर नकार से भरे नियतिवादी थे, कि पृथ्वी, जल, अग्नि, वायु, सुख, दुख और जीवन तक को निरर्थक घोषित किया, इन्हें पर्वत की तरह दृढ़ और स्तम्भ की तरह स्थिर माना। मक्खलि गोसाल और वर्धमान महावीर के कई वर्षों तक साथ विचरण करने के प्रमाण मिलते हैं। गोसाल स्वतन्त्र इच्छा के भी आलोचक थे। गोसाल को इस नियति में दृढ़ता हो गयी कि संसार का संचालन कोई अथाह और अज्ञात शक्ति कर रही है, जिसे हम नहीं जानते। इस तरह यह पहला ऐसा भौतिकवादी दर्शन था, जो आत्यन्तिक निषेध, जड़ भाग्यवाद और कर्महीनता का शिकार हुआ, जो हर प्रकार के मानवीय प्रयासों पर कुल्हाड़ी चलाता था, जिसके

लिए मानव जन्म भी किसी निरर्थक यात्रा से कम नहीं था। **अजित केशकंबली** को इस विचारधारा का अग्रदूत माना जाता है। जिन छः दर्शनों को वेद विरोधी कहा गया, उनमें से एक चार्वाक मत भी था। शेष पाँच थे–माध्यमिक, योगाचार, सौता न्त्रिक, वैभाषिक और आर्हत। चार्वाक दर्शन लोकायत दर्शन भी कहलाया। इसका एक अर्थ-चारू-वाक् अर्थात् मीठे बोल से भी लगाया जाता है। इस मत के अनुसार 'प्रत्यक्ष ही एक मात्र प्रमाण' है। इसे हम देख सकते हैं, छू सकते हैं, सुन सकते हैं और सूंघ पाते हैं। अत: यही सही हैं। जिसका प्रत्यक्ष नहीं हो सकता, उनकी सत्ता संदिग्ध है। संसार की वस्तुओं का बोध हमारी ज्ञानेन्द्रियों के माध्यम से होता है, जो कि ज्ञान का एक मात्र स्रोत है। चार्वाक के अनुसार अनुमान एक अटकल मात्र है, जो सही भी हो सकता है और नहीं भी। इसमें शब्द प्रमाण को भी अस्वीकार किया गया है। चार्वाक दार्शनिक केवल चार तत्वों से सृष्टि का निर्माण मानते थे–पृथ्वी, जल, वायु और अग्नि। आकाश का कोई प्रत्यक्ष नहीं, इसलिए यह प्रमाणित नहीं होता कि आकाश की सत्ता है। आश्चर्यजनक रूप से अत्याधुनिक भौतिक विज्ञान भी आकाश को प्रकाश के विस्तार का एक नीला भ्रम सिद्ध करता है। एक सूत्र है–'न स्वर्गो नापवर्गो वा नैवात्मा पार्लौकिक:' इस सरल, सीधे और स्पष्ट वाक्य में भौतिकवाद का मूलमन्त्र समाया हुआ है। चार्वाक मत के अनुसार स्थायी और अनश्वर कहे जाने वाले परमात्मा या आत्मा का कोई प्रत्यक्ष प्रमाण नहीं, इसलिए इनकी भी सत्ता प्रामाणिक नहीं। ये सिद्ध नहीं हो सकते। जड़ तत्व मिलकर चैतन्य को उत्पन्न करते हैं–यह चार्वाक मत के सबसे क्रान्तिकारी निष्कर्षों में से एक है। मरण को ही मोक्ष सिद्ध करता है–चार्वाक मत। किसी भी पारलौकिक सत्ता का निषेध करके चार्वाक मत ने भारत में सम्यक् भौतिकवादी चिन्तन की बहुमूल्य ज्योति जलाई। इस दर्शन ने वेद, वैदिक अनुष्ठान और अलौकिकतावाद को झूठा और अंधविश्वासपूर्ण कहा, जो कि बुद्ध के साहसिक कदमों से कुछ कम मूल्य का न था। ये न ईश्वर को मानते थे, न परलोक को, जिसका असर बुद्ध तक के चिन्तन में स्पष्टत: देखा जा सकता है। '**सर्वदर्शन संग्रह**' के अनुसार चार्वाकी सुख को ही इस जीवन का प्रमुख लक्ष्य घोषित करते हैं। आत्मा को ये कोई पृथक तत्व नहीं मानते। इनके अनुसार पृथ्वी, जल, तेज और वायु से मिलकर चेतना का चमत्कार घटित होता है। जब ये नष्ट होते हैं–तो चेतना का भी विनाश हो जाता है। किसी भी तर्क से चार्वाक मत के इस वैज्ञानिक चिन्तन को खारिज नहीं किया जा सकता। आत्मा का गुण है–चैतन्यता। आत्मा का कोई पृथक अस्तित्व नहीं, बल्कि शरीर का ही गुण धर्म है, इसलिए शरीर ही आत्मा है। यह तीन तरह से सिद्ध होती है–तर्क, अनुभव और विज्ञान से।

अपनी धार्मिक जड़ता की तुष्टि के लिए वैदिक पुरुषों द्वारा की जाने वाली पशु हत्याओं के विरोध में कितना मुखर है–चार्वाक मत, इसका एक उदाहरण–

पशुश्चेन्निहिता स्वर्गम् ज्योतिष्टोमे गमिष्यति।
स्वपिता यजमानेन तत्र कस्मान् हन्यते।।

(बृहस्पति)

(यज्ञ में मारा हुआ पशु यदि स्वर्ग को जायेगा तो यजमान अपने पिता को ही उस यज्ञ में ही क्यों नहीं मारता?)

बौद्ध मत जिसे वेदमत का विरोधी होने के कारण नास्तिक दर्शन घोषित किया गया, अपने ढंग से भौतिकवाद की व्याख्या प्रस्तुत करता है। यह आगे चलकर चार शाखाओं में विभक्त हुआ–माध्यमिक, योगाचार, वैभाषिक और सौतान्त्रिक में। बौद्ध मत की ये चारों शाखाएँ प्रत्यक्ष और अनुमान दोनों को भौतिक ज्ञान का प्रमाण स्वीकार करती हैं। माध्यमिकों के अनुसार सम्पूर्ण दृश्य पदार्थों की प्रकृति क्षणिक है। उस वस्तु के क्रिया करने का स्वभाव ही उसकी सत्ता को प्रमाणित करता है। बीज से अंकुर, अंकुर से दो दल, दल से तना, तना से शाखाएँ, फिर पत्तियाँ। परन्तु विकास का यह क्रम भूतकाल पर टिका है। वह आज फल-फूल रहा है–वह भी स्थायी कहाँ रहने वाला? निष्कर्ष सामने आया कि तीनों कालों में 'परिवर्तन' होता रहता है। वर्तमान क्षण में किसी वस्तु की हूबहू वही सत्ता नहीं होती, जो उसके ठीक पहले के क्षण में थी। गंगा नदी के बहने की क्रिया जो उसमें गंगापन पैदा करती है–वह क्षणिक है–अत: गंगा की सत्ता क्षणिकता की निरन्तरता पर निर्भर है। क्षणिकता के इसी सार्वभौमिक नियम के आधार पर माध्यमिक विचारक जगत को क्षणिक मानते हैं। इस सन्दर्भ में **गौतम बुद्ध** का चिन्तन मौलिक महत्व का है–"सब क्षणिक हैं, सब क्षणिक हैं। दु:ख है–दुख है। स्वलक्षण है, स्वलक्षण है। शून्य है–शून्य है–इन चार प्रकारों की भावनाएं करने से परम पुरुषार्थ अर्थात् मुक्ति मिलती है।"

बुद्ध ने अपने शिष्यों को योग और आचार दोनों के पालन का उपदेश दिया, इसीलिए उन्हें योगाचार मत के अन्तर्गत स्वीकार किया गया। योगाचारियों का यह मत चिन्तन का विषय है कि 'ज्ञान से अलग कोई वस्तु नहीं है।' योगाचार मत महायान की एक उपशाखा है, जिसकी स्थापना ईसा की तीसरी शताब्दी में **मैत्रेयनाथ** ने की। इस दर्शन का विकास असंग एवं वसुबन्धु ने किया। योगाचार को विज्ञानवाद, विज्ञप्तिवाद या विज्ञप्ति मात्रतावाद भी कहा गया। इस मत के अनुसार हमारे मन से बाहर संवेदना को कोई स्रोत नहीं। हमारा मन ही अनुभवों की सृष्टि करता है। समस्त बाह्य पदार्थ जिन्हें हम देखते हैं–विज्ञान मात्र हैं। इस

दर्शन के अनुसार जो पदार्थ दिखायी देते हैं–वे शून्य हैं–केवल अपने भीतर भासते हैं और ज्ञान का रूप लेते हैं। घट का ज्ञान भीतर आत्मा में है–तभी बाहर भासता है। हमें इनकी प्राप्ति से सन्तोष नहीं मिलता और पाने की इच्छा कभी खत्म नहीं होती, इसलिए ये पदार्थ, वस्तु ज्ञान दुःख का कारण हैं। बौद्ध दर्शन के कालजयी विचारकों में **धर्मकीर्ति** एक स्थायी शिला की तरह हैं, जिन्हें बौद्ध परमाणुवाद के मूल सिद्धान्तकारों में गिना जाता है। इनकी तुलना यूरोपीय दार्शनिक काँट से की जाती है। ये इमैनुअल काँट की तरह तर्कप्रिय थे और विज्ञानबोध को बहुत महत्व देते थे। प्रमाण इनके चिन्तन का मूलाधार था। 'प्रमाण वार्तिक' इनका सबसे ख्यात ग्रन्थ है। इनका चिन्तन इतना प्रतिष्ठित हुआ कि उसका प्रभाव मीमाँसा, न्याय, शैव और जैन सम्प्रदायों पर भी पड़ा।

बौद्ध दर्शन के 'वैभाषिक' और 'सौत्रांत्रिक' हीनयान शाखा के अन्तर्गत हैं। इसे दक्षिणी बौद्ध मत कहा गया, जिसका प्रचार श्रीलंका में ख़ूब हुआ। ईसा की प्रारम्भिक शताब्दियों में इन बौद्ध मतों का उदय सिद्ध होता है। वसुबंधु (400 ई.), कुमारलात (200ई.), मैत्रेय (300 ई.) और नागार्जुन (200 ई.) बौद्ध दर्शन के मौलिक चिन्तक और आचार्य हुए। वैभाषिक मत 'सर्वास्तित्ववादी' भी कहलाया, क्योंकि यह बाह्य वस्तुओं के अस्तित्व को स्वीकार करता है। 'ज्ञान प्रस्थान शास्त्र' वैभाषिक सम्प्रदाय का प्रमुख ग्रन्थ है, जिस पर 'विभाषा' नामक टीका भी बहुत प्रसिद्ध हुई। वैभाषिक मत संसार के सभी पदार्थों को सत्य मानता है साथ ही चित्त की सत्ता को भी। केवल प्रत्यक्ष एक मात्र माध्यम है, जिससे वस्तु का ज्ञान प्राप्त होता है। वस्तु के प्रत्यक्ष हुए बिना उसका ज्ञान प्राप्त न होने के सिद्धान्त पर दृढ़ रहने के कारण इसे 'बाह्य प्रत्यक्षवादी दर्शन' भी कहा गया। **वसुबंधु** का नाम प्रमुख सर्वास्तित्ववादी के रूप में है। इस मत के अन्तर्गत एक बौद्धाचार्य हुए- संघभद्र, इन्होंने वैभाषिक मत के उत्थान हेतु 'कोशकरका' और 'अमिधर्म समय दीपिका' नामक दो ग्रन्थ रचे।

भारतीय भौतिकवादी चिन्तन के क्षेत्र में वैभाषिक ने कोई नया, अभिनव सिद्धान्त नहीं प्रस्तुत किया। इससे कहीं क्रान्तिकारी तो बुद्ध का यह चिन्तन है कि वस्तुएँ जैसी हैं–उन्हें उसी रूप में देखो, अपनी दृष्टि के अनुसार नहीं–बिल्कुल निर्विचार होकर। यह विचार शून्य मनोदशा भौतिक सत्ता या किसी भी सूक्ष्म, स्थूल, भावात्मक या अनुभवजन्य सत्ता को समझने एवं आत्मसात करने की कुंजी है- सम्यक् मार्ग है। यदि पदार्थ है तो प्रत्यक्ष रहना प्रथम गुण है, परन्तु उसके भीतर अन्य बहुत कुछ है, जो प्रत्यक्ष नहीं, अदृश्य है, परम सूक्ष्म है, जो विज्ञान के अतिरिक्त अन्य किसी

माध्यम से नहीं जाना जा सकता, इसलिए भौतिक अस्तित्व के परिचयात्मक ज्ञान के लिए विज्ञान की भूमिका अनिवार्य है।

हीनयानी परम्परा की दर्शन शाखा है–**सौत्रान्तिक मत**। श्रीलंका इसके विकास का प्रमुख केन्द्र बना। इस मत ने पिछले सिद्धान्तों से नितान्त भिन्न मत प्रस्तुत किया–यह कि पदार्थों का प्रत्यक्ष नहीं, बल्कि अनुमान होता है–अतः इसे 'बाह्यानुमेयवाद' भी कहा गया। इस शाखा का आरम्भ कुमारलात ने किया। यह सौत्रान्तिक मत सम्राट अशोक के समय में मौजूद था। वसुमित्र नामक आचार्य ने सौत्रान्तिक, धर्मोत्तरीय और संक्रान्तिवाद जैसे मतों का समय तीसरी-चौथी शताब्दी माना है। सौत्रान्तिक में भी दो उपशाखाएं विकसित हुईं–1. आगमानुयायी 2. युक्ति अनुयायी। सौत्रान्तिक मत का यह निष्कर्ष ध्यान देने योग्य है कि पदार्थ का सांगोपांग प्रत्यक्ष नहीं होता, बल्कि एक पक्ष का प्रत्यक्ष होता है–शेष का अनुमान होता है। पदार्थ अपने लक्षणों के द्वारा हमें ज्ञात होते हैं।

बुद्ध दर्शन की दो मुख्य शाखाएं हीनयान और महायान आगे चलकर अनेक शाखाओं वाली बनीं। हीनयान 18 उपशाखाओं में विकसित हुआ, जिनमें से 3 सर्वप्रमुख हैं–स्थविरवाद, सर्वास्तित्ववाद और सौत्रान्तिक मत। सौत्रान्तिक मत का आधार ग्रन्थ 'सूत्रपिटक' है। ये विनयपिटक और अभिधम्मपिटक को अस्वीकार करते हैं। वैभाषिक और सौत्रान्तिक मूलतः अभिन्न हैं–भेद है–तो ज्ञान के माध्यमों को लेकर। वैभाषिक बाह्य अनुमेयवादी। उल्लेखनीय है कि पदार्थ या भौतिक सत्ता का ज्ञान केवल प्रत्यक्ष के आधार पर नहीं होता, बल्कि उसमें अनुमान की भूमिका महत्वपूर्ण है, बल्कि अनिवार्य भी। यह अनुमान अनुभवों से समृद्ध होता है। अनुभव भी इन्द्रियों पर आधारित होते हैं। यदि अन्धे व्यक्ति से वस्तु के रंग के बारे में पूछा जाय तो कुछ बता पाने में असमर्थ होगा, किन्तु छू करके आकार-प्रकार का सटीक अनुमान कर लेगा, उसके ठण्डा, गरम या नरम का ज्ञान पा लेगा, सूंघ करके उसकी गन्ध का ज्ञान पा लेगा। इसीलिए ज्ञान पाने के लिए प्रत्यक्ष और अनुमान दो अनिवार्य आँखों की तरह हैं। अन्तर्बाह्य स्वरूप के अन्तर्गत निर्मित मानव व्यक्तित्व सदैव दो दृष्टियों की अनिवार्यता की माँग करता है। जबकि विडम्बना यह है कि या तो हम घोर, आत्यन्तिक आत्मवादी बन जाते हैं या फिर अतिशय भौतिकवादी। समूची दुनिया के दर्शन मुख्यतः दो धाराओं में बँटे पड़े हैं–भाववाद और पदार्थवाद में। भाववादी विचारक मनुष्य के आन्तरिक पक्ष जैसे मन, चित्त, आत्मा, चेतना इत्यादि को सर्वोपरि महत्व देते हुए उसके अनेक स्तरों और आश्चर्यजनक शक्तियों की बढ़-चढ़कर व्याख्या करते हैं। दो मत नहीं कि प्रकृति प्रदत्त मनुष्य के भीतर

आन्तरिक शक्तियाँ असाधारण, चमत्कारिक और असीम हैं। जिसे हम प्रज्ञा, प्रतिभा या जीनियसपन कहते हैं–वह इसी नैसर्गिक अन्त:शक्ति के नायाब उदाहरण हैं। मनुष्य के व्यक्तित्व की अमिट सार्थकता को सुनिश्चित करने वाले यही आन्तरिक मानव गुण हैं–सम्मोहक, अद्वितीय और एक हद तक जटिल एवं अबूझ भी। **सिगमण्ड फ्रायड** तथा अन्य मनोवैज्ञानिक विचारकों से लेकर भारतवर्ष में गौतम बुद्ध, महावीर, श्रीकृष्ण, विवेकानन्द, कृष्णमूर्ति और ओशो ने मौलिक स्थापनाएँ देते हुए व्यक्तित्व के इन्हीं आन्तरिक पक्षों का नायाब उद्घाटन किया। कमोवेश सभी धर्मों, सम्प्रदायों के मूलाधार ही हैं–आन्तरिक सद्गुण। आन्तरिक गुणों, क्षमताओं, चेतना के स्तरों और अनुभूतियों के विकास का व्यामोह इस कदर छाया, उसकी महिमा इस कदर व्यापक हुई कि हम यह विस्मृत ही कर दिए कि जिस ढाँचे में, संरचना या रूपाकार में ये भाव, विचार, चिन्तन, वेदना के आश्चर्य घटित होते हैं–वह विशुद्ध भौतिक है, बाहरी आकार वाला है–खांटी भौतिक है, जिसे शरीर कहा जाता है। करोड़ों सालों की परिवर्तनशील सूक्ष्म प्रक्रिया और अद्वितीय शारीरिक विकास के फलस्वरूप मानव शरीर का अद्भुत ढाँचा निर्मित हुआ। करोड़ों वर्ष लगे–समुद्री मछली को ज़मीन पर चलने वाला प्राणी बनने में। मनुष्य की सम्भावना की दिशा में यह पहली अद्वितीय क्रान्ति थी, जिसे देखने, जानने और दर्ज करने वाला पृथ्वी पर कोई नहीं था। '**टिकटेलिक**' मछली जिसे आदिम थलचर कहा–माना जाता है–समुद्र से निकलकर ज़मीन पर चलने वाली (घिसटकर) पहली जीव है। इसी के पूर्वज 'टेट्रोपोड' से विकसित हुए। तब न प्रतिभा, न संवेदना, न बुद्धि, न आत्मा, न चेतना किसी भी चैतन्यतापूर्ण आन्तरिक शक्ति का नामोनिशान न था। दशा यह कि लाखों वर्षों तक केवल अपनी अग्निमय भूख को मिटाते रहने में मनुष्य पूरा जीवन खपता रहा। तन ढकने की समझ और सुरक्षित रहने के लिए आवास बनाने की ज़रूरत अनन्त शताब्दियों के बाद विकसित हुई। इसीलिए अनिवार्यत: ध्यान देने योग्य है–सर्वप्रथम महत्व आन्तरिकता का है या भौतिकता का? व्यक्तित्व की पहली ज़रूरत शरीर है या भीतरी शक्तियाँ? भारतवर्ष के चिन्तकों, तत्वदर्शियों और मनीषियों ने विलक्षण कुशलता और सूक्ष्म मौलिकता के साथ पदार्थ, जीव, मानव और भौतिकता के बारे में सिद्धान्त प्रस्तुत किये। केवल प्रत्यक्ष प्रमाण और सघन अनुभव के सहारे स्थायी महत्व की भौतिक मीमाँसा करना कोई साधारण उपलब्धि नहीं। जैन दर्शन इस क्षेत्र में निर्णायक भूमिका दर्ज करता दिखायी देता है–इसमें परमाणु विषयक विचारों का गहन और सुव्यवस्थित चिन्तन केन्द्रस्थ है। जैन मत के अनुसार परमाणु–'पुद्गल' रूप, रस, गन्ध, स्पर्शवाला, नित्य, मूर्त एवं स्वतन्त्र द्रव्य

है और परमाणु नित्य, अविभाज्य, अवयव रहित, अछेद्य, अदाह्य, इकाई स्वरूप, लम्बाई-चौड़ाई-मोटाई रहित तथा सृष्टि का आधारकण है। इसके स्थायी और वास्तविक स्वरूप को अचूक दृष्टि साधक ही जान पाते हैं। इन परमाणुओं में निहित 'स्निग्ध' और 'रूक्ष' दो गुणों के विविध संयोगों से स्कन्ध बनते हैं। परमाणुओं का यह रासायनिक मेल अपरिष्कृत होते हुए भी पदार्थ-निर्माण की प्रक्रिया का सूचक है। जैन मत के अनुसार परमाणु नित्य हैं, किन्तु स्कन्धों (सूक्ष्म कण) के रूप में बनते-बिगड़ने, मिटते रहते हैं। यह समग्र जगत और भौतिक वस्तुएँ परमाणुओं का ही विस्तार हैं। जैन दर्शन इससे भी आगे बढ़ता हुआ क्रान्तिकारी सिद्धान्त पेश करता है–यह कि विभिन्न शरीर, मन, वाणी, वस्तुएँ, कर्म, सुख-दुख, जीवन-मृत्यु, भोज्य पदार्थ, अग्निमय पदार्थ, शब्द, सूक्ष्म, स्थूल, भेद, तम, छाया, प्रकाश इत्यादि परमाणु से निर्मित हैं। **(सभाष्य तत्वार्थाधिगम सूत्र)**। न्याय और वैशेषिक दर्शन में पृथ्वी, जल, तेज तथा वायु के परमाणुओं को अलग-अलग प्रकार का माना गया है। पार्थिव परमाणु अलग है और जलीय परमाणु भिन्न। शक्ति और द्रव्य एक-दूसरे के काफ़ी समान हैं। यहाँ स्मरण हो उठती है- महान वैज्ञानिक आइन्सटीन की खोज-$E=MC^2$ । उर्जा को पदार्थ में और पदार्थ को उर्जा में रूपान्तरित किया जा सकता है, क्योंकि दोनों एक-दूसरे से अभिन्न हैं। 19 वीं शताब्दी में आधुनिक भौतिक विज्ञान ने सघन अन्वेषणों के बाद यह निष्कर्ष प्रस्तुत किया कि परमाणु मूलाधार हैं, जो कि इलेक्ट्रान, प्रोटान, न्यूट्रान, पोजीट्रान और मेसॉन जैसे अदृश्य कणों से मिलकर बने हैं।

बौद्ध मतानुसार चार मूल तत्व हैं–पृथ्वी, जल, अग्नि और वायु। ये चारों तत्व परमाणुमय हैं। पृथ्वी के अणुओं में कठोरता, जल के अणुओं में तरलता, अग्नि के अणुओं में तप्तता और वायु के अणुओं में गति के गुण मूलस्थ हैं। इन्हीं परमाणुओं के संयोग से पार्थिव वस्तुओं की रचना होती है। बौद्ध मतानुसार वस्तुएँ भी दो प्रकार की होती हैं–संस्कृत और असंस्कृत। संस्कृत वे वस्तुएँ हैं–जिन्हें उत्पन्न किया जा सकता है, असंस्कृत वे, जिन्हें उत्पन्न नहीं किया जा सकता। संस्कृत वस्तुओं के पाँच प्रकार होते हैं–1. वेदना-स्कन्ध 2. संज्ञा-सकन्ध 3. संस्कार-स्कन्ध 4. विज्ञान-स्कन्ध और 5. रूप-स्कन्ध। हमारी ज्ञानेन्द्रियों का स्वरूप भौतिक है और इनकी रचना भी परमाणुओं से होती है। 'अभिधर्म कोश' में प्रत्येक इन्द्री की विशिष्ट रचना का विश्लेषण उपलब्ध है।

भौतिक पदार्थों और रासायनिक वस्तुओं की कालजयी भूमिका जीवन के

निर्माण एवं स्थायित्व में कितनी अनिवार्य है–अब यह छिपा हुआ तथ्य नहीं रह गया है। पृथ्वी पर विस्तृत लाखों प्राणधारी जीवों की उपस्थिति केवल भौतिक सृष्टि के बूते है। कहें तो एक प्रकार से पराधीन हैं जीवधारी भौतिकता के आगे। और यह भौतिक सत्ता अनादि है, असीम और अपरिभाषेय है। लगभग **13 अरब 80 करोड़ वर्ष पूर्व** अस्तित्व में आया यह भौतिक ब्रह्माण्ड हमारी सोच, प्रतिभा, संवेदना, अन्तर्दृष्टि, कल्पना, प्रज्ञा और परा भौतिक अनुभूतियों का मूलाधार है, नींव है–भूमिका है। इसलिए भौतिक दृष्टि की अद्वितीयता और बहुमूल्यपन की उपेक्षा करके कोई भी दर्शन, सिद्धान्त सार्थक नहीं बन सकता। यदि तिरस्कार करके निर्मित भी हुआ तो पलायनवादी दर्शन ही कहलाएगा। एक दिग्भ्रमित और ज़हरीला विचार हम सबके मस्तिष्क में घोल दिया गया कि भौतिकता बन्धन है, संसार जकड़ता है- मनुष्य को। यह तथ्य किसी पर तब लागू होता है–जब व्यक्ति केवल स्वार्थ, लोभ, वासना के अन्धेपन में गिरकर भौतिक सत्ता को देखता है। अपने मनुष्य होने का निर्भ्रान्त अन्तर्ज्ञान और भौतिक सृष्टि की अद्वितीयता का एहसास निश्चय ही हमारे वजूद को मुक्ति के निर्बन्ध आनन्द से आप्लावित कर देता है, क्योंकि ज्ञान की उस विलक्षण भावदशा में हम भौतिक सत्ता से भिन्न नहीं रह जाते। ज्ञान की व्याप्ति हमें गला देती है–भौतिक सृष्टि की महिमा में। हाइड्रोजन, आक्सीजन, हीलियम, आयरन, फास्फोरस, नाइट्रोजन जैसी गैसें तथाकथित ईश्वर से लाखों गुना ईश्वरीय हैं–यह परमसत्य कितने मनुष्यों के एहसास का हिस्सा है? कितने आत्मा में इस ऋण को जीते हैं कि धरती के जिस टुकड़े के लिए अपनों के शरीर के टुकड़े-टुकड़े कर डालते हैं, उसका मामूली हिस्सा भी आपका अपना नहीं होने वाला। तत्वों के संगठन से निर्मित यह शरीर एक आयु के बाद विघटन की ओर चल पड़ता है, फिर न हमारी चालाकियाँ हमें बचाती हैं, न पागलपन की हद पार करने वाली वासनाएं। न तो आत्ममुग्धता हमारी रक्षा करती है, और न ही हजारों तरह के जतन करके खड़ा किया गया साम्राज्य। तब हमारी प्रसिद्धि, हमारी उपलब्धियाँ, ऐश्वर्य और ठाटबाट प्रलोभन से परिपूर्ण, किन्तु लाचार से नज़र आते हैं–जब समय हमसे हमारा वजूद, हमारा शरीर छीनने की भूमिका में तत्पर हो जाता है। जब हम समर्थ थे, ताकतवर थे, आकांक्षा, स्वप्न, उर्जा से भरपूर थे, धरती, आकाश, प्रकृति, प्रात:सन्ध्या, अग्नि, जल, वायु के जादुई मोह में बंधे रहे उसे अपना बना लेने, अधिकार जमा लेने और अपने अधीन करने के सारे कुत्सित जतन कर डाले। इतिहास के पन्ने-पन्ने इसी भौतिक ऐश्वर्य को पाने की सनक में की गयी अन्धाधुन्ध हत्याओं से सने पड़े हैं–वह चाहे औरंगज़ेब हो या चंड अशोक। आज की दिल्ली में औरंगज़ेब बस एक नाम

बनकर सिमट गया है और पाटलिपुत्र में अशोक की कीर्ति इतिहास बन चुकी है। तात्पर्य यह कि मनुष्य जो कि स्वयं एक अस्थिर अस्तित्व लेकर पैदा होता है–इस भौतिक सृष्टि को अपना बनाने की चालाकी पूर्ण नादानी क्यों कर बैठता है? विज्ञान इस नादानी से मुक्त करने में एक निर्णायक भूमिका निभाता है, क्योंकि वह हमें इस तथ्य से परिचित कराता है कि मिट्टी में अन्तस्थ अद्वितीय तत्वों के संयोग से, करोड़ों वर्षों की परम धीमी प्रक्रिया के बाद सभी जीवधारी दृश्यमान हुए हैं, फिर चाहे वह हाथी हो या चींटी। घास हो या दरख्त। कुत्ता हो या जीनियस मनुष्य। परन्तु हमारे ज्ञान को असीम अनुभूति की ऊँचाई देने में विज्ञान असमर्थ है। अनुभूति की इस शक्ति को जन्म देता है–आत्मचिन्तन या सघन चेतना का अभ्यास।

भक्ति की अजस्त्र धारा को समूचे उपमहाद्वीप में प्रवाहित करने वाला अग्रणी देश रहा है–भारत। मध्यकाल में इसी भक्ति आन्दोलन के चलते निर्गुण और सगुण काव्यधारा के शताधिक कवि प्रकट हुए, जिन्होंने अपनी उदात्त, उद्दाम और गहनतम सर्जनात्मकता से भारतीय साहित्य को आप्लावित कर दिया, जिस कालखण्ड को आज भी 'कविता का स्वर्ण युग' कहा जाता है। इस युग में भक्ति के मूलाधार बने राम, कृष्ण और ब्रह्म, जिनको सैद्धान्तिक आधार मिला चार मतों (द्वैत, द्वैताद्वैत, विशिष्टाद्वैत, शुद्धाद्वैत मत) के द्वारा। श्रीकृष्ण को यदि इतिहास सम्मत व्यक्तित्व के रूप में स्वीकार कर भी लिया जाय, तो भी उन्हें एक अलौकिक सत्ता, ईश्वरीय चमत्कार और अवतार के रूप में स्थापित करना मानव समाज के लिए हितकर सिद्ध न हुआ, क्योंकि जब भी किसी मनुष्य का कद मानव सीमा से बहुत ऊपर उठ जाता है, तो वह शेष मनुष्यों को दास, भक्त या मानसिक अनुचर बनाता है। फिर तो कैसी भी प्रतिभा हो, चैतन्य मानव हो–उस ईश्वर हो चुके महामानव की स्तुति कर सकता है, उसमें साधनारत रह सकता है, उसके चरणों में लीन हो सकता है, परन्तु स्वयं अपनी एक स्वतन्त्र ऊँचाई सुनिश्चित करने का साहस नहीं कर सकता। भक्ति की चेतना में श्रद्धा, प्रेम, समर्पण, त्याग और अहंकार विसर्जन के नायाब गुण भरे पड़े हैं, परन्तु उसमें तथ्यात्मक दृष्टि, मीमाँसक बुद्धि और आलोचकीय साहस का अभाव है। संत कबीर, रैदास, दादूदयाल तथा कुछ अन्य निर्गुण कवियों को छोड़कर अधिकांश भक्त कवियों में आराध्य के प्रति एकान्तिक और आकण्ठ समर्पित भक्ति का बोलबाला है। भक्ति विशुद्ध भावात्मक आत्मजागृति है, जिसमें तर्क, विश्लेषण, मीमाँसा के लिए विशेष स्थान नहीं। इसीलिए कबीर से लेकर गुरुनानक, तुलसीदास से लेकर दरिया साहब और मीराबाई से लेकर नन्ददास तक जितने भी भक्त कवि-कवयित्रियाँ प्रकट हुए, सभी अवतारवाद, ईश्वरीय सत्ता और ब्रह्मत्व की प्रतिष्ठा

करते हुए दिखायी देते हैं। और यही ईश्वरीयता की अवधारणा भारतवर्ष के मानस की नैसर्गिक क्षमता को खोखला, तेजहीन करने के लिए सबसे अधिक ज़िम्मेदार है। जब तक मनुष्य में धार्मिकता है, तब तक न तो पारलौकिक आस्था को मिटाया जा सकता है और न ही दैवीय सत्ता के प्रति भक्ति को। स्वतन्त्र स्वरूप में ये आस्था और भक्ति बेमिसाल मानव-शक्तियाँ हैं, जो यदि दिशाहीन हुईं तो समूचे जीवन को अर्थहीन कर सकती हैं, यदि सम्यक् चेतना द्वारा संचालित हुईं तो जीवन के प्रत्येक दिन को बहुमूल्य सार्थकता से आप्लावित कर सकती हैं। परन्तु दुर्योग से भारतवर्ष के अधिकांश मनुष्य अपनी इन दोनों शक्तियों का भयानक दुरूपयोग करते हुए जीवन को नकारात्मक कृत्यों का ढेर बना लेते हैं। यदि 33 करोड़ देवी-देवताओं का मायाजाल घेरे है–तो हमारी आस्था सड़ रही है। यदि धार्मिक कर्मकाण्डों ने हमारे दैनिक जीवन पर कब्जा जमा लिया है–तो हमारी श्रद्धा निरा ढोंग है और वह ज़हरीली है। यदि हम माला जपकर, व्रत रहकर, घण्टा बजाकर और मूर्तियों के चरणों में माथा रगड़कर अपने दुष्कृत्यों और मनुष्यता विरोधी धूर्तताओं से मुक्ति पाने की मानसिकता पाले हैं–तो हमारी भक्ति अवैध है–नाटकीय है–बल्कि असहनीय भी।

इसलिए भारतवर्ष के मानव को यदि बदलाव लाना है–तो अपनी भक्ति, आस्था और श्रद्धा की मूल ज़मीन में। सर्वप्रथम तो यह कि आँखें बन्द रखने की आदत से मुक्ति पायें, दूसरे कि किसी भी प्रकार की अलौकिकता, चमत्कार, दैवीय शक्ति के दबाव, नियन्त्रण एवं संचालन से सर्वथा मुक्त हों, और तीसरे यह कि हम परिवर्तनकारी विवेक से निरन्तर प्रेरित होते रहें, और अन्तिम मनुष्य के सम्मान का स्वप्न न भूलें। यदि हमारी आस्था, भक्ति या धार्मिकता एक भी प्राणी की मृत्यु का, उसके अस्तित्व पर संकट का कारण बनती है–तो वह अन्यायपूर्ण है। यदि हमारी भक्ति भावना से किसी और की आस्था अपमानित हो जाती है तो वह भक्ति दूषित है, घातक है। भारतवर्ष के मनुष्य में भक्ति की अपरिमेय शक्ति है, जिसे बांधना या कम करना नितान्त असम्भव है। हाँ, उसे अत्यन्त क्रान्तिकारी वैज्ञानिकता और असाधारण विवेक से परिष्कृत किया जा सकता है।

मनुष्य की जीवन यात्रा जैसे-जैसे भौतिक, वैज्ञानिक और तकनीकी सफलताओं से होते हुए गुजर रही है, उसकी आन्तरिक शक्तियों के विकास पर संकट मंडराने लगे हैं। शताब्दियों से धर्म का ढाँचा ही इन्हें दस शाश्वत स्वभावों (गुणों) के उत्थान का मन्त्र लेकर खड़ा हुआ। यह बात दीगर है कि धर्म आज तक इन दसों महागुणों को चरम ऊँचाई तक विकसित करने वाला अचूक उपाय सिद्ध न हो सका, क्योंकि उसमें वैज्ञानिकता और तर्कमयता का अकाल है। 'प्रेम' है तो लघुशब्द, किन्तु बीज

या मन्त्र की तरह मर्मगर्भित। युगों-युगों से यह भाव कवियों, दार्शनिकों, रहस्यदर्शियों को इतना आकर्षित करता रहा कि केवल इसी भाव की हजारों नितान्त भिन्न-भिन्न व्याख्याएं हुईं। नितान्त व्यक्तिगत स्तर से होते हुए यह समष्टिगत रूप लेता है। स्थूल से होते हुए सूक्ष्म तक जाता है। प्राणी जगत को अपने दायरे में समेटते हुए निर्जीव सत्ता तक अपनी क्षमता का विस्तार करता है। यह प्रेम ही है, जिसने श्रद्धा का रूप धारण कर ईश्वर तथा अनगिनत देवी-देवताओं को आज तक न केवल ज़िन्दा रखा, बल्कि विकल्पहीनता के आसन पर प्रतिष्ठित रखा। दया, करुणा, सहानुभूति, सेवा, समर्पण, त्याग, मैत्री और विश्वास सभी अद्वितीय और अमर मानवीय गुणों में यह प्रेम अनिवार्यतः घुला-मिला है। भक्ति पथ में यदि यह घोषणा की गयी है- "सबसे ऊँची प्रेम सगाई।" तो इसका निहितार्थ स्पष्ट है। समूचे विश्व में भारत ने अपनी स्थायी और अमिट पहचान कायम की, तो उसका एक बड़ा कारण प्रेम का असाधारण उदाहरण पेश करने वाले भारतीय पुरुषों की जीवन गाथाएं हैं। कृष्ण की प्रेमलीला यदि साँसारिक और आध्यात्मिक है तो बुद्ध का प्रेम समष्टिगत है, करुणा, दया और महत्तम त्याग का रूप लेकर प्रकट होता है। वह एक दीवानी कवयित्री में इस अबाध आवेग के साथ जन्म लेता है कि बचपन में ही श्रीकृष्ण की मूर्ति को अपना मान लेती हैं–और जीवनपर्यन्त उसी मूर्ति की होकर रह जाती हैं। इसलिए 'प्रेम' जैसे अद्वितीय परम भाव की नवव्याख्या समय की ज़रूरत है। प्रायः प्रेम को तर्क और बुद्धि से परे कहा गया है, परन्तु अब इस पर भी पुनर्विचार होना चाहिए। सम्यक् प्रेम के स्थायित्व के लिए विवेक और सहृदय तर्क की भूमिका अनिवार्य है, वरना प्रेम की परिणति अंधी आस्था और अज्ञानतापूर्ण आराधना के रूप में होती है। अद्वितीय प्रेम का यह नैसर्गिक स्वभाव भारतीयों के भीतर कमल दल की तरह कभी-कभी ही खिल सका। वह रुक-रुक कर विकसित हुआ। अबाध आवेगमय कम हुआ। यह प्रेम सम्पूर्ण देश को अपनी संजीवनी ताकत से आप्लावित करने वाली सरिता का रूपक न बन सका, जबकि दर यथार्थ यह है कि ब्रह्माण्ड में गुरुत्वबल की तरह मानव सृष्टि की महत्ता और वजूद को यही प्रेम अटूट स्वरूप में बांधे हुए है। हमारा प्रेम दोषयुक्त है–यदि वह मनुष्य को रंग, कद, पद, क्षमता के चश्मे से देखता है। यह प्रेम खोखला और अर्थहीन है, जो अपनी स्थानीयता के अंधेपन में जकड़कर शेष देश के प्रति अनुराग खो बैठता है। प्रेम जितना ही व्यक्तिगत है, उतना ही सार्वजनिक और सार्वभौमिक। जितना ही नाजुक है–उतना ही शक्तिशाली। जितना ही अन्तर्मुखी प्रकृति का है–उतना ही बहिर्मुखी। प्रेम अनन्त दिशाओं में फैला हुआ सुवास, प्रकाश और एहसास है, जिसकी जद से कुछ भी शेष नहीं। यहाँ तक कि

विरोधी, निंदक, ईर्ष्यालु, आलोचक और शत्रु भी नहीं। सामान्य मनुष्य के स्वभाव में प्रेम अवसरवादी प्रकृति का होता है। जहाँ स्वार्थ सध रहा, अपनी ज़रूरतें हैं, पद, प्रतिष्ठा और हैसियत में बढ़-चढ़कर है–वहाँ दौड़ कर हम प्रेम करने लगते हैं, जबकि यह प्रेम नहीं, प्रेम दिखाने की कला है। यदि देश की मिट्टी हमारा मस्तक अक्सर झुका देती हो, यदि देश की सदानीरा या नीरविहीन नदियाँ अपनी दौलत के ऋण से हमारी आँखें लबालब करती हों, यदि देश के गुमनाम चेहरों की अद्वितीयता हमारे एहसास को मानवीय बनाती हो, यदि समूचा देश एक सजीव अस्तित्व बनकर हृदयांचल में विराजमान रहता हो–तो यह नायाब प्रेम है, जिसकी ज़रूरत भारतवर्ष को आज है।

अपने सुप्रसिद्ध लेख–'मैं नास्तिक क्यों हूँ?' में **भगत सिंह** ने विश्वास कर लेने की आदत पर प्रश्नचिह्न लगाते हुए कहा है–"मैं पुराने विश्वासों के सही होने की बात पर प्रश्नचिह्न लगाने का कायल हो चुका हूँ।" आगे वे परमेश्वर में यकीन करने की धारणा पर प्रश्न भी खड़ा करते हैं–"मैं पूछता हूँ उस चेतन परम सत्ता ने इस दुनिया की और उसमें मनुष्य की सृष्टि क्यों की? अपने मजे के लिए? तो फिर उसमें और नीरो में क्या फ़र्क़ है?" आस्था की पद्धतियाँ, धार्मिक सम्प्रदाय, रूढ़ियाँ, परम्पराएं, सामाजिक रीतियाँ और मर्यादाएं विश्वास करने की आदत को मज़बूत करती हैं। विश्वास करना प्रेम करने जैसी सहज वृत्ति है, जो न केवल मनुष्य में बल्कि जीवों, पशुओं और पक्षियों तक में सक्रिय पायी जाती है। यदि एक कुत्ता, गाय या बैल दरवाजे के बाहर खड़े-खड़े किसी रोटी के टुकड़े की प्रतीक्षा कर रहा तो किस उम्मीद से? पिछले कई वर्षों से मिले हुए भोज्य पदार्थ से उपजे अबूझ विश्वास के बल पर ही तो? इसलिए विश्वास की आदिम वृत्ति को परिष्कृत किया जा सकता है, उसे निर्दोष और ज़ागरूक बनाया जा सकता है, उसमें रैशनेलिटी की लहक पैदा की जा सकती है, परन्तु समाप्त कभी नहीं किया जा सकता। जिस दिन यह उर्वर प्रवृत्ति मिटी, उस दिन मानव जाति में अराजकता का घातक अंधकार छा जायेगा। आस्था, विश्वास और श्रद्धा तीनों एक दूसरे से स्वभावतः आबद्ध हैं। पहले विश्वास फिर प्रेम, फिर आस्था और अन्त में परिणामस्वरूप श्रद्धा। इसलिए विश्वास ऐसी आत्मशक्ति है, जो हमें उत्कृष्ट और निरर्थक, ज़ागरूक और अन्धा, उर्ध्वगामी और पतनशील दोनों बना सकती है। किसी ने पहले कहा है, इसलिए विश्वास कर लेना–अपने विवेक का तिरस्कार है। जिसने चिन्तन किया, वह निर्दोष है, प्रश्नों से परे है–इसलिए उसका चिन्तन अंगीकार कर लेना भी उचित नहीं- क्योंकि प्रत्येक उत्कृष्ट चिन्तन पर गुजरे समय की धूल चढ़ने लगती है। अपनी नवीनतम दृष्टि और

समझ के द्वारा उसकी झाड़-पोंछ ज़रूरी है। इस सन्दर्भ में **गौतम बुद्ध** के विचार निर्णायक महत्व के हैं : "पुराने समय से चली आ रही होने के कारण ही किसी बात में विश्वास मत करो। किसी बात को इसलिए भी स्वीकार मत करो कि उसे बहुसंख्यक लोग मानते हैं। किसी बात को इसलिए भी मत स्वीकार करो कि वह किसी धर्मग्रन्थ में लिखी है। किसी बात को इसलिए भी स्वीकार न करो कि वह असाधारण प्रतीत हो, बल्कि उसे बुद्धि की कसौटी पर कसो और जब ऐसा लगे कि वह तुम्हारे लिए और सभी के लिए कल्याणकारी है- तो उसे स्वीकार करो और अपने जीवन में उतारो।" (स्रोत : बुद्ध धम्म का सार ; प्रो. पी. लक्ष्मी नरस, पृ. 33)

विश्वास का सबसे आत्मघाती रूप अंधविश्वास व्यक्तित्व की जड़ता का एक प्रमुख कारण है। अंधविश्वास पैदा करता है–भय, दासता और विवकेशून्यता। अंधविश्वास की मनोदशा में बुद्धि के सहज तर्क और व्यावहारिक ज्ञान की भूमिका समाप्त हो जाती है। भारत में केवल अशिक्षित जन अंधविश्वासों की जकड़ में नहीं हैं, बल्कि उच्च शिक्षित, सुसभ्य और सत्ताभोगी वर्ग भी मायावी अंधविश्वासों को जीते हैं। ग्रामीण और आदिवासी समाज इन अंधविश्वासों की सत्ता का सबसे बड़ा क्षेत्र है, जहाँ स्वस्थ विश्वास का जागरण आज भी सपना है। भूत, पिशाच, डायन, बरम इत्यादि आसुरी शक्तियों के प्रति अटूट भयग्रस्त आस्था भारत के लिए आम बात है। इसके साथ ही पचांग, ज्योतिष, फलितविद्या भी किसी आत्मघाती आस्था से कम नहीं। भाग्यरेखाओं के ताने-बाने में अनपढ़ क्या सुपढ़ सभी देशवासियों का हृदय ऐसा डूबा रहता है कि उसी के अनुसार दिनचर्या निर्धारित होती है। संभ्रान्त परिवारों में टोटकों की बड़ी महत्ता है। हजारों मन्दिरों में मनौतियाँ, चढ़ावे दिन चौगुना, रात आठगुना जारी हैं। शायद ही कोई क़ीमती फल विशाल, मध्यम और लघु देवताओं-देवताओं के चरणों को अर्पित करने से शेष रह गया हो।

मनुष्य के व्यक्तित्व-निर्माण में मन की भूमिका बीज की तरह होती है, जिसमें से प्रवृत्तियों, आदतों, गुणों या दुर्गुणों की सारी शाखाएं फूटती हैं। भारत एक अर्थ में मन के निर्माण और विकास की प्रयोगशाला कहा जा सकता है। आधुनिक दर्शन के क्षेत्र में फ्रायड, युंग, एडलर के अलावा क्लार्क हल (अमेरिका), टरमन (अमेरिका), रोर्शा (स्वीटजरलैंड), मैसलो (अमेरिका), फ्रोबेल (जर्मनी), रूसो (फ्रांस), कार्ल जुंग (स्वीटजरलैंड), वाटसन (अमेरिका), थार्नडाइक (अमेरिका), जीन पियाजे (स्वीटजरलैंड), मैक्डूगल (इंग्लैंड), वुंट (जर्मनी) और पावलॉव (रूस) प्रसिद्ध मनोवैज्ञानिक के रूप में ख्यात रहे। इसमें मैसलो ने **प्रेरक का सिद्धान्त** प्रस्तुत किया। जिसके अनुसार प्रेरक दो प्रकार के होते हैं–जन्मजात प्रेरक–जैसे भूख,

प्यास, निद्रा, काम आदि। दूसरे अर्जित प्रेरक–जैसे–व्यक्तिगत रुचि, आदत, जीवन का लक्ष्य, सामूहिकता की भावना आदि। फ्रोबेल ऐसे मनोवैज्ञानिक हुए जिसने 'किंडर गार्डन शिक्षा पद्धति' को जन्म दिया। फ्रांस के प्रसिद्ध दार्शनिक रूसो ने शिक्षा के क्षेत्र में मनोवैज्ञानिक आन्दोलन का सूत्रपात किया। 'एमिली' रूसो की वैचारिक कृति है। इन सबमें **कार्ल जुंग** का योगदान स्थायी महत्व का है, जिन्होंने दो प्रकार के व्यक्तित्वों का सिद्धान्त प्रस्तुत किया–1. अन्तर्मुखी व्यक्तित्व (प्रवृत्तियाँ, स्वभाव, आदतें) और 2. बहिर्मुखी व्यक्तित्व (सामाजिकता, राजनीतिक चेतना, कर्म, व्यवहार, वाक् कौशल इत्यादि)। वाटसन एक ऐसा मनोवैज्ञानिक हुआ, जिसका घोषणामन्त्र था–'तुम मुझे कोई भी बालक दो और मैं उसे कुछ भी बना सकता हूँ।' थार्नडाइक अनोखा मनोविचारक सिद्ध हुआ, जो पशु मनोविज्ञान का जनक कहा जाता है। इन्होंने सीखने की तीन मुख्य मूल प्रवृत्तियों एवं संवेगों की अभिनव व्याख्या पेश की। वुंट का योगदान भी कम विशिष्ट नहीं, जो 'चेतना के विज्ञान' को प्रस्तुत करता है। इस तरह पश्चिमी विश्व के मनोविश्लेषकों ने अपनी सघन चिन्तन-दृष्टि से मन के नये, अज्ञात और नैसर्गिक आयामों की खोज की।

भारतीय मनुष्यों की मानसिकता में रचनात्मक परिवर्तन और सकारात्मक विकास लाना बड़ी चुनौती है। एक तो जीवन के प्रति भाग्यवादी दृष्टिकोण निष्क्रिय मानसिकता का बड़ा कारण है। "होइहैं सोइ जो राम रचि राखा।" जैसे घर कर गयी हो- हमारे चित्त और स्वभाव में। "समय से पहले और भाग्य से ज़्यादा किसी को कुछ नहीं मिलता।" जैसा आत्मघाती मन्त्र करोड़ों भारतीयों के दिलों पर राज करता है। हम सफलता पाने पर सत्यनारायण की कथा सुनते हैं। नौकरी पाने के लिए देवालयों में मत्था टेककर मनौतियां करते हैं और जीवन को सुखपूर्ण बनाने के लिए ताउम्र नियतिवाद के गुलाम बने रहते हैं। हमारी मानसिकता अपूर्व आत्मशक्ति का स्रोत है, जो संकल्प, दृढ़ता, कर्मभक्ति और असाधारण आत्मोन्नति का कारण है। यदि वह बौने स्वार्थों के वशीभूत है–तो मन को रोग ग्रसित मानिए। यदि वह नकारात्मक वृत्तियों के नियन्त्रण में है, तो उसे हिंसक और घातक होने से रोकना असम्भव है। यदि हमारा मन रातदिन प्रतिशोध, कंटीली ईर्ष्या, बेवजह क्रोध, असन्तोष और दंभ के दलदल में डूबा रहता हो–तो उसको बदबूदार हो जाने से कौन रोक सकता है? हम भारतीयों की एक मानसिकता सबसे घातक है–वह यह कि अपनी इंच-दर-इंच, रत्ती-रत्ती सफलता की ढोल पीटते हुए दूसरे की उन्नति, काबिलियत और योग्यता के प्रति साँस-दर-साँस जले-भुने, ऐंठे रहना। जबकि इसी देश ने कभी यह भी सोच दी, कि 'दूसरों के हित में अपना हित अनिवार्यतः

छिपा हुआ है।' **वर्धमान महावीर** ने मन के सम्बन्ध में क्या ही स्वर्णिम-सूत्र पेश किया है– कहते हैं–"भूलकर स्वप्न में भी कोई बुरी धारणा मत करना, क्योंकि वह परिणाम ला सकती है।" गौतम बुद्ध की क़ीमती खोज नज़र में रखने योग्य है–"मन सभी प्रवृत्तियों का पूर्वगामी है।" जे. कृष्णमूर्ति जो कि आधुनिक आत्मसाधकों में से एक थे, कहते हैं–"आपके दम्भ, आपकी चातुरी तथा धूर्ततापूर्ण छलावे, आपकी चेतना का अनन्वेषित, अनखोजा हिस्सा, उन सबका अवलोकन, उन सबका देखा जाना बहुत ज़रूरी है।" (मन क्या है? जे. कृष्णमूर्ति)

किसी एक देश की सीमा के अन्तर्गत रहने-जीने वाले मनुष्यों के स्वभाव और मानसिकता का निर्माण एक वर्ष या एक दशक मात्र में नहीं होता। उसके पीछे शताब्दियों, बल्कि कई सदियों की देशज विशेषताएँ जिनका निर्माण सैकड़ों भाषाओं, विचार सारणियों, निजी आदतों, व्यवहार के ठेठ स्थानीय तरीकों और रंग-बिरंगी जीवन-शैलियों से मिलकर हुआ है, सक्रिय रहती हैं। जिस तरह हम कहते हैं–अंग्रेज़ियत, उसी तरह मौजूद है–रूसियत, चीनियत, फ्रांसीसियत या जापानियत। जिसमें वहाँ की भौगोलिक प्रकृति, सामाजिक-साँस्कृतिक संरचना और वर्गीय बनावट की सबसे अहम् भूमिका होती है। हम भारत के सम्बन्ध में भारतीयता का गुणगान अक्सर करते हैं, जो कि अनूठी और अद्वितीय रूप में पेश की जाती है। जरा थमकर चिन्तन करें–यह 'भारतीयता' आख़िर है क्या? ऐक्य भावना? एक उपमहाद्वीपीय स्वभाव? एक राष्ट्रीय प्रवृत्ति या कोई ऐसा अनोखा गुण, जो भारत के अलावा और कहीं नहीं मिलेगा? दरअसल हम जिसे भारतीयता कहते हैं–वह अनूठी और बेमिसाल होते हुए भी अप्रश्नेय या आलोचना से ऊपर नहीं है। केवल भक्तिवादी, भावमय या कृतज्ञतामय निगाह से इसकी सम्यक् व्याख्या नहीं की जा सकती। क्योंकि इस भारतीयता में धार्मिकता, पूजापाठ, कर्मकाण्ड, जातिभेद, अंधआस्था, आडम्बर और हजारों प्रकार के खोखले जड़ विश्वास पैठे हुए हैं। इस भारतीयता में देशप्रेम मूलबद्ध है, किन्तु देश के लोगों से प्रेम संदेह के घेरे में है। भारत माता की जयकार बोलने वाला सम्भव है–भारत की सन्तानों को जातिवादी चश्मे में नफ़रत भी करता हो। यह भारतीयता अपने असंख्य गुणों और अद्वितीय दोषों के साथ युगों-युगों से प्रवहमान है। भारतीय संस्कृति इस भारतीयता के निर्माण का मूलाधार है, जो कि मूलतः भाववादी देशज अवधारणा है, और जिसे भारतवर्ष के प्रत्येक गाँव, अँचल, जनपद और प्रदेश में अनिवार्यतः पाया जा सकता है। बेशक यह ऐसी आदत, मानसिकता और स्वभाव है, जो भारत में बसने वाले प्रत्येक व्यक्ति के भीतर अन्तरस्थ है। प्रसिद्ध कथाकार **कृष्णा सोबती** भारत की भारतीयता

समझने के लिए एक क़ीमती सूत्र देती हैं–"यह राष्ट्र एक महाकाव्यात्मक रचना है, जिसमें अनेक पुनर्पाठ गुन्थे हैं। इसकी स्मृतियों की उम्र हजारों साल की है।" (आलोचना- 2016)

हम जिसे आज भारतीयता कहते हैं, ऐतिहासिक परिप्रेक्ष्य में उसका निर्माण कैसे हुआ–यह जानने के लिए **टोनी जोसेफ़** का निष्कर्ष निर्णायक महत्व का है–"आज हम एक ऐसी अनूठी भारतीय सभ्यता हैं, जो बाहरी लोगों के आगमनों के विभिन्न इतिहासों के दौरान आये हुए बहुत से आबादी समूह से मिलकर बनी है। और इसकी प्रेरणाएं, संस्कृति, परम्पराएं एवं दस्तूर किसी एक स्रोत की नहीं, बल्कि कई स्रोतों की देन हैं।" (आरम्भिक भारतीय–पृ. सं.- 10)

निहितार्थ बिल्कुल स्पष्ट है–इस भारतीयता की निर्मिति में अस्पृश्यों, अन्त्यज वर्गों, घूमन्तू जातियों, मेहनतकशों, कारीगरों, स्थापत्यकारों, नर्तकों, गायकों, बुनकरों आदि की उतनी ही कालजयी भूमिका रही, जितनी दार्शनिकों, नायकों, इतिहास निर्माताओं, वैज्ञानिकों और नीति निर्माताओं की। देश की परिभाषा कुछ वाक्यें या कुछ निष्कर्षों के आधार पर तय नहीं होती, बल्कि उसमें मोती के दानों की तरह अलक्षित, गुमनाम चरित्रों का अथक योगदान पिरोना होता है। यह भारतीयता जो मूलत: आत्मवादी, भावपरक, अन्तर्मुखी और आदर्शोनमुखी है–अपनी बुनावट में बहु साँस्कृतिक अन्तर्धाराओं वाली है। जिसका दृष्टिकोण आशावादी है, परन्तु यथार्थ से नियन्त्रित या आबद्ध नहीं, जबकि यूरोपीयता मूलत: यथार्थबद्ध, संसारवादी और तथ्यवादी है। तथ्य, सत्य, यथार्थ और संसार को देखने, परखने का यही स्पष्ट अन्तर भारतीयता और पाश्चात्य सभ्यता के बीच भारी फ़र्क़ का अहम् कारण है।

भारत के यौवन का शिखर शेष है

कवि **मुक्तिबोध** की एक काव्य पंक्ति है–"एक पैर रखता हूँ कि सौ राहें फूटतीं।" ऐसा ही कुछ एहसास भारत के भविष्य को सोचकर मचलता है। ऐसा कोई क्षेत्र विषय, समूह या समाज नहीं, जिसमें समस्याओं और चुनौतियों के नये-नये जटिल द्वार न खुल रहे हों। कहते हैं–शिक्षा और ज्ञान से अंधकार मिटता है। आज शिक्षा के क्षेत्र में माफ़िया राज पनप चुका है, जहाँ फर्जी डिग्रियों से लेकर दर्जनों अवैध कारनामें पैसे के बूते सम्पन्न किये जाते हैं। ताकत, सत्ता और घूसखोरी का मायाजाल उच्च शिक्षण संस्थानों और विश्वविद्यालयों में पसर चुका है। उत्तर प्रदेश के उच्चतर शिक्षा संस्थान में कॉलेज स्तरीय शिक्षकों की नियुक्तियाँ कुछ लाख में बिकती हैं। सहूलियत बस इतनी है–आधा चयन के पहले और बाक़ी चयन के बाद। इसी तरह तमाम विश्वविद्यालयों में कुलपतियों की नियुक्ति कुछ करोड़ के दम पर तय होनी आरम्भ हो चुकी है। इन दिनों ऐसे सत्तामुखी, राजीनीति-निपुण और ज्ञानशत्रु शिक्षकों की भरमार है, जो हर उल्टे-सीधे ज़ोर-जुगाड़ लगाकर कुलपति का पद हथियाने के लिए रात्रिकालीन नृत्य करते हैं। वेतन है दो लाख और नकद लिए दौड़ रहे हैं- दो करोड़। यह अलग रहस्य है कि इतनी धनराशि का जुगाड़ कैसे? किसी भी विषय में चयन हेतु मन्त्री, पार्टी अध्यक्ष और विधायक, साँसद से लेकर विषय विशेषज्ञों को साध लेना आम बात हो गयी है, जिसके बगैर वेदव्यास और चाणक्य जैसी प्रतिभा की नियुक्ति भी असम्भव है। कौन कहे कि अब छोटे-बड़े गबन का काला दाग विश्वविद्यालयों के मौजूदा इतिहास में लगने लगा है। कुलपति वर्ग जब अपना कार्यकाल पूरा करके परिसर से बाहर निकलते हैं- आर्थिक अनियमितताओं के कई केस उनके नाम दर्ज हो चुके होते हैं। भारतवर्ष, एक आदर्शजीवी देश आज भी एशिया का भ्रष्टतम देश बार-बार सिद्ध हो रहा है। यह भ्रष्टाचार एक सर्वव्यापी संस्कृति का रूप ले चुका है। जो जातिवाद, धार्मिक कर्मकाण्डों से तनिक भी कम

घातक नहीं। यह देश जिन्हें शिक्षित करता है, पहचान देता है, प्रतिष्ठित करता है और सर ऊँचा रखने का उदार आकाश देता है–वे ही शिक्षित, भद्र पुरुष इस देश की सम्पत्ति को चाट खाने में दीमक और तिलचट्टों को भी मात देते हैं। वे पढ़ते हैं–चतुराई में दक्षता पाने के लिए, डिग्रियाँ जुटाते हैं–लखटकिया नौकरी की हैसियत पाने के लिए, पसीना बहाते हैं तो पद पाकर हजारों का खून चूसने के लिए। इस देश का शिक्षित वर्ग चाहे वह उच्च शिक्षित हो या मध्यम शिक्षित देश का अर्थ उसके लिए पैसा, सुविधाएँ, ऐश और शोहरत बरसाने वाला कोई पेड़ है। जिसको जितनी तबियत करे–नोचते, तोड़ते और काटते जाओ। दशकों पहले देश पुत्र विवेकानन्द ने इस अपार शिक्षित वर्ग की अवैधप्रिय बुद्धि को धिक्कारते हुए कहा था–"जब तक लाखों लोग भूखे और अज्ञानी हैं, तब तक मैं उस प्रत्येक व्यक्ति को कृतघ्न समझता हूँ, जो उनके बल पर शिक्षित बना और अब उनकी ओर ध्यान तक नहीं देता।" (स्वामी विवेकानन्द साहित्य संचयन)

घूसखोरी, ऊपरी आमदनी शिक्षित भारतीयों के स्वभाव और खून में बैठ गयी है। केवल बेदाग है वह व्यक्ति जिसके हाथ में रुपया बटोरने का कोई अधिकार नहीं, जिसके पास कोई सत्ता नहीं कि नियम, कायदे, कानून को अपने धनपरस्त मन के अनुसार तोड़-मरोड़ सके। वह भारतवर्ष ही है, जहाँ मुख्यमन्त्री सीधे या परोक्ष रूप से बड़े-बड़े घोटालों को अंजाम देते हैं। जिसे एक बार इसका स्वाद लग गया, वह इसके बगैर एक दिन भी चैन से नहीं रह सकता। यह रोगी मानसिकता शरीर के अन्य अंगों पर अपना घातक असर दिखाती है। पहले तो दायित्वबोध की भावना छीन लेती है, फिर आँखों में बची हुई शर्म, फिर चेहरे की विश्वसनीयता और अन्ततः ढंग का मनुष्य कहलाने लायक ज़रूरी भावनाशीलता।

अमेरिका के 16 वें राष्ट्रपति के तौर पर देश की कमान सँभालते हुए **अब्राहम लिंकन** ने अपने पुत्र राबर्ट टाडलिंकन के शिक्षक को पत्र लिखा, जो कि आज प्रेरक दस्तावेज का दर्जा हासिल कर चुका है। उसमें लिंकन लिखते हैं–"मेहनत से कमाया एक डालर मुफ्त में प्राप्त करोड़ों डालर से कहीं अधिक मूल्यवान है।" सर्वप्रथम तो यह कि केवल श्रम की असाधारण क़ीमत को जानने वाला ही यह दुर्लभ विचार दे सकता है। दूसरी बात यह कि यह कोई आदर्शात्मक उपदेश नहीं, ठोस यथार्थपरक दृष्टि है। कैसे? जो बिना श्रम को करोड़ों कमाया, उसे पता है– इतना धन हासिल करने में उसकी कोई अहम भूमिका नहीं, इसलिए करोड़ों की अहमियत और क़ीमत का गहन विवेक भी उसके भीतर नहीं और न ही उस करोड़ को सही कर्म में प्रयोग करने का संयम विकसित होगा। यह अपार सम्पत्ति अथक परिश्रम करने वाले

हजारों अनाम मेहनतकशों के बूते सृजित हुई है–इसका भी नेक अन्तर्ज्ञान जागृत होना, मेहनत न करने वाले के भीतर असम्भव है। ग़ौर कीजिए– सम्पन्न व्यक्ति धन लुटाता है, तो मेहनती आदमी खर्च करता है–वो भी शरीर के अंग की तरह। किताबें पढ़ लेना और बात है, किताबों के ज्ञान की सुगन्ध हासिल कर लेना, बिल्कुल दूसरी बात। जिसने श्रमपूर्वक एक डालर कमाया, वह भलीभाँति जानता है कि कब, कहाँ, किस दुर्लभ, विशेष अवसर पर उसे खर्च करना है। वह एक डालर केवल कागज का नोट नहीं–जीती जागती सम्पत्ति है। उसके श्रम ने उस डालर में प्राण ला दिया था, जिसे वह धरोहर की तरह सम्भाले है। यह अनमोल एहसास उसे आत्मगर्व से लबरेज रखता है कि एक डालर पाने के लिए उसने अपनी क्षमता और काबिलियत सिद्ध की है। धन कमाने का न्यायपूर्ण अधिकार केवल उसे है, जिसने उसके लिए अपनी योग्यता सिद्ध की हो। इसलिए श्रमिक के लिए एक डालर की क़ीमत इतनी ज़्यादा है कि शायद बिना श्रम के दिए जाने वाले डालरों को छूते हुए सिर से पाँव तक काँप उठेगा।

आर्थिक भ्रष्टता की प्रवृत्ति अपने साथ दर्जनों बदरंगी वृत्तियाँ को जन्म देती है। दुष्वृत्तियाँ कभी भी अकेले नहीं जी पातीं। उसे सहारा देने वाली, ताकत देने वाली, फलने-फूलने में खाद का काम करने वाली अन्य कुवृत्तियाँ का सपोर्ट चाहिए। अकेले पड़ते ही वायरस की तरह अपने विस्तार का जाल रचने लगती हैं। संक्रामक होती हैं–आदतें। वे शरीर के अन्य दुर्गुणों को तत्काल सक्रिय करती हैं, साथ ही आस-पास के वातावरण को भी दुष्प्रभावित करना आरम्भ कर देती हैं।

दिसम्बर–2013 में 'इंडिया टुडे' में एक खबर प्रकाशित हुई थी, जो कि भारत में आर्थिक भ्रष्टाचार की पकती हुई खिचड़ी का एक चावल मात्र है–"2001 से कई मामलों में गड़बड़ियों के आरोपी एम.सी.आई. के पूर्व अध्यक्ष डॉ. केतन देसाई फिर काउंसिल के दरवाजे पर दस्तक दे रहे हैं। गुजरात विश्वविद्यालय ने उन्हें पुनगर्ठित काउंसिल के लिए नामजद किया है। काउंसिल देश में मेडिकल शिक्षा को नियन्त्रित करती है। वह नये मेडिकल कालेजों को स्थापना को मंजूरी देती है। उस पर निगरानी रखती है और गड़बड़ियों के लिए दण्डित करती है। 23 अप्रैल 2010 को सी.बी. आई. ने देसाई को पंजाब में पटियाला के ज्ञान सागर मेडिकल कालेज से 2 करोड़ रुपये रिश्वत लेते हुए पकड़ा था।" (इंडिया टुडे, दिसम्बर- 2013)

यद्यपि करोड़ की उपलब्धि एक आम भारतीय के लिए असम्भव ख़्वाब ही है, परन्तु जिसने बड़ा पद पा लिया, जो अधिकारों के शिखर पर बैठ गया, जो कानून, नियम चलाने की हुनर सीख गया और सत्ता हथियाने की तरकीब जान गया, वह

सबसे पहले कई करोड़ का घोटाला करने का जुगाड़ रचता है और अपनी सारी डिग्रियाँ, अर्जित ज्ञान और सहज विवेक को मूल्यहीन बनाते हुए भ्रष्टाचार के नाले में आँख, नाक, कान बन्द करके डुबकी लगाता है। 'इंडिया टुडे' का ही एक और सर्वे विचलित करने वाला है–"भारत में हर दो में से एक व्यक्ति सरकारी संस्थाओं से काम कराने के लिए नियमित रूप से रिश्वत देता है।" (इंडिया टुडे, जुलाई- 2013)

कलमपुत्र **प्रेमचन्द** ने अपनी प्रसिद्ध कहानी–'नमक का दारोगा' में रिश्वत की माया का मानक उदाहरण पेश किया है–यह बात और है कि आदर्श के सांचे में ढला हुआ दारोगा रिश्वत की लालच के आगे बाल बराबर भी विचलित नहीं होता। परन्तु अब लगभग एक सदी आगे आ चुका भारत है, जहाँ मूल्य, आदर्श, सिद्धान्त, आत्मग़ौरव और देशप्रेम को अपूर्व क्षति पहुँची है। जहाँ ऊँची नौकरी पाने का एक गुप्त किन्तु अनिवार्य मकसद हो गया है–अतिरिक्त सुविधा शुल्क (रिश्वत) कमाना। किस तरह मामूली हैसियत से ऊपर उठा हुआ साधारण कर्मचारी बड़े ओहदे के मचान पर आसीन हो जाता है और सारे नियम-कानून को रौंदता हुआ धन लूटने की धड़कती हुई मशीन बन जाता है, इसका एक नमूना देखिए–"जयपुर निवासी 52 वर्षीय शर्मा जी के बाल उड़ गये हैं और आँखें बाज जैसी हैं। उन्होंने नौकरी की शुरुआत सवाई मानसिंह अस्पताल के तपेदिक क्लिनिक में एक मामूली कम्पाउंडर के रूप में की थी। पिछले नौ सालों में वे 'कामयाबी' की सीढ़ियाँ लांघते गये। स्टोर कीपर्स से नर्स, फिर लेक्चरर, उसके बाद इंडियन नर्सिंग काउंसिल के प्रेक्षक हो गये। इस सफर में उन्होंने इतनी दौलत जमा कर ली, कि कोई भी सियासी नेता ईर्ष्या करने लगे। 1200 करोड़ रुपये उनके 10 बैंक खातों में हैं। 30 सम्पत्तियाँ हैं। 25 नर्सिंग कालेजों में उनकी हिस्सेदारी है।" (इंडिया टुडे, जुलाई-2013)

देश का ऐसा कोई सरकारी या प्राइवेट संस्थान नहीं, जहाँ अतल गहराई और रहस्यमय विस्तार तक आर्थिक भ्रष्टाचार का मकड़जाल न फैला हो। भ्रष्टाचार भी किसिम-किसिम के। एक सपने बुनता है, दूसरा योजनाओं को ज़मीन पर उतारता है, तीसरा कुशलतापूर्वक अंजाम देता है और चौथा भक्ति पूर्वक धनदेवी की आरती-वन्दना करता है।

अपने सुनिश्चित दायित्व के प्रति उदासीनता, गैर सजगता और पलायन की प्रवृत्ति हम भारतीयों में बढ़-चढ़कर है। प्रायः हम जहाँ भी हैं, जिस भी भूमिका में हैं, जिस कर्त्तव्य के लिए तैनात किये गये हैं–वहीं गड्ढा तैयार कर दे रहे हैं। समूचे व्यक्तित्व के साथ अपने कर्म का जो सम्यक् बोध हमें होना चाहिए–उसका घोर

अकाल है हम भारतीयों में। प्रायः कामचलाऊ या कामनिपटाऊ आदत के मारे होते हैं। यदि परीक्षा पास करनी है तो पुस्तक रटंत तैयारी माह भर पूर्व शुरु होती है, बाक़ी साल भर किताबों को दूर से नमस्कार। भाषण देना है–तो एक दिन पहले आठ-दस धमाकेदार पंक्तियाँ रट लेनी हैं या दो-चार उद्धरण याद कर लेना है। विद्वत् समाज में प्रभाव जमाने की होड़ रहती है। अपने दम का सिक्का जमाने की सनक रहती है। अधिकारी हैं तो अपने क्षेत्र की कठिनाइयाँ, जटिलताएँ, हकीकतें देखने-जानने से तौबा है। कर्मचारी है तो बिना नोटदार सुविधा शुल्क लिए सीधे मुँह बात नहीं करेगा। मैनेजर है तो अपना ओहदा कैश करने में दिन-रात एक कर दे रहा। शिक्षक है तो ईर्ष्या, निन्दा, पीठ पीछे गाली देने का रोगी बन चुका है। वह तोते की तरह आदर्श केवल छात्रों के आगे बार-बार रटेगा। ऊँची बातों और खालिस विचारों का आतंक जमाने का सबसे सुरक्षित कोना व्याख्यान की कक्षाएं होती हैं। निस्संदेह हम भारतीयों में ख़ुद का सामना करने वाले, अपने चेहरे की प्रखर परख करने वाले और अपनी प्रचण्ड कायरता का मुकाबला करने वाले ज़रूरी साहस का अकाल है। असलियत छिपाने के हर जतन करते भारतीय अक्सर अपना काम निकालने के लिए किसी को मूर्ख बनाने में लगे रहते हैं। कायरतापूर्ण चालाकी व्यक्तित्व की ऐसी गुप्त कमज़ोरी है जो हर प्रकार से व्यक्ति को खोखला कर देती है। ऐसा व्यक्ति जो कहेगा, उसमें सच की आँच न होगी, जो करेगा उसमें अर्थ गायब रहेगा, जो सोचेगा उसमें स्वार्थ की बदबू भरी रहेगी, जो बोलेगा-बौनेपन की ध्वनि सुनाई देगी। विवेकानन्द ने एक सदी पूर्व इस लाइलाज भारतीय आदत को भाँपकर कहा था–"हमारे राष्ट्रीय खून में एक प्रकार के भयानक रोग का बीज समा रहा है। वह है–प्रत्येक विषय को हँसकर उड़ा देना, गाम्भीर्य का अभाव।"

जनसंख्या में दूसरे स्थान पर काबिज भारत आख़िर आधुनिक विकास, तकनीकी खोज, कार्यक्षमता और वैचारिक नवोन्मेष में अन्य कई यूरोपीय देशों से पीछे क्यों है? करोड़ों युवाओं की मौजूदगी से लबरेज यह देश नयी सोच की व्यापक लहर क्यों नहीं पैदा कर पा रहा है? कारण क्या है–भारतीय वैज्ञानिक अपने आविष्कारों का परचम विश्व में नहीं लहरा पाते और फ्रांस, अमेरिका, जर्मनी, इंग्लैंड, आस्ट्रेलिया या रूस के पिछलग्गू बनकर रह जाते हैं। उसका एक प्रबल कारण है यही दायित्व विमुखता। हम जो कर सकते हैं–बस वही नहीं करते। जो ऊँचाई छू सकते हैं–बस उस ओर सीढ़ी नहीं तय करते, जिस मोर्चे पर हम तैनात हैं–सबसे पहले वहीं हार जाना चाहते हैं। जिस जगह खड़े हैं, वहीं हर वक़्त काँपते जीते हैं। दूसरी कठिनाई है–बल्कि बीमारी-निराशावादी सोच और आत्मविश्वास की भयानक कमी। 'यह

हमसे न होगा', 'मेरे बस का यह काम नहीं', 'इसके लिए मैं नहीं बना', 'यह मेरी ड्यूटी नहीं' अक्सर सुनने को मिलेगा–बौद्धिकों के द्वारा। 'मुझे क्या गरज पड़ी है' इस एक जुमले ने देश को कितनी क्षति पहुँचायी है–इसका अन्दाजा नहीं लगाया जा सकता। अपने दायित्व से पलायन सिर्फ़ ख़ुद को अर्थहीन नहीं करता, बल्कि बाक़ी लोगों को भी मोर्चा छोड़ने के लिए प्रेरित करता है। कर्मठता संक्रामक होती है और अकर्मण्यता भी। इस कर्मविमुखता से तत्काल जो दूसरा दोष जन्म लेता है–वह है–झूठ की आदत, जो कि उस कायर व्यक्ति के लिए सुरक्षा कवच का काम देती है। तीसरी दुर्बलता पैदा होती है–मीठे, चिकने व्यवहार की आड़ में स्वार्थ सिद्ध करने की चालाकी। ऐसा व्यक्ति अपने असली चेहरे पर कितना मुखौटा लगाएगा, इसका अनुमान असम्भव है।

नृतत्वशास्त्री **कुँवर सुरेश सिंह** ने अपनी पुस्तक 'पीपुल्स ऑफ़ इंडिया' में भारत को 91 साँस्कृतिक क्षेत्रों में विभाजित किया है। प्रत्येक राज्य में क्षेत्रीय अस्मिता के कई रूप उभरते हैं। केवल उत्तर प्रदेश और मध्यप्रदेश में 6-6 साँस्कृतिक केन्द्र हैं। आज दलित समाज भारत की जनसंख्या का 15.6 प्रतिशत है। सरकारी आँकड़ों में इन्हें अनुसूचित जातियाँ कहा जाता है। यदि ईसाइयों, दलितों और मुसलमानों को जोड़ लिया जाय तो भारत में इनकी कुल आबादी एक चौथाई है। 1950 में अनुसूचित जातियों की जो सूची जारी की गयी, उसके अनुसार 29 राज्यों में 1108 जातियाँ विद्यमान थीं। डोम जाति जिनका परम्परागत पेशा मैला साफ़ करना है–भारत के अधिकांश राज्यों में पाई जाती है। पंजाब की 'चुहरा', राजस्थान तथा मुम्बई में भंगी एवं मेहतर, बंगाल में 'भुइनमाली' तथा उड़ीसा में 'हद्दी' इसी प्रकार की जातियाँ हैं। आन्ध्रप्रदेश में 'माला' तथा तमिलनाडु में 'पराइयन' मैला सफाई का पेशा करते हैं। माला मूलतः चमड़ा श्रमिक हैं और पराइयन खेतिहर श्रमिक। मराठी क्षेत्र में 'महार' जाति की गिनती इन्हीं के समानान्तर होती है। चनाल या चांडाल मद्रास, उड़ीसा, पंजाब एवं हरियाणा में पाये जाते हैं। असम तथा पश्चिम बंगाल में 'नामशूद्र' भी इन्हीं के समकक्ष गिने जाते हैं। मनु ने चमड़े का पेशा करने वाली दो जातियों का उल्लेख किया है। वर्तमान समय में 'करावारा' और 'ढिगवान' ऐसी ही जातियों में गिनी जाती हैं। 1901 ई. की जनगणना के अनुसार भारत में दलितों की संख्या 1.12 करोड़ आंकी गयी। कालान्तर में नाम के आधार पर इनमें उपजातियों का अस्तित्व भी दिखायी देता है, जैसे रामदसिया, सतनामी, रैदासी, रोहित, रामनामी और रिशि। दक्षिण भारत में '**मदिगा**' और '**चक्किलियान**' नाम जातियाँ मृत जानवरों की खाल उतारने तथा अन्य प्रकार के चर्मकार्य करती हैं। वेदों में 'म्ला'

शब्द मिलता है–जिसका अर्थ होता है–चमड़ा पकाना। अशुद्ध अछूतों से जरा ऊपर शुद्ध अछूत भी होते थे, जो कि गौमाँस तथा ऐसे ही अन्य माँसाहार का त्याग कर देते थे, फिर भी वे अछूत कहलाने का दाग मिटा नहीं सके। दोसध (बिहार), पासी (उत्तर प्रदेश), मुसहर (बिहार), राजबंसी कोछ (पश्चिम बंगाल), बाग़दी (पश्चिम बंगाल) नामक अनुसूचित जातियाँ लाखों की संख्या में आज भी मौजूद हैं। 1901 की गणना सिद्ध करती है कि मात्र स्वच्छ अछूतों की संख्या 2 करोड़ के आसपास थी। भारत में विस्तृत अध्ययन एवं सर्वेक्षण के आधार पर कुल 4635 मानव समुदायों की पहचान की गयी है, जिनके नाक-नक्श, भाषा, वेशभूषा, उपासना पद्धतियाँ, पेशे, खानपान, आदतें और नाते-रिश्ते के रूप अलग-अलग हैं। इन समुदायों के बीच अन्तहीन टकरावों का सबसे पुराना उल्लेख देवासुर संग्राम के रूप में मिलता है। सामाजिक तानेबाने का बेहद जटिल और विषम स्वरूप है- भारत का सामाजिक ढाँचा, जिसकी आन्तरिक और बाहरी टकराहट एक अन्तहीन नियति बन चुकी है। **'इंपीरियल गजैटियर ऑफ़ इंडिया'** के अनुसार–"भारत मानव जातियों का एक ऐसा विशाल संग्रहालय है, जिसमें हम संस्कृति के निम्नतम चरण से उच्चतम चरणों तक पहुँचे हुए मनुष्य का अध्ययन कर सकते हैं।" (भारतीय सभ्यता की निर्मित- भगवान सिंह, पृ. सं. - 21)

भारत जैसे उपमहाद्वीप में बहुक्षेत्रीयता और वर्गीय विविधता बहुत स्वाभाविक है। इतिहास के विकासक्रम में यह विविधता विषमता और सामाजिक, साँस्कृतिक भेदों का मूल कारण है। इन्हीं भेदों के चलते वैमनस्य, संघर्ष और ज़हरीली ईर्ष्या का जन्म होता है। प्राचीन काल में आर्य-अनार्य की अंधी खाई वर्ष-प्रतिवर्ष गहरी और चौड़ी होती चली गयी और स्थिति यह है कि आन्तरिक संरचना में बेतरह विभाजित किन्तु भौगोलिक रूप से एकबद्ध यह देश शताब्दियों से लावा की तरह खदबदाते अन्तर्कलह के कारण जर्जर हो चुका है। विद्रोही दार्शनिक **ओशो** ने इस विभाजनग्रस्त नियति पर आक्रोश प्रकट करते हुए कहा था–"सुन्नी सुन्नी है। शिया-शिया है। दोनों के बीच झगड़ा है। श्वेताम्बर-दिगम्बर के बीच झगड़ा है। ब्राह्मण-शूद्र के बीच झगड़ा है। ब्राह्मण और ब्राह्मण के बीच भी झगड़ा है।" (भारत के जलते प्रश्न)

यदि कोई भी संस्था, देश या समाज स्वयं के स्वस्थ भविष्य को सुनिश्चित करना चाहता है तो दिन-प्रतिदिन खोखला और प्राणविहीन करती इन जड़ताओं से मुक्ति पानी होगी। परन्तु इस देश में घातक भेदों को संवैधानिक संरक्षण प्राप्त है। संविधान के पृष्ठों पर न केवल अनुसूचित जातियों, जनजातियों, पिछड़े वर्गों और

उच्च वर्णों का उल्लेख है, बल्कि उन सबके लिए अलग-अलग नियम, सुविधाएं और अधिकार भी तय किये हैं। राजनीतिक स्वार्थ से प्रेरित जब कोई सत्तासीन दल संविधान के नियमों में फेरबदल करता है–तो अन्ततः देश की आत्मा क्षतिग्रस्त होती है और बेइलाज, बेलगाम वैमनस्य, घृणा, ईर्ष्या, हिंसक संघर्षों की आंधी और तेज होती है। चलिए उठा लेते हैं–एक उदाहरण जो कि आज से 15 वर्ष पूर्व का है–"64 प्रतिशत गाँवों में दलितों का मन्दिर में प्रवेश वर्जित है। यू. पी. में यह प्रतिशत 47 है और कर्नाटक में 94 प्रतिशत। 14 प्रतिशत गाँवों में दलितों को पंचायत भवनों में घुसने की मनाही है। 12 प्रतिशत गाँवों में मतदान के समय दलितों को अलग लाइन में खड़ा किया जाता है। जितने भी गाँवों का सर्वेक्षण किया गया, लगभग सभी में दलितों के लिए अलग बस्तियाँ हैं।" (दैनिक पूर्वोदय-2006)

भारत में कंटीले विभाजन का आधार कद, पद, रंग, धन, भाषा, क्षेत्र, पहनावा और पढ़ाई-लिखाई भी है। रंगभेद जिसने सदियों से मानव समुदाय को गुलामी, गुमनामी और आत्महीनता की अंधकोठरी में कैद रखा, आज भी भारतवर्ष की जड़ों में समाया हुआ है। आश्चर्यजनक रूप से विकसित देशों में भी रंगभेद की मानसिकता सिर चढ़कर बोलती है। काश, हम भारतीय अपना पुनर्विकास करते हुए विवेकानन्द की यह पुकार आत्मसात कर पाते–"तुम मत भूलना कि नीच, अज्ञानी, दरिद्र, चमार और मेहतर तुम्हारा रक्त और मज्जा हैं और तुम्हारे भाई हैं।" (सन्-1899 में ; स्रोत- आधुनिक भारत, सुमित सरकार)

यह देश वैज्ञानिक सोच और वैज्ञानिक खोज दोनों मामले में पिछड़ा और निष्क्रिय देश है। वैज्ञानिक सोच का सम्बन्ध अनिवार्यतः विज्ञान से नहीं है। बिना विज्ञान की दक्षता के कोई प्रखर वैज्ञानिक सोच से सम्पन्न हो सकता है और कोई विज्ञान की गहराइयों में पारंगत होते हुए भी प्रबल रूढ़िवादी और पोगापन्थी हो सकता है और इसके उदाहरण हमारे देश में अटे पड़े हैं। इस देश के युवा विज्ञान की डिग्रियां वैज्ञानिक सोच विकसित करने के लिए नहीं करते, केवल विलासितापूर्ण जीवन की योग्यता हासिल करने और लाखों का मालिक बनने के लिए करते हैं। इन्हीं शिक्षितों की जड़ आस्थाएं मन्दिरों-मठों के खजानों की ऊँचाई बढ़ाती हैं। इन्हीं की दौलत के बदौलत मन्दिरों के स्वर्णकलश सदियों से चमक रहे हैं। इन्हीं की भययुक्त आस्था की पीठ पर महासम्पन्न भारतीय धर्मों का साम्राज्य टिका हुआ है। कहने को ये इसरो, भाभा एटामिक रिसर्च सेण्टर में यंग साइंटिस्ट हैं–और भीतर जनेऊ मारे हुए प्रत्येक मंगलवार हनुमान मन्दिर की सीढ़ियों पर साष्टांग लेटने वाले धर्मपुत्र हैं। वैज्ञानिक होना एक बात है और वैज्ञानिक सोच का होना बिल्कुल दूसरी

बात है। वैज्ञानिक सोच की कसौटी है–यथार्थ, तर्क, प्रमाण, विश्लेषण, निरपेक्ष दृष्टि और संदेह। साथ ही पारदर्शी विवेक और परिपक्व संवेदनशीलता भी हो तो क्या कहना। प्राय: देखा गया है–विज्ञान के क्षेत्र से जुड़े हुए लोग कम और विज्ञान से इतर विषयों के लोग अधिक बेहतर वैज्ञानिक सोच के होते हैं। विज्ञान हमें तकनीक देता है, भौतिक पदार्थों और घटनाओं के बारे में निष्कर्ष देता है–हमें वह दक्षता देता है कि वैज्ञानिक क्षेत्र में आगे बढ़ सकें। किन्तु अन्य विषयों का ज्ञान हमें ज़मीनी यथार्थ की समझ देता है–हम तथ्यों, घटनाओं और प्रमाणों के सहारे वास्तविकता में यकीन करना सीखते हैं। हममें एक सम्यक पक्षधरता विकसित होती है और विश्लेषक अन्तर्ज्ञान के अधिकारी बनते हैं। हमारी अन्त:प्रज्ञा को सटीक आँखें हासिल होती हैं–विविध विषयों के मार्मिक ज्ञान से। यद्यपि भारत में प्राय: अधिकांश विषयों का ज्ञान केवल उपाधियाँ बटोरकर नौकरियाँ सिद्ध करने तक सीमित है। उसके बाद पुस्तकों को दूर से नमस्कार। वे दशकों से आलमारियों में पड़ी-पड़ी दीमकों का भोजन बनती हैं।

वैज्ञानिक सोच मनुष्य और मनुष्यता के प्रति चिन्ता, कुछ रोशनी देने की तड़प और सृष्टि के प्रति प्रबल जिज्ञासा से भी उत्पन्न होती है। जिसने सवाल करने का जोखिम नहीं उठाया, जो बने-बनाए जीवन के मार्गों पर चलने का आदती हो चुका है, जो कुछ भी प्रतिकूल होता देख आँखें मूंद लेता है और अनुकूलता में साँसें लेने का अभ्यस्त हो जाता है- उससे उर्वर वैज्ञानिक सोच की उम्मीद नहीं की जा सकती। यह अनमोल अन्तर्दृष्टि प्रतिक्षण सक्रिय एक सहज विश्लेषक बुद्धि से उपजती है। यह निरन्तर सक्रिय एक जागृति है, जो कही-सुनी-लिखी गयी बातों पर नहीं अपनी चेतना-सम्पन्न क्षमता पर निर्भर रहती है। सही मायने में वैज्ञानिक सोच का मनुष्य अपना भी बेहद सटीक और तटस्थ मूल्यांकन कर लेता है और मनुष्य होने की क़ीमत जानते हुए निरर्थक रूढ़ियों, अन्धविश्वासों, आत्मघाती चमत्कारों और अलौकिक सत्ता के मायाजाल में कतई नहीं उलझता। स्वयं को सतत तराशने की ललक से वैज्ञानिक सोच उत्पन्न होती है। परन्तु इस देश के वैज्ञानिक कितने अवैज्ञानिक सोच हैं, इसका एक प्रमाण देखिए–"ज़्यादातर भारतीय वैज्ञानिक हैं–धार्मिक।" (न्यूयार्क टाइम्स-सर्वेक्षण- 2015)

विज्ञान और तकनीकी के क्षेत्र में नित नयी ऊँचाइयाँ छूना भारत के स्वभाव में कभी नहीं रहा। यही कारण है कि असंख्य अनुसंधान केन्द्रों और वैज्ञानिक प्रतिष्ठानों के बावज़ूद नयी खोज, नया आविष्कार विश्व को दे पाने से वंचित रह गये। वैज्ञानिकता केवल बाह्य कुशलता नहीं, यह आन्तरिक परिवर्तन की

योग्यता भी है। यदि गाड़ी खरीदते हैं और मन्दिरों के आगे नारियल बर्बाद करते हैं, तो वैज्ञानिक सोच मिलने से रही। यदि मंगलयान भेजने के पूर्व मन्दिर का घण्टा बजाकर पूजा-अर्चना करते हैं, तो हो सकता है–मंगल अभियान सफल हो जाय, परन्तु वैज्ञानिक व्यक्तित्व हासिल करने में असफलता सुनिश्चित है। देश के इंजीनियर, डाक्टर, वैज्ञानिक, तकनिशियन, अनुसंधानकर्ता सदियों पुराने जड़बद्ध संस्कारों, सामाजिक रूढ़ियों, पारिवारिक अंधविश्वासों और बेसिर पैर वाले टोटकों की गिरफ्त में रहते हैं। उनके पास कम्प्यूटर तैयार करने की दक्षता है, परन्तु अपनी सोच को तराशने, धारदार बनाने और प्रदूषण रहित करने की अन्तर्दृष्टि नहीं है। वैज्ञानिकता खण्डित व्यक्तित्व में सम्भव नहीं। यह प्रयास साध्य है, साधना से सम्भव है, आमूल आत्मपरिवर्तन की आग जलाने से सम्भव है–जातीय मकड़जाल, धार्मिक षट्कर्मों और निरर्थक परम्पराओं से बगावत करने से सम्भव है। भारतीय अक्सर अनुकूलतावादी, समझौताप्रेमी, तालमेलकर्ता स्वभाव के होते हैं। इससे जीवन तो निपट जाता है–आप एक सफल जीवन भी जी लेते हैं–लेकिन महत्ता और बेशक़ीमतीपन की कसौटी पर हमारा जीवन दो कौड़ी का सिद्ध होता है। प्रत्येक का जीवन दाँव है, अवसर है, प्रत्यंचा पर चढ़ा तीर है और एक बार मिला हुआ अद्वितीय दायित्व है। हम सबकी यात्रा 'मैं' से आरम्भ होती है–'मैं' के इर्दगिर्द घूमती है और 'मैं' के व्यामोह में उलझ कर समाप्त होती है। जबकि हमारी चरम सार्थकता मैं से आत्यंतिक मुक्ति में है। **भारतेन्दु बाबू हरिश्चन्द** ने हम भारतीयों की इसी स्वीकारवादी दुर्बलता को निशाने पर लेते हुए कहा था–"जब तक सौ दो सौ मनुष्य बदनाम न होंगे, जात से बाहर न निकाले जायेंगे, दरिद्र न हो जायेंगे। कैद न होंगे, वरंच जान से न मारे जायेंगे–तब तक कोई देश न सुधरेगा।" (भारत वर्षोन्नति कैसे हो? निबन्ध)

किसी भी बाह्य तकनीकी के आविष्कार से ज़्यादा मूल्यवान है–स्वयं के व्यक्तित्व की खोज। बाहरी कौशल से ज़्यादा आवश्यक है–ख़ुद को परखने का कौशल, किसी भी भौतिक ऊँचाई को छूने से बड़ी उपलब्धि है–स्वयं की गहराई में उतरने की काबिलियत। कृत्रिम और खोखला है–हमारा वैज्ञानिक कौशल, जो हथियारों की होड़ में सहायक बनता है। घातक है हमारी तकनीकी क्षमता, जिसके कारण लाखों बेगुनाहों का जीवन संकट में पड़ता है। मिसाइलें, बम, पिस्तौल, एके 47, राकेट लांचर, परमाणु हथियार कक्षा 10 या 12 पास के युवा नहीं, उच्च डिग्रीधारी आला दर्जे के प्रशिक्षित इंजीनियर और अव्वल युवा वैज्ञानिक बनाते हैं। जैविक रासायनिक हथियारों के कारखाने विज्ञान में निष्णात खोजकर्ता खड़े करते हैं।

नित नये मायावी हथियारों की तकनीक चोटी के वैज्ञानिक विकसित करते हैं। अपने-अपने देश को बचाने की होड़ में सदियों से मनुष्यता खतरे में पड़ रही है, जबकि 'देश' भी पृथ्वी को कृत्रिम सीमाओं में बाँटने का परिणाम हैं। देश एक सामयिक मानव निर्मित अस्तित्व हैं, न कि समयातीत संरचनाएं। इसीलिए हर एक अवधारणा, मान्यता, मूल्य, सिद्धान्त, मर्यादा और विश्वास पर तटस्थ, तार्किक और सटीक संदेह करना, सवाल उठाना वैज्ञानिक स्वभाव का स्वामी बनने के लिए अनिवार्य है, और इसके लिए सर्वप्रथम ख़ुद से युद्ध लड़ना पड़ता है, अपने प्रति तमाम सूक्ष्म जड़ताओं का त्याग करना पड़ता है। योग्यता की कसौटी पर स्वयं का किसी भी ढंग से विशेषीकरण वैज्ञानिक सोच विकसित हासिल करने के मार्ग में सबसे कठिन बाधा है। मनन कीजिए **राहुल सांकृत्यायन** का यह विचार- "हमें अपनी मानसिक दासता की बेड़ी की एक-एक कड़ी को बेदर्दी के साथ तोड़कर फेंकने के लिए तैयार रहना चाहिए। बाहरी क्रान्ति से कहीं ज़्यादा ज़रूरत मानसिक क्रान्ति की है।" (राहुल सांकृत्यायन, दिमाग़ी गुलामी)

दर्शन के क्षेत्र में भारत ने नायाब ऊँचाइयाँ हासिल की हैं। आश्चर्यजनक रूप से भारत का चिन्तन स्तर विश्व में अग्रणी रहा। वैदिक काल से आरम्भ हुई यह चिन्तनधारा आधुनिक काल में अरविन्द घोष, विवेकानन्द, गांधी और ओशो तक पहुँचती है। सांख्य दर्शन इतना प्राचीन है कि गीता के प्रणेता श्रीकृष्ण ने सांख्य दर्शन के सूत्रधार **कपिल मुनि** को आदर सहित स्मरण किया है–"मुनीनाम कपिलोऽस्मि"। अर्थात् कपिल मुनि महाभारत काल के पूर्व जन्म ले चुके थे। किन्तु विचारणीय, बल्कि चिन्तनीय पक्ष यह है कि भारतीय दर्शन का भौतिकवादी दृष्टिकोण, यथार्थवादी चिन्तन अविकसित और अधूरा क्यों रह गया? इसका सर्वप्रमुख कारण है–दर्शन पर धर्म, अध्यात्म का नियन्त्रण। धार्मिकता स्वभावतः आत्मिक खोज की ओर ले जाती है। हम कौन हैं? हमारे होने का प्रयोजन क्या है, मनुष्य के तौर पर हमारी क्या भूमिका है और हमारी आत्मिक प्रगति की ऊँचाईयाँ कहाँ तक हैं? इन सभी सवालों का जितना सटीक और परिपक्व उत्तर भारतीय दर्शन, खासतौर पर जैन और बौद्ध दर्शन में उपलब्ध है–उतना शायद ही अन्य किसी दर्शन में मिले। जीव, जगत और परमात्मा के त्रिकोण में घूमता वैदिक दर्शन अपनी यथार्थवादी दृष्टि विकसित न कर पाया। प्राकृतिक घटनाओं, रूपों और अस्तित्व को देवी-देवताओं के नाम कर देना घातक सिद्ध हुआ। सूर्य को देवता घोषित किया गया और उसकी स्तुति में गायत्री मन्त्र रचा गया। आज भी देश का हिन्दू समाज सूर्य की पूजा देवता के रूप में करता है। बिहार में सर्वप्रिय छठ पूजा सूर्य को समर्पित है। जबकि आज यह तथ्य प्रमाणित हो चुका है कि सूर्य मध्यम आकार का एक

तारा है, जिसमें जीवन सम्भव करने की अद्‌भुत शक्ति है, किन्तु स्वयं जीवनविहीन है। यह जी-टाइप स्टार है। यह गर्म हाइड्रोजन प्लाज्मा का एक महाविशाल गोला है, जो स्वयं घूम रहा है और समूचे सौरमण्डल के एक-एक ग्रह, उपग्रह, क्षुद्रग्रह, उल्कापिण्ड को प्रतिक्षण घूमा रहा है। आकाश गंगा Milkyway के केन्द्र में स्थित ब्लैकहोल सेजेटेरियस-ए के चारों ओर बेतरह नाचते हुए हमारे सूर्य बाबा की गति आश्चर्यजनक रूप से तीव्र है–लगभग 220 किमी. प्रति सेकेण्ड।

गीता में श्रीकृष्ण कहते हैं–'वेदानां सामवेदोऽस्मि' अर्थात् वेदों में मैं सामवेद हूँ। मनु सामवेद का सम्बन्ध इसी मध्यम आकार के तारे सूर्य से जोड़ते हैं। वेदों में ओम् (अ+उ+म्) ध्वनि को विलक्षण महत्ता हासिल हुई–वह है भी बेमिसाल उच्चारण, परन्तु वैदिक धर्म के नियन्त्रण में इस ध्वनि ने अपनी वैज्ञानिक आभा खो दी। वैदिक ऋषियों ने अग्नि को देवता घोषित किया, जबकि यह एक प्राकृतिक शक्ति है। जब मनुष्य किसी जटिल तथ्य की गहराई में कुशलतापूर्वक उतर नहीं पाता, उसके मर्म के रहस्य का सम्यक विश्लेषण नहीं कर पाता तो करबद्ध होकर घुटने टेकते हुए कोई दैवीय सत्ता घोषत कर डालता है। अग्नि जब देवता हो गये तो मन्त्र बनना ही था, सो रच दिया गया 'त्रिष्टुप छन्द'। अग्नि का एक नाम 'पावक' भी पड़ा-अर्थात् पवित्र करने वाला। वैदिक दर्शन में 'इन्द्र' का महत्व देश प्रसिद्ध है। इसे स्वर्ग का राजा कहा गया। सूर्यदेव, वायुदेव, वरुणदेव, मार्तण्ड और अग्निदेव इनके भाई-बन्धु घोषित हुए। 'वर्षा' जैसी अनादिकालीन प्राकृतिक घटना का प्रतीक बन गये इन्द्रदेव। इतना ही नहीं–ये इन्द्र अनावृष्टि रूपी दैत्य से युद्ध भी कर लेते थे। देवतावादी वैदिक ऋषियों के यथार्थ-विमुख मानस ने प्रकृति की नैसर्गिकता को बेहतर जकड़ दिया आध्यात्मिकता के तानेबाने में। पृथ्वी भी देवी तय की गयी। अथर्ववेद के बारहवें काण्ड का प्रथमसूक्त 'पृथ्वीसूक्त' है, जिसके कुल 63 मन्त्र हैं। पृथ्वी यकीनन माँ स्वरूपा है, विशुद्ध यथार्थवादी नज़रिए से, धार्मिक दृष्टिकोण के अनुसार नहीं।

मौलिक चिन्तन के नये आयाम रचने के बावज़ूद भारतीय दार्शनिक चाहे शंकराचार्य हों, अरविन्द हों, विवेकानन्द या दयानन्द सरस्वती आध्यात्मिक रहस्यवाद की एक काल्पनिक भूलभुलैया में मस्तिष्क को उलझा देते हैं। यहाँ भी इन नवोन्मेषी प्रतिभाओं के भीतर एक भावात्मक अनुभूतियों की उड़ान सक्रिय है, जो कभी ब्रह्म, कभी ईश्वर, कभी परम चैतन्य के व्यामोह में खिंचती चली जाती है। बड़ी से बड़ी मेधा अपने युग के मानसिक, बौद्धिक और चेतनागत विकास की पृष्ठभूमि में ही खड़ी होती है, जिसमें भौतिक उन्नति, सामाजिक विकास और मानवीय मूल्यों की अनिवार्य भूमिका होती है। वह ईश्वर जिसकी वास्तविक सत्ता को आजतक

कोई सिद्ध न सका, प्रमाणित न कर पाया, उस ईश्वर के सौ से अधिक नामों की व्याख्या **दयानन्द सरस्वती** अपनी कृति 'सत्यार्थ प्रकाश' में प्रस्तुत करते हैं। श्री अरविन्द घोष ने भौतिक अस्तित्वों को आध्यात्मिक रंग दे डाला। उनके अनुसार राये, रयि, राधस्, रत्न, वाजस् आदि भौतिक विभूतियों के अतिरिक्त आध्यात्मिक तत्वों के भी सूचक हैं। पुरोहित कर्म पर मात्र ब्राह्मणों का एकाधिकार था, सभी प्रकार के यज्ञ करवाने का अधिकारी बन गया। आगे चलकर राजा से लेकर प्रजा तक इनकी पवित्रता का आतंक किस कदर कायम रहा, इसकी एक अलग गाथा है। 'उषा' जिसे प्रात:काल की देवी घोषित किया गया–वह यजमान को गो (गाय) तथा अश्व (घोड़ा) प्रदान करती है–इसीलिए उषा को 'गोमती' तथा 'अश्वमती' भी कहा गया। यह तथ्यविहीन, और तर्कशून्य व्याख्या वैदिक दर्शन ही दे सकता था, जिसमें हवाई निष्कर्षों का बोलबाला है। **अरविन्द घोष** वैदिक मन्त्रों के साथ खड़े होते हुए प्रतिपादित करते हैं कि ये मन्त्र मनोवैज्ञानिक रहस्यों की व्याख्याएं हैं। **मुण्डकोपनिषद्** वैदिक ईश्वर का जयघोष बड़े ही उद्दाम स्वर में करता है–

अग्निमूर्धा चक्षुंषी चन्द्रसूर्यौ दिश: श्रोत्रे वाग् विवृताश्चवेदा: ।
वायु: प्राणो हृदयं विश्वमस्य पद्‌म्यां पृथिवि ह्य सर्वभूतान्तरात्मा।।

(मुण्डकोपनिषद, अध्याय-2)

अर्थात् अग्नि परमात्मा की मूर्धा है। चन्द्रमा और सूर्य चक्षु (आँखें) हैं। दिशाएं श्रोत्रा हैं, तथा ऋग्वेदादि उसकी खुली वाणी हैं। ये ऋग्वेद, सामवेद और ययुर्वेद उसी परमात्मा के द्वारा प्रकाशमान हैं। उपनिषदों ने ब्रह्म को सर्वोच्च घोषित किया। 'नेति-नेति' कहकर जिसकी महिमा अपरम्पार सिद्ध की गयी। जो मानवीय ज्ञान, अनुभव और संवेदना की सीमा के पार चला जाता है–वह आकर्षण से अधिक एक अबूझ आतंक का रूप ले लेता है। ईश्वर को सर्वगुण सम्पन्न और ब्रह्म को अनादि, असीम, अजन्मा, अविनाशी, अनाम घोषित करने का घातक परिणाम यही निकला। 8 वीं शताब्दी के प्रचण्ड वैचारिक शंकराचार्य भी बेतरह इस ब्रह्म के मायावाद से उलझते हैं और उसे एक मात्र सत् सिद्ध कर डालते हैं–"ब्रह्म सत्यम्जगन्मिथ्या" का मन्त्र पूरे भारत में ऐसे ही नहीं गूंजने लगा। काश शंकराचार्य की इस सृष्टिविरोधी दृष्टि की प्रतिक्रिया में एक भी दार्शनिक आह्वान किया होता–**"जगत् सत्यम् ब्रह्ममिथ्या।"** ययुर्वेद जिसकी असाधारण प्रतिष्ठा अपौरुषेय ग्रन्थ के रूप में है–स्थापना देता है–"ईशा वास्यमिदं सर्व यत्किंच जगत्यां जगत् (ययुर्वेद)। इसका अर्थ बिल्कुल साफ़ है कि सृष्टि में जो कुछ भी जड़-चेतन है–वह परमेश्वर से व्याप्त है। 'सर्वखल्वम् इदं ब्रह्म' वाक्य भी हूबहू इसी ब्रह्मत्व की पुष्टि करता है। आधुनिक भारत के विचारकों में से एक स्वामी विवेकानन्द, जिनके विलक्षण व्यक्तित्व की

प्रतिध्वनि आज भी देश की दिशाओं में गूँजती है–वैदिक चिन्तन की अतार्किक स्थापनाओं से गहरे प्रभावित हैं, सुनिए भारत के बारे में उनका क्या दृष्टिकोण है– "हमारा देश ही हमारा जाग्रत देवता है।" इस तरह देश को सम्यक् निगाहों से महसूस करने और उसके महाद्वीपीय आभा को आत्मसात करने की सम्भावनाओं का लोप हुआ। विवेकानन्द की अतिशय भावुकता कई बार निष्कर्षों में अतिरेकी बना देती थी–उन्हें। जर्मनी के सुविख्यात दर्शनविद् **मैक्समूलर** ने भारत की चेतनाशक्ति और दार्शनिक महत्ता को उद्‌घाटित करते हुए कहा था–"यदि मुझसे कोई पूछे कि किस आकाश के नीचे मानव मस्तिष्क ने अपने श्रेष्ठतम वरदानों को अत्यन्त पूर्णता से विकसित किया है और जीवन की महानतम समस्याओं पर अत्यन्त गहन चिन्तन किया है और कुछ ऐसे प्रश्नों का हल पा लिया है, जो उन लोगों का भी ध्यान आकर्षित कर सकता है, जिन्होंने प्लेटो और काँट का अध्ययन किया है–तो मैं भारत की ओर इशारा करूँगा। और यदि मुझसे कोई पूछे कि हम यूरोप के रहने वालों को, जिन्हें यूनानियों, नोमनों और यहूदियों के विचारों पर लगभग पूरी तरह से पोषित किया गया, उन्हें किस साहित्य से ऐसी सीख मिलेगी जिसकी बहुत ज़रूरत है ताकि हम अपना आन्तरिक जीवन अधिक पूर्ण, अधिक व्यापक, अधिक वैश्विक वास्तव में अधिक मानवीय और न सिर्फ़ वर्तमान जीवन बल्कि एक शाश्वत जीवन बना सकने वाली सीख प्राप्त कर सकते हैं, तो मैं फिर भारत की ओर इशारा करूँगा। (भारत हमें क्या सिखा सकता है? पृष्ठ- 21)

यदि यूरोप का यह चिन्तक 'हितोपदेश' का जर्मन भाषा में अनुवाद कर सकता है। यदि वह 'कठोपनिषद्' और 'केनोपनिषद्' का जर्मन भाषा में अनुवाद करने के अलावा 'मेघदूत' कृति का जर्मन में काव्यानुवाद प्रस्तुत कर सकता है, तो हमें उसे भारतीय आत्मा का यूरोपीय व्यक्तित्व स्वीकार करना चाहिए, जो आन्तरिक व्यक्तित्व को पूर्णता देने में भारत की अनिवार्य भूमिका को गहनता पूर्वक महसूस करता है। जैन दर्शन, सांख्य दर्शन और बौद्ध दर्शन के सर्वोत्तम मर्म और चिन्तनरस को निचोड़कर यदि विश्व के समक्ष प्रस्तावित किया जाय, तो इसमें दो मत नहीं कि भारतवर्ष तात्विक चिन्तन के पैमाने पर असाधारण शिखरत्व के साथ दिखायी देगा। फिर भी वह पेंच क्या है, वह बाधा, वह खालीपन क्या है–जो दार्शनिक क्षेत्र में भारत के समक्ष सबसे कठिन चुनौती बनी हुई है। वह है–धरती के लिए, धरती के बारे में, धरती को समर्पित अचूक भौतिकवादी दार्शनिकता का अकाल। आन्तरिक विकास के बेमिसाल आयामों की खोज कर लेने के बावज़ूद भारत की मौलिक भौतिकवादी चिन्तनधारा अधूरी और मद्धिम आंच वाली है। यदि प्राचीन विचारकों ने जीवन-जगत् की व्याख्या की भी तो रहस्यवादी, आध्यात्मिक और

भाववादी नज़रिए से जो कि वैज्ञानिक विधि नहीं मानी जा सकती, और यह उलझाऊ निष्कर्षों के मायाजाल में मस्तिष्क को ले जाती है। आज जबकि हमारे समक्ष हेगेल, काँट, स्पिनोजा, देकार्त, कार्लमार्क्स से लेकर एडवर्ड सईद, नोमचोवस्की और ज्यां पाल सार्त्र तक की आधुनिकतम दृष्टि प्रस्तुत हो चुकी है, अनिवार्य महत्ता के साथ स्थापित हो चुकी है–तो उनके आलोक में अपनी सोच की दिशा में बदलाहट लाना है, अपनी दृष्टि की कसौटी विस्तृत करनी है अपनी दार्शनिक क्षमता अधिक ज़मीनवादी, ठोस और वास्तविक बनाना है। यदि भारत आगामी पचास वर्षों के लिए अपनी मौलिक दृष्टि की दिशा भौतिकता के नाम समर्पित कर दे, तो कुछ भी हानि न होगी, क्योंकि धर्मान्धिता का हल मन्दिरों की घण्टियाँ बजाते रहने से न होगा–वैज्ञानिक चेतना का धारक बनने से होगा। जातिगत जड़ता से देश को मुक्ति वैदिक यज्ञों और देवों का समर्थन करने से न मिलेगी, हमें उनके मूल पर प्रहार करने वाली तीक्ष्ण यथार्थवादी निगाह विकसित करनी होगी। आज देश आन्तरिक और बाह्य भेदों से उत्पन्न ईर्ष्या, कलह, वर्चस्व के युद्ध का सामना कर रहा है। इसीलिए आज हमें सूक्ष्म व्याख्यापरक मार्मिक मानव दर्शन की ज़रूरत है, हमें अधिक तर्कपूर्ण, तथ्यपरक किन्तु नवोन्मेषी सामाजिक चिन्तन चाहिए। राजनीतिक व्यवस्था जो कि श्रेष्ठताविहीन होकर सत्ता लूटने का खेल रह गयी है–अनिवार्यत: एक भारतीय प्लेटो के बिना दिशाहीन है।

इंजीनियर, डॉक्टर, प्रशिक्षक और यंग साइंटिस्टों की अनन्त कतार खड़ी करने के बावज़ूद भारत आविष्कारकों का निर्माण करने से चूक गया है। विश्व स्तरीय समकालीन विचारकों की बात ही क्या की जाय? जबकि यहाँ आर्थिक, सामाजिक, साँस्कृतिक और राजनीतिक क्षेत्र में विकट और जटिल चुनौतियाँ मुँह बाए खड़ी हैं–सुरसा की तरह। समाज की आन्तरिक जटिलता में झांकिये तो वहाँ हर वर्ण के अपने-अपने रंग हैं, दुश्वारियाँ और लाइलाज सवाल हैं। स्थानीयता का असर उन पर इस कदर है कि मस्तिष्क में न देश का विचार आता है, न मनुष्य मात्र का और न ही सूर्य, पृथ्वी या प्रकृति का। हजारों गँवई देवी-देवताओं, झाड़-फूँक, मन्त्र-तन्त्र और अन्धविश्वासों की भुलभुलैया में जीते हुए ग्रामीण भारतीय आज तक सूर्य, पृथ्वी या मानव अस्तित्व का यथार्थ ही न जान सके। उन्हें स्वयं के मर्म के बारे में कुछ खबर नहीं। ग्रामीण समाज में विभाजित ढाँचे के अन्तर्विरोध अलग हैं, तो कस्बाई दुनिया में दैनिक समस्याओं से दो-दो हाथ करते अल्पशिक्षित भारतीयों का नैराश्यपूर्ण यथार्थ अलग। शहरों में उतरिए तो बाज़ार की अजनबी गलियों में खोया हुआ संकीर्ण मस्तिष्क है और सम्पन्नता के पीछे सोते क्या जागते भागता हुआ मशीन बन चुका शरीर। जीवन सार्थक करने वाली कोई व्यवस्था नहीं, ख़ुद का

मूल्यांकन करते रहने की कोई सजगता नहीं और भेंड़ चाल में सरकते चले जाने की कोई ग्लानि नहीं। सामाजिक, आर्थिक और अत्याधुनिक पूँजीवाद के तानेबाने की असाधारण मीमाँसा करने वाला दार्शनिक प्रकट होना तो दूर की बात, यहाँ ऐसे-ऐसे प्रगतिशील बौद्धिक जन्म ले रहे हैं जो मौका देखते ही थोड़ा दक्षिणपन्थी, संघप्रेमी, धर्मवादी और सत्तामुखी हो ले रहे। उन्हें इससे क्या फ़र्क़ पड़ता है कि प्रगतिशीलता के नाम पर उन्हें शुरुआती प्रतिष्ठा और स्वीकृति मिली। अपने व्याख्यान–'भारत का भविष्य' में विवेकानन्द कहते हैं–"किसी भी दूसरे देश की अपेक्षा भारत की समस्याएं अधिक जटिल और गुरुतर हैं।"

मैक्समूलर की तरह **ज्यांद्रेज** भी भारतीय नहीं, किन्तु आत्मा भारतीयता से आप्लावित। जो अपने जीवन का एक लम्बा हिस्सा भारत की समस्याओं का साक्षात्कार करने और उसका सटीक समाधान करने में खपा देता है। देखिए चीन और भारत के बीच उनकी एक तुलना–"चीन ने विकास के कई क्षेत्रों में भारत से बढ़त कैसे ली? और इसलिए भी कि उसने एक ऐसा बुनियादी सामाजिक और भौतिक ढाँचा तैयार करने में कहीं ज़्यादा सफलता कैसे हासिल की? जो आर्थिक तथा सामाजिक विकास में भारी योगदान देता है।" (भारत और उसके विरोधाभास)

देश के बड़े सवालों पर बहस करने से ज़्यादा अनिवार्य छोटी-छोटी अलक्षित जटिलताओं पर चिन्तन करना। जब तक क्षेत्रीय, स्थानीय और आंचलिक समस्याओं पर व्यवस्थित विमर्श न होगा, जब तक भय, भूख, घूसखोरी, धर्मांधता, अशिक्षा, गैरबराबरी और सामाजिक विषमता का कारगर हल न निकलेगा, तब तक बड़ा से बड़ा संरचनात्मक, आर्थिक विकास मूल्यहीन है, क्योंकि छोटी-छोटी दुर्बलताएं एक साथ मिलकर देश को कमज़ोर करती हैं और छोटी-छोटी ऊँचाईयाँ एक साथ संयुक्त होकर देश को दुर्लभ शिखरत्व देती हैं। अन्धाधुन्ध और अनियन्त्रित भौतिक विकास की इस आंधी में सबसे ज़्यादा कुछ रौंदी गयी तो वह प्रकृति है, पृथ्वी है, नैसर्गिक सृष्टि है। फसलें कटने की गति से जंगल काटे जा चुके हैं, पहाड़ों को सिरविहीन किया गया है, नदियों का स्वरूप, अपार गन्दगी के कारण विकृत हो चुका है। देश के पास लड़ने, अड़ने और मथने वाला प्रकृति का दार्शनिक नहीं। बना लेंगे अत्याधुनिक शहर, खड़ा कर लेंगे स्मार्ट सिटी, चमक जायेंगी शतमंजिली, आकाशजयी इमारतें, परन्तु विकास के चक्रव्यूह के बीच छटपटा कर दम तोड़ती जीवनदायी प्रकृति का क्या होगा? इसलिए हमें विचारक वह नहीं चाहिए, जो केवल सामाजिक, आर्थिक या राजनीतिक मॉडल पेश करके अपने बौद्धिक दायित्व की पूर्णाहुति समझता हो। हमें बहुआयामी भौगोलिक भारत को जीने वाला प्रकृति प्रेमी दार्शनिक चाहिए।

बौद्धिक विस्फोट के लिए कसमसाता भूखण्ड

हममें से हर किसी के अन्तस में यह प्रश्न उठना चाहिए, बल्कि उठना ज़रूरी है कि विश्व में इतनी व्यापक जनसंख्या का अपना देश आख़िर अपनी समकालीन अगुवाई हासिल करने से रह क्यों जा रहा है? शिक्षा, चिकित्सा, विज्ञान, तकनीकी, सामाजिक व्यवस्था और वैयक्तिक सम्पन्नता के मानकों पर कई यूरोपीय देश, जो कि भौगोलिक विशालता और जनशक्ति दोनों में भारत से पीछे हैं–हमसे बहुत आगे हैं। जबकि देश के पास सदानीरा नदियों का मनमोहक जाल है। तीन ओर से लहराते समुद्रों की मानसूनी माया कुछ मामूली वरदान नहीं। उत्तर भारत जहाँ गंगा, यमुना जैसी अद्वितीय नदियों के जल से उर्वर सम्पन्न है, तो दक्षिण भारत नर्मदा, गोदावरी, कृष्णा, कावेरी और महानदी जैसी कालयात्री सरिताओं से। भारतीयों के अन्तस में एक विलक्षण योग्यता विराजमान है–अपने को अर्पित-समर्पित करने की, ख़ुद को कसौटी पर चढ़ा देने की। जैसे-जैसे हम आधुनिकता की दौड़ में शामिल होते चले गये, इन भारतीय सद्गुणों में कमी आयी है, परन्तु आज भी लाखों की संख्या में युवा इस कसमसाहट में जीवन काटते हैं कि उनका देश अन्य विकसित देशों के मुकाबले पीछे क्यों है? निश्चय ही भारत सरकार अपने करोड़ों प्रतिभा-सम्पन्न युवाओं को योग्य अवसर देने का संकल्प नहीं पालती। प्रतिवर्ष हजारों की संख्या में इंजीनियर, युवा वैज्ञानिक और उच्च तकनीशियन जापान, अमेरिका, इंग्लैण्ड और रूस की ओर रुख कर लेते हैं। उनकी निगाहों में भारत आज भी स्वर्णिम भविष्य देने वाला देश नहीं। एक तो विदेशी संस्थानों का आर्थिक आकर्षण और दूसरे ऐश्वर्यपूर्ण जीवन-स्तर विशिष्ट योग्यता सम्पन्न युवाओं को आसानी से खींच लेता है। यह बात दीगर है कि विदेशवासी होकर भी उन्हें प्रथम दर्जे का नागरिक सम्मान वहाँ जीवन भर नहीं मिलता। संयोग से भारत विलक्षण खनिज सम्पदा वाला देश है, परन्तु यहाँ के खनिजों का इस्तेमाल देश में भौतिक सम्पन्नता की क्रान्ति लाने के लिए नहीं,

तिज़ोरियां भरने के लिए होता है। कोयला जिसे 'काला सोना' कहा जाता है, शक्ति, उर्जा का प्राकृतिक स्रोत है, जिसका समुचित, सजग और दृष्टि सम्पन्न उपयोग लगभग न के बराबर है। नदियों के जल से उर्जा खींचने की योग्यता भारत के पास अभी भी आरम्भिक चरण में है। रिहन्द बांध और भाखड़ा नंगल बांध जैसी विशाल परियोजनाओं से जिस विद्युत उत्पादन की शुरुआत हुई आज व्यापक रूप ले चुकी है। परन्तु अन्य देशों की तुलना में भारत की विद्युत उत्पादन क्षमता पीछे है। उसका स्थान विश्व में पाँचवा है। अन्तर्राष्ट्रीय उर्जा एजेंसी-द्वारा प्रकाशित 'वर्ल्ड एनर्जी स्टेटिक्स' के अनुसार भारत विद्युत उत्पादन में कुछ वर्ष पूर्व तीसरे स्थान पर था। जबकि प्रति व्यक्ति खपत की कसौटी पर 106 वें स्थान पर। परमाणु रिएक्टर जो कि विद्युत उत्पादन के उच्चस्तरीय स्रोत हैं, अभी शृंखला का रूप नहीं ले पाये हैं। आज भारत के पास मात्र 8 परमाणु विद्युत गृह हैं और 22 परमाणु रिएक्टर। जबकि सुनियोजित और नियमबद्ध तरीक़े से प्रत्येक राज्य में एक-एक विश्वस्तरीय परमाणु विद्युत गृह निर्मित होना चाहिए था। वर्तमान वक़्त में दैनिक जीवन का विकास और कार्यक्षमता उर्जा पर बहुत निर्भर है। खेतों की सिंचाई से लेकर जुताई, कटाई और ढुलाई कृषि यन्त्रों से हो रही है। अमेरिका की गेहूँ उत्पादन क्षमता तीसरे स्थान पर है। पहले और दूसरे स्थान पर क्रमशः चीन और भारत। जौ और मकई के उत्पादन में अमेरिका न सिर्फ़ अग्रणी है, बल्कि कुछ यूरोपीय देशों में निर्यात भी करता है। अमेरिका में कृषि कार्य करने हेतु विदेशों से श्रमिक आते हैं। खास तौर पर दक्षिण अमेरिका और भारत से। यहाँ खेतों की सुरक्षा और सफाई संस्कृति का रूप ले चुकी है।

शिक्षा व्यवस्था जो किसी भी देश के बौद्धिक, तकनीकी, आर्थिक और चारित्रिक विकास की धुरी होती है, भारत में असंगठित और बेहतर के लिए संघर्षरत अवस्था में है। गांधी जी बुनियादी शिक्षा पर बहुत बल देते थे, जिसमें ज्ञान का माध्यम मातृभाषाएँ हों–परन्तु आजादी के बाद यह बेशक़ीमती सिद्धान्त मृतप्राय हो गया। आज पूरे देश में कमोवेश प्राथमिक शिक्षा में अंग्रेज़ी का दबदबा है। महाराष्ट्र के अनेक प्राथमिक विद्यालयों में शिक्षा का माध्यम मराठी है। सन् 1968 में भारत सरकार ने देश की शिक्षा के लिए 'त्रिभाषा सूत्र' संसद के दोनों सदनों में पास किया था। पहली भाषा-मातृभाषा के रूप में हिन्दी। दूसरी भाषा-आधुनिक ज्ञान-विज्ञान और पुस्तकालय-भाषा के रूप में अंग्रेज़ी और तीसरी भाषा-संस्कृत, उर्दू या हिन्दी से अलग भारत की कोई क्षेत्रीय भाषा। इसमें दो मत नहीं कि बुनियादी शिक्षा क्षेत्रीय और मातृभाषा में अनिवार्य है, क्योंकि उसके माध्यम से स्थानीयता, देशजपन और

देश के प्रति अपनत्व एवं कृतज्ञता का चित्त में बीजारोपण होता है। बच्चे सिर्फ़ अबोध बालक नहीं, बल्कि बड़े होकर देश की व्यवस्था सँभालने वाले, नीतियाँ तय करने वाले और सम्पन्नता का तानाबाना रचने वाले स्वर्णबीज हैं। बचपन की गुणवत्ता अनिवार्यतः देश के यौवन का रूप तय करती है। यदि शिशु में मन को उर्वर करने वाली सच्ची प्रेरणा नहीं, यदि उसके सामने नयी सोच को जन्म देने वाले मूलभूत प्रश्न नहीं, यदि वह अपनी स्थानीय भाषा या मातृभाषा की तुलना किसी गैर देशीय भाषा को श्रेष्ठ सिद्ध करने लगे, तो वह अपने देश के निर्माण में कैसे क़ीमती भूमिका निभाएगा? क्योंकि वह तो भारतीय काया की विदेशी आत्मा है। पब्लिक और कान्वेन्ट सकूल से निकले बच्चों के हावभाव, व्यवहार सपनों के रंग और लक्ष्य की तुलना सरकारी स्कूल में अध्ययनरत बच्चों से करके देखिए–मनोवैज्ञानिक फ़र्क़ साथ नज़र आयेगा। अंग्रेज़ीपरस्त बन चुके बच्चों में देशजपन, स्थानीयता, देशानुराग एक सिरे से गायब मिलेगा। जबकि सरकारी शिक्षालयों में खास तौर पर ग्रामीण और कस्बाई क्षेत्रों में मातृभाषा के अन्तर्गत पढ़ाई कर रहे बच्चे एक अबूझ क़िस्म के दबाव के शिकार रहते हैं। अभिभावक, स्थानीय जन, माता-पिता या शिक्षित बुद्धिजीवी निरन्तर उनमें एक हीनग्रन्थि पैदा करते हैं–'अंग्रेज़ी में चमकता हुआ भविष्य है और मातृभाषा में भविष्य का अंधकार।' यही बच्चे जब सफलता की प्रतियोगिता में स्वयं को पिछड़ा हुआ पाते हैं–तो देश की महत्ता और सम्मान के प्रति ज़हरीली उपेक्षा और तिरस्कार का भाव जन्म लेता है।

यह बेसिक शिक्षा जो कि बुनियाद है, बीज है, पहली ईंट है–स्थायी व्यक्तित्व की, भारत में बहुत गम्भीरता से कहाँ ली जाती है। अधिकांश बच्चे दोपहर के भोजन की माया में विद्यालय खिंचे चले आते हैं। प्राथमिक विद्यालयों के शिक्षकों को नियमित रूप से कक्षाएं न लेने की शपथ है–यदि ले भी रहे हैं तो बीच की मीठी झपकियाँ कोई नहीं छीन सकता। जनकवि नागार्जुन ने 'मास्टर' कविता में ग्रामीण भारत के प्राथमिक विद्यालयों की एक जीवंत दुर्दशा प्रस्तुत की है। आज पढ़ने, बैठने, लन्च काटने और ड्रेसअप रहने की सुविधाएं ज़रूर तब से बेहतर हो गयी हैं–परन्तु व्यक्तित्व गठन की यह पहली सीढ़ी अपनी उद्देश्यहीनता का बेतरह शिकार है–दो मत नहीं।

घुन खाए शहतीरों पर की बाराखड़ी विधाता बाँचे।
फटी भीत है, छत चूती है, आले पर बिसतुइया नाचे।।
बरसा कर बेबस बच्चों पर मिनट मिनट पर पाँच तमाचे।
इसी तरह से दुखरन मास्टर गढ़ता है आदम के साँचे।।

दैनिक श्रम के विविध कार्यों में लगे हुए ग्रामीण बच्चों के लिए पढ़ाई 'पार्ट टाइम ड्यूटी' है, जिसे डाँट-मार-फटकार से बचने के लिए खींचते रहना है। प्रदेश सरकारों की असंख्य शिक्षा नीतियाँ अपनी सुचिन्तित चमक के बावज़ूद गँवई ज़मीन पर उतरते ही लड़खड़ाकर दम तोड़ने लगती हैं। साक्षरता की कसौटी पर आज भी भारत कई विकासशील देशों के मुकाबले पिछड़ा देश है। चीन से तुलना तो दूर का स्वप्न, वह श्रीलंका, म्यांमार, ईरान से पीछे है। 'जनसत्ता'-2015 के एक आंकड़े के अनुसार बिना अनुमति के अवकाश लेने वाले अध्यापकों की संख्या भारत में सर्वाधिक है। सरकारी विद्यालयों की स्थायी नियमावली यह कि चार में से कोई एक अध्यापक प्रतिदिन अवकाश की आजादी लूट रहा है। स्वाधीनता के बाद उत्तर भारत की अपेक्षा दक्षिण भारत की सरकारों ने ग़रीब वर्गों के बच्चों की शिक्षा पर संकल्पबद्ध ज़ोर दिया। **'मीड डे मील'** योजना, जिसे 1923 में मद्रास प्रेसीडेंसी ने आरम्भ किया था, उसे तमिलनाडु के मुख्यमन्त्री के. कामराज ने पूरे राज्य में लागू किया। भारत के छः राज्यों–आन्ध्रप्रदेश, बिहार, मध्यप्रदेश, राजस्थान, पश्चिमी बंगाल, उत्तर प्रदेश में आधे से ज़्यादा बच्चे नियमित तौर पर स्कूल का दर्शन नहीं करते। जातिगत भेदभाव और रंगवाद की मानसिकता इन ग्रामीण क्षेत्रों के विद्यालयों में सदियों से पैर पसारे हुए हैं। मध्यप्रदेश और उत्तर प्रदेश के अनुसूचित जनजातीय गाँवों में आज भी स्कूल केवल कल्पना में हैं। जरा ढंग की हैसियत वाले शिक्षक समय पर प्रतिदिन विद्यालय जाना अपनी तौहीनी समझते हैं, इसीलिए वे प्रधानाचार्य को रहस्यमय तरीक़े से पटाकर अक्सर गायब हो लेते हैं। भारत जिसे बड़े पैमाने पर कर्मठ, देशचिन्तक, जनप्रेमी और यथार्थवादी युवाओं की दरकार है, जिसे अभी अपनी बुनियादी ज़रूरतों को पूरा करना है–वह लगातार कई सदियों से अकर्मण्यता, ख़ुदगर्जी और चालाकी के दुष्परिणामों को झेल रहा है। जब तक बच्चा होशदार होता है, जब तक ज़िम्मेदारी का अर्थ बूझना शुरू करता है, जब तक पढ़ाई की वर्णमाला रटने से आगे बढ़ता है–उसके भीतर जाति भेद, वर्ग भेद, व्यवहार भेद के जाने कितने ज़हर भर दिए गये होते हैं। जिस देश और समाज गें स्वर्ण बीज जैसे अनमोल बच्चों का निर्माण इतने अन्धकारपूर्ण, अवैज्ञानिक और विभाजित मानसिकता के वातावरण में हो रहा हो, वहाँ देश की शिक्षा का स्वास्थ्य बड़े प्रश्न के घेरे में आयेगा ही।

भारतवर्ष अन्य किसी महाद्वीप के देशों के मुकाबले अलग है, अलहदा है और खास भी। एशिया के अनेक देश खास कर चीन जो तकनीकी चमत्कारों की प्रतियोगिता में हर सीमा पार कर जाना चाहता है, से भारत कई अर्थों में विशिष्ट है। वुहान प्रान्त का **वैट मार्केट** जो कि कोरोना महामारी फैलाने का मूल कारण बना,

वहाँ चीन के जीवभक्षी लोग 128 प्रकार जीवों-जानवरों के कच्चे या पके माँस क़ा वीभत्स आनन्द लेते हैं। भौतिक विकास की ऊँचाई पर खड़ा चीन जहाँ साम्राज्यवाद की सनक त्याग नहीं पाया है, वहीं आजादी के बाद भारत का एक भी कदम उसे साम्राज्यपरस्त देश सिद्ध नहीं करता। मानवता और सृष्टि के विनाश में सक्षम परमाणु बमों का उत्पादन करने में कमोवेश सभी देश प्रतिस्पर्धा कर रहे हैं, परन्तु भारत की परमाणु शक्ति आत्मरक्षा के मन्त्र का पालन यकीनन करती है।

भारत की सरकारों के चरित्र में एक लाइल़ाज दोष है–वह है–सत्ता के लिए समाज विरोधी, मनुष्यता विरोधी और देश घातक तिकड़मों का व्यवहार करना। लगभग प्रत्येक क्षेत्रीय या राष्ट्रीय पार्टी बाहुबलियों, अपराधियों और माफ़ियाओं से लबरेज हैं। वे जेल काटते हुए या जमानत पर छूटकर चुनाव लड़ते हैं, जीतते हैं और जन विरोधी षड्यन्त्रकारी कारनामों में लिप्त हो जाते हैं। यदि राजनीति का नवनिर्माण हो जाय, यदि वह चालाकीपूर्ण मानसिकता से मुक्त हो जाय, यदि वह जाति, धर्म, क्षेत्र के नाम पर शतरंज खेलना बन्द कर दे, यदि वह सही अर्थों में देश की अगुआयी करने की योग्यता और निःस्वार्थ साहस हासिल कर ले, तो दो मत नहीं, कि भारत के अपूर्व भविष्य की नवसुबह खिलने वाली है। परन्तु आशा बहुत क्षीण या नहीं के बराबर इसीलिए भी दिखती है कि यहाँ की न्याय-व्यवस्था भी राजनेताओं की माया के आगे लाचार है।

न्याय व्यवस्था जैसे-तैसे इन घातक चरित्र वाले नेताओं को सँभाल तो लेती है, परन्तु असंख्य दशकों से जड़ जमाये हुए उनकी बेलगाम सत्ता का शुद्धिकरण नहीं कर पाती। भारत का संविधान इन बाहुबली नेताओं की निगाह में मात्र एक पुस्तक है, जिसके कानूनों का पालन करना नहीं है, मात्र करवाना है, वह भी अपने स्वार्थ के लिए। जिनके लिए संविधान से मिले हुए सर्वोच्च अधिकार कुर्सी कायम रखने के लिए मिले हैं। आज भी साँसद, विधायक, मन्त्री अपनी हैसियत और अधिकारों का दुरूपयोग कल्पनातीत स्तर तक करते हैं, और ऐसे कारनामें करना जन्मसिद्ध अधिकार मानते हैं। पिछले वर्ष-2020 में कर्नाटक के बीजेपी विधायक बसानगौड़ा **पाटिल यतनाल** ने फरमान दिया–"यदि मैं गृहमन्त्री होता तो बुद्धिजीवियों को गोली मारने का आदेश देता।" इन विधायक महाशय ने उदारवादियों और बुद्धिजीवियों को राष्ट्रद्रोही कहा। और आगे अपनी दृष्टि का विस्तार भी किया कि देश को बुद्धिजीवियों और धर्म निरपेक्ष ताकतों से सबसे ज़्यादा खतरा है। अपनी अन्तःनिर्मिति में बहुजातीय, बहुसाँस्कृतिक और अनेक अन्तर्विरोधी धर्मों, सम्प्रदायों, जीवनशैलियों को ले-देकर जीता यह उपमहाद्वीप निश्चय ही एक आत्मिक, वैचारिक नवोन्मेष की

पुकार कर रहा है। उद्दाम आत्मजागरण का वह देशव्यापी आगाज अभी बाक़ी है, जिसमें एक स्वर से देश निर्माण की रागिनी बजती हो, जिसमें उच्चवर्ण अपनी जातीय अकड़न की दीवारें तोड़ते हुए ज़मीनी मनुष्यता की अलख जगाने निकल पड़े, जहाँ राजनेता राजनीतिमुक्त राजनीति करने का मूल्य विकसित करें, जहाँ देश आकण्ठ सम्मान का सबसे बड़ा प्रतीक हो। कभी एक वक़्त में पंजाबी के क्रान्तिचेता कवि **अवतार सिंह पाश** ने देशराग छेड़ा था–

हम तो छिप गये हैं
धूल में लथपथ सन्ध्याओं के पेट में
हम तो छिप गये हैं
लिपे हुए गोबर पर उकेरी उंगलियों के साथ
लोकतन्त्र के पैरों में नष्ट होते मेरे देश।
हमारी चिन्ता न करना..........

(पाश- सम्पूर्ण कविताएं, पृ.-118)

स्वाधीनता आन्दोलन के वक़्त देशराग से आप्लावित गीत और कविताएं रचने वाले टैगोर आज भी मानक हैं–देशीयता के।

तू घुली है मेरे तन बदन में
तू मिली है मेरे प्राण मन में
तेरी वही सांवली सुकुमार मूर्ति मर्म गुंथी एकता में
जन्म तेरी कोख और मरण तेरी गोद में।

('ओ मेरे देश की माटी'- कविता)

'अदम्य आत्मजागृति के विस्फोट के लिए कसमसाता' यह देश अपने भीतर असीम क्षमता को छिपाये हुए है। जिसमें भावनाओं की धरोहर है, पाश्चात्ताप करने का मन्त्र है, ख़ुद में लौटने का अद्वितीय पथ है और कृत्रिम भेदों को मिटाने की साहसिकता है। भारत में कोई कमी है तो ख़ुद को कमतर आंकने की, नेतृत्व का स्वप्न न देखने की, चुनौतियां से पीठ घुमा लेने की और सम्पन्नता का मनमाना दुरूपयोग करने की। यह देश सीमाओं में कसमसाता हुआ एक समुद्र है, जो अपनी सम्भावनाओं में असीम होना चाहता है, जो न केवल तकनीकी और वैज्ञानिक कौशल की प्रतिस्पर्धा में आगे रहेगा, बल्कि विनाश और हिंसा का खेल रच रहे किसी भी संगठन या सत्ता के आगे बुलन्द प्रतिरोध के साथ खड़ा होगा। देश का अंग वह छोटी सी घास भी है–जो कागज निर्माण के काम आती है, वे बाग़, जंगल,

बियावान भी हैं, जिनके फल, लकड़ियाँ जीवन को कायम रखने में रीढ़ की भूमिका निभाते हैं। हमें देश को आज की निगाह से नहीं, समयातीत आँखों से देखना है। हम न थे, तो देश था। हम हैं तो देश है, हम न रहेंगे तो देश रहेगा। कभी एक वक़्त वह भी आयेगा, जब सत्ता के सिंहासन भूमिसात हो जायेंगे। जब ऐश्वर्य, प्रसिद्धि, सम्पन्नता और सफलता के मायने अर्थहीन हो जायेंगे। परन्तु देश तब भी रहेगा, नाम या अनाम। वह पृथ्वी का दिव्यांश था, है और रहेगा। देश का पहला और अन्तिम पता–पृथ्वी है। न उससे कम, न उससे ज़्यादा। यदि भारतवर्ष में अभिनव प्रभात को साकार करना है- यदि यकीनन इसे विश्व में ऊँचाई की अलग पहचान देनी है, यदि हमें अपनी जड़ताओं की पुरानी धूल झाड़कर उठ खड़ा होना है, तो गजानन माधव **मुक्तिबोध** की इन मन्त्रमय पंक्तियों को आत्मसात करना निर्णायक सिद्ध होगा–

सहसा स्वचेत हम हुए
कि लहराई अजीब
जग भर को जी में भर लेने की अकुलाहट
मैं क्या न करूँ, क्या कर डालूँ, सब कुछ कर लूँ
के भावों की
अपने ही कानों में आहट।

('मालव निर्झर की झर-झर कंचन रेखा' –(मुक्तिबोध)

भारतीय संस्कृति की उल्टी धारा

आध्यात्मिक, सपना प्रधान चिन्तन जैसे भारतीय मनुष्य के स्वभाव में, चित्त में समा चुका है। उसके पाँव ज़मीन पर हैं–पर ज़मीन के लिए नहीं जीता। उसकी साँसें धरती की हवाओं पर निर्भर हैं–परन्तु उसे अपनी साँसों का असल कारण जानने को फुरसत नहीं। खाता है अन्न और गाता है ब्रह्म। जन्म लेता, पला-बढ़ता है–धरती के प्रांगण में और रोता-कलपता है–आकाश में कहीं मौजूद स्वर्ग पाने के लिए। इसी अव्यावहारिक और अतर्किक स्वभाव के कारण प्राचीन भारत में दर्शन और चिन्तन की ऐसी शैली का जन्म हुआ जिसे हम बहुदेववाद कहते हैं। काल्पनिक और विशुद्ध वायवीय देवताओं की अवधारणा से पटा पड़ा है-वैदिक साहित्य। वेदान्त को 'वैदिक चिन्तन का निकष' कहा जाता है। इस वेदान्त दर्शन को 'उत्तर मीमाँसा' भी कहा गया। क्योंकि इसमें वेदों की ज्ञानमूलक व्याख्या उपलब्ध होती है।

उपनिषद, ब्रह्मसूत्र और भगवत् गीता-जिन्हें प्रस्थानत्रयी कहा गया–वेदान्त के आधार ग्रन्थ हैं। शंकराचार्य (780-820ई.) ने अपने अनोखे मत अद्वैतवाद के द्वारा वेदान्त दर्शन को व्यापकता के नये शिखर पर पहुँचा दिया, जिसका गहरा असर आजतक भारतीय मानस में है। प्राचीन भारतीय दर्शन के अन्तर्गत सांख्य, योग, न्याय, वैशेषिक, मीमाँसा और वेदान्त को आस्तिक दर्शन कहा गया, जो मूलत: वेदों के प्रति आस्थामय दर्शन हैं। दूसरी सदी ई.पू. में संकलित, बादरायण का '**ब्रह्मसूत्र**' अद्वैतमत का मूल ग्रन्थ है। बादं में इसी पर दो भाष्य लिखे गये–शंकराचार्य और रामानुजाचार्य के द्वारा। शंकराचार्य का मत अद्वैतवाद के नाम से और रामानुज का मत विशिष्टताद्वैत के नाम से प्रसिद्ध हुआ। अद्वैतवाद को समझने में एक सूत्र मन्त्र का काम करता है–वह है–'ब्रह्म सत्यं जगन्मिथ्या, जीवी ब्रह्नैव ना पर;' जिसका शब्दार्थ है–ब्रह्म ही सत्य है, शेष सब जगत मिथ्या या माया है। जीवात्मा तथा ब्रह्म एक हैं, दोनों में कोई भिन्नता नहीं है। यह अद्वैत मत और उलझन में फँसा देता है, जब घोषणा कर देता है कि सत्य न एक है, न अनेक यह सत्य जो कि ब्रह्म स्वरूप

है–अगम, अगोचर, अलक्षण तथा अनिर्वचनीय है। शंकराचार्य ने एक मात्र ब्रह्म की ही सत्ता को मान्यता दी। और कहा कि आत्मा एवं ब्रह्म भिन्न-भिन्न नहीं हैं, बल्कि एक हैं। उपस्थित जगत में आत्माओं का जो वैविध्य दिखायी देता है-वह वास्तविक नहीं है। ये समस्त आत्माएं ब्रह्म के प्रतिबिम्ब या आभास मात्र हैं। शंकर के अनुसार सत्य के तीन स्तर हैं–पारमार्थिक, व्यावहारिक और प्रातिभासिक। कहना जरुरी है कि शंकराचार्य पारमार्थिक स्तर पर केवल एक सत्ता मानते हैं–ब्रह्म की। जबकि व्यावहारिक स्तर पर तीन सत्ताएं हैं–ईश्वर, जीव और जगत। यह ईश्वर ब्रह्म का ही सगुण रूप है और जीव ब्रह्म का ही प्रतिबिम्ब। जीव अपने ब्रह्म स्वरूप को विस्मृत कर देता है शरीर के कारण। शंकराचार्य ने विशुद्ध अतार्किक किन्तु मादक निष्कर्ष स्थापित कर डाला कि जगत न केवल ब्रह्म का आभास मात्र है, बल्कि इसकी रचना भी ईश्वर ने माया के माध्यम से की है। आगे चलकर माया की विशद् दार्शनिक व्याख्या अद्वैतमत में हुई, जिसका दूरगामी असर इतना ज़्यादा पड़ा कि कबीर जैसी दुर्लभ मेधा भी जगत को माया मानने को विवश हो गये। शंकर के अद्वैत मत का एक नाम 'मायावाद' भी है।

वेदान्त सूत्र का ही अन्य नाम ब्रह्मसूत्र है, क्योंकि यहाँ ब्रह्म परक सिद्धान्त की ही व्याख्या है। इसका एक और नाम 'शारीरिक सूत्र' भी है। इस सन्दर्भ में उल्लेखनीय है कि **जैमिनी** का ग्रन्थ 'मीमाँसासूत्र' वेद समर्थित धर्म तथा उससे मिलने वाले फल की व्याख्या करता है–वहीं बादरायण का ग्रन्थ 'ब्रह्मसूत्र' उपनिषदों में मौजूद ईश्वर ज्ञान सम्बन्धी विचारों का वर्णन करता है। जैमिनी का समय 300 ई.पू. से 200 ई.पू. स्वीकार किया गया है। ध्यान देने योग्य तथ्य यह है कि धर्म और वेद विषयक विचारों को ही मीमाँसा कहा गया। इसमें यज्ञों की भी दार्शनिक व्याख्या उपलब्ध होती है–अब यह व्याख्या कितनी तथ्यपरक होगी और कितनी आतर्किक यह अलग सोचने का मुद्दा है। इस मीमाँसा दर्शन में ज्ञान पाने के छः प्रमाण माने गये हैं–प्रत्यक्ष, अनुमान, उपमान, शब्द, अर्थोपत्ति और अनुपलब्धि। यह मीमाँसा दर्शन ही है, जो भारतीय संस्कृति को भ्रामक दिशा में मोड़ते हुए वेदों को अपौरुषेय, नित्य एवं सर्वोपरि घोषित करता है। मीमाँसा दर्शन के अनुसार सुख प्राप्ति के दो मार्ग हैं-निष्काम कर्म और आत्मिक ज्ञान। पुनः यह उल्लेखनीय तथ्य है कि मीमाँसा सूत्र को पूर्व मीमाँसा तथा वेदान्त को उत्तर मीमाँसा कहा गया। पूर्व मीमाँसा के केन्द्र में जहाँ धर्म है–वहीं उत्तर मीमाँसा के केन्द्र में ब्रह्म है। पाणिनी के अनुसार 'मीमाँसा सूत्र' का आरम्भ ही इस वाक्य से करते हैं–"अथातो धर्म जिज्ञासा।" अर्थात् अब धर्म (करने योग्य कर्म) को जानने की लालसा है। आत्मा, ब्रह्म, जगत आदि का

विवेचन 'मीमाँसा सूत्र' में नहीं मिलता। यह वेदों की सत्ता और उनकी नित्यता का प्रतिपादन करता है। मीमाँसा सूत्र के अनुसार मन्त्र सब कुछ हैं–वे देवता स्वरूप हैं और देवताओं से अलग और कोई सत्ता नहीं। कह सकते हैं कि जैमिनी और उनके ग्रन्थ ने अकेले भारतीय स्वभाव की वह कमज़ोर नींव तैयार कर दी, जिसको तोड़ पाना सैकड़ों यथार्थवादी चिन्तकों के वश का नहीं रह गया।

ब्रह्मपरक चिन्तन के क्रम में 03 विचारक और हुए आश्मरथ्य, औडुलोमि और काशकृत्स्न। **आश्मरथ्य** के अनुसार जीवात्म तथा ब्रह्म में भेदाभेद सम्बन्ध है, अर्थात् जीवात्म ब्रह्म से न तो नितान्त भिन्न है और न ही बिल्कुल अभिन्न। जबकि **औडुलोमि** के अनुसार मोक्ष से पहले जीवात्म ब्रह्म से सर्वथा पृथक है तथा भिन्न है, किन्तु मोक्ष की अवस्था में ब्रह्म के अन्दर सर्वथा लीन हो जाता है। इन दोनों ब्रह्मवादियों से अलग **काशकृत्स्न** का मत है कि ब्रह्म स्वयं किसी न किसी रूप में ख़ुद को जीवात्मा के रूप में प्रकट करता है। बात वही है कि 'मुंडे मुंडे मतिर्भिन्ना:।' ब्रहम् का साक्षात् दर्शन किसी को नहीं, परन्तु ब्रह्म के अस्तित्व को प्रमाणित करने की बेचैनी हर किसी को। 'ब्रह्मसूत्र' में सांख्य, वैशोषिक, जैन तथा बौद्ध सम्प्रदायों के मतों का संकेत मिलता है। 'ब्रह्मसूत्र' चार अध्यायों में विभाजित है। प्रथम अध्याय में ब्रह्म के वास्तविक स्वरूप को सिद्ध किया गया है। इसमें वस्तुत: ब्रह्म के स्वरूप तथा संसार एवं जीवात्मा के साथ उसके सम्बन्ध का वर्णन है। दूसरे अध्याय में उन प्रश्नों, संदेहों का समाधान है; जो ब्रह्म के अस्तित्व को लेकर उठाए गये हैं। यह संसार ईश्वर के ऊपर किस प्रकार निर्भर है–यह भी स्पष्ट किया गया है। इसी अध्याय में आत्मा के स्वरुप, आत्मा के गुण, ईश्वर, शरीर तथा अपने कर्मों के साथ आत्मा के सम्बन्ध का भी मनोवैज्ञानिक विश्लेषण मिलता है। तीसरा अध्याय निर्णायक अध्याय है, क्योंकि इसमें ब्रह्मविद्या की प्राप्ति तथा उसके साधनों एवं उपायों पर विचार किया गया है। इस तीसरे अध्याय में पुनर्जन्म तथा ईश्वर सम्बन्धी विषयों का विवेचन मिलता है। 'ब्रह्मसूत्र' का चौथा अध्याय जीवन-मरण के दुष्चक्र का अबूझ मायाजाल खड़ा करता है। इसमें मृत्यु के बाद आत्मा के स्वरूप तक का वर्णन है, जबकि मृत्यु शुद्ध शारीरिक घटना है, न आध्यात्मिक, न रहस्यमय, न ही ईश्वराधीन। जन्म बीज है–मृत्यु का। **बादरायण** ने 'ब्रह्मसूत्र' के चौथे अध्याय में आत्मा के निष्क्रमण के दोनों मार्गों (देवयान और पितृयान) तथा आत्मा की मुक्ति के स्वरूप का वर्णन किया है। प्रत्येक अध्याय में चार हिस्से या 'वाद' हैं। बादरायण ने अपनी विद्वता की क्षमता यह सिद्ध करने में निचोड़ दी कि वेद नित्य हैं। साथ ही शास्त्रों के प्रमाण ही स्वीकार्य प्रमाण हैं। तर्क और बुद्धि की भूमिका को खारिज

करते हुए बादरायण ने यह भी घोषणा की, कि इन दोनों माध्यमों से अध्यात्म ज्ञान के सत्य को हासिल नहीं किया जा सकता। दो कदम और आगे बढ़ते हुए बादरायण ने निष्कर्ष दिया-ज्ञान के दो ही स्रोत हैं–श्रुति और स्मृति। श्रुति (वेद) स्वतः प्रकाशित है और ईश्वरीय ज्ञान का स्रोत है। बादरायण की दृष्टि में श्रुति का अर्थ है-उपनिषद और स्मृति का अर्थ-भगवतगीता, महाभारत और स्मृति वेद जो कि मस्तिष्क धारी, साधना प्रेमी मनुष्यों की ही उपज थे-बादरायण ने अप्रश्नेय बना दिया। ऐसा एक भी तर्क जो वेदानुकूल नहीं, निरर्थक है। 'ब्रह्मसूत्र' के अनुसार सांख्य दर्शन में वर्णित पुरुष और प्रकृति स्वतन्त्र पदार्थ नहीं, एक ही सत्ता के परिवर्तित रूप हैं। ब्रह्म एक मात्र अनन्त सत्ता है। "वह जगत का उद्‌भव स्थान, आधार तथा अन्त है, जो विश्व का निमित्त तथा उपादान भी है। वह बिना साधनों के सृष्टि की रचना करता है।"

(भारतीय दर्शन-2, डॉ. राधाकृष्णन, पृ.सं.-374)

बादरायण ने यथार्थविहीन कल्पना के आकाश में स्वच्छन्द उड़ान भरते हुए आगे कहा कि ब्रह्म ही आन्तरिक विधान है, पथ प्रदर्शक है। उसमें निर्मलता, सर्वज्ञता, सर्वशक्तिमता इत्यादि गुण मौजूद हैं। वह विश्वात्मा है, परम ज्योति है। सूर्य में जो स्वर्णमय पुरुष है वह वही है, आकाश भी वही है, वायु तथा प्राण भी वही है। जीवात्मा में प्रकाश भी वही है। मनुष्य के हृदयस्थल में निवास भी उसी का है। पुनः हत्प्रभ होकर बेचैन रहिए, बादरायण के इस अठोस निष्कर्ष पर–"ब्रह्म जो स्वयं अजन्मा है तथा नित्य है। सम्पूर्ण विश्व का कारण है। प्रत्येक भौतिक तत्व ब्रह्म के द्वारा रचा गया है। यदि प्रारम्भिक तत्वों के अन्दर गति होने से जगत् का विकास हुआ तो भी वह शक्ति जिसके द्वारा उक्त विकास सम्भव हुआ, ब्रह्म के द्वारा ही दी गयी।"

(भारतीय दर्शन-2, डॉ. राधाकृष्णन, पृ.सं.-374)

अद्वैतमत का एक और नाम प्रसिद्ध है–मायावाद। शंकराचार्य ने माया और अविद्या में कोई भेद नहीं माना। जबकि उनके अनुयायियों ने दोनों के भेद को स्पष्ट किया है। जैसे माया का गुण भावात्मक है, जबकि अविद्या की प्रकृति अभावात्मक। माया में प्रतिबिम्बित ब्रह्म का रुप ईश्वर है, जबकि अविद्या में प्रतिबिम्बित ब्रह्म जीव है। अद्वैत दर्शन में माया के अन्य नाम उपलब्ध होते हैं–जैसे-अध्यास, अव्यक्त, अध्यारोप, विवर्त, भ्रम, अनिर्वचनीय, भ्रान्ति। इस माया की प्रकृति जड़ है, जो अपनी सत्ता-महत्ता-प्रभुसत्ता के लिए ब्रह्म पर निर्भर है। यह अनादि है, किन्तु अनन्त नहीं। माया कब से अस्तित्व में है–तयपूर्वक नहीं कहा जा सकता। यह ब्रह्म की सहज, स्वाभाविक शक्ति है। इस शक्ति के बूते ब्रह्म जगत की उत्पत्ति करता है।

आश्चर्य देखिए कि ब्रह्म को माया से अप्रभावित मानता है-वेदान्त। अर्थात् ब्रह्म माया की माया से मुक्त है। जगत का मूल कारण माया है। इसे अध्यास' इसलिए कहा गया है–क्योंकि इसके कारण हम असत् को सत् मान बैठे हैं। अध्यास का अर्थ है–जहाँ जो वस्तु नहीं, वहाँ उसका अनुभव करना। (अतस्मिन् तद्बुद्धिरिति अध्यास:)

यह माया है, जिसके कारण ब्रह्म का जगत में आभास होता है। इसकी दो शक्तियाँ हैं–आवरण और विक्षेप। आवरण का अर्थ है–छिपाना, और विक्षेप का अर्थ है–दूसरी वस्तु को आरोपित करना। माया आवरण-शक्ति से ब्रह्म के स्वरूप को छिपा देती है। साथ ही विक्षेप शक्ति के बल पर ब्रह्म की जगह नाम, रूपात्मक एवं प्रपंचात्मक जगत का आभास कराती है। इस विचार को शंकराचार्य ने अपने ढंग से स्थापित किया कि माया या अविद्या ब्रह्म की सत्ता की जगह जीवों की विविधता को उत्पन्न करती है। जीव जो ख़ुद को ब्रह्म से अलग अस्तित्व वाला मानने लगता है, वह माया के कारण है।

डॉ. राधाकृष्णन ने शंकराचार्य की दार्शनिकता और उनके चिन्तन को सीमा, बल्कि कहिए अधूरेपन का उल्लेख अग्रलिखित शब्दों में किया है–"शंकर हमारे समक्ष दर्शन का जो यथार्थ आदर्श प्रस्तुत करते हैं, वह अधिकतर ज्ञान परक न होकर विवेक बुद्धिपरक एवं तार्किक विद्यापरक न होकर आध्यात्मिक स्वातन्त्रय से युक्त है।" (भारतीय दर्शन-2, पृ.सं.-383) शांकर वेदान्त मत की उदारवादी मीमाँसा के सिलसिले में राधाकृष्णन एक सत्य विमुख निष्कर्ष को सामने रखते हैं–"परिवर्तनशील विश्व का कारण प्रकृति नहीं हो सकती, क्योंकि वह जड़ है।" (भारतीय दर्शन-2, पृ.सं.-483) यह असह्य वास्तविकता है कि शंकराचार्य ने सृष्टि, प्रकृति, यथार्थ या संसार की सत्ता और महत्ता को खारिज ही नहीं शून्य और अर्थहीन बना दिया, जबकि वे स्वयं इसी धरती, इसी देश, इसी प्रकृति की दिशाओं में अपना वेदान्तनाद कर रहे थे। आगे वे स्पष्ट करते हैं कि ब्रह्म वह सत्ता है, जिसका स्तर विषय तथा विषयी दोनों से ऊपर है। प्रकृति अथवा विषय की स्वयं में कोई स्वतन्त्र सत्ता नहीं। जबकि आज हर सच्चाई इसके ठीक उलट है। यह केवल प्रकृति ही वह खांटी चमत्कार है–जिसकी स्वतन्त्र सत्ता है, जो अपने अस्तित्व के लिए स्वयं पर निर्भर है। जो अपने सूक्ष्मतम रुप '**स्ट्रिंग**' में अनन्त रहस्य छिपाये हुए है।

शंकर ने ईश्वर की कल्पना को दार्शनिक आधार दिया, पूर्व प्रचलित वेदान्त के कारण। उनका एक स्वत: प्रस्फुटित निष्कर्ष है कि ईश्वर के भीतर ब्रह्म तथा प्रकृति दोनों तत्व उपस्थित हैं। वह नितान्त, विशुद्ध चैतन्य नहीं, बाल्कि आत्मचेतस

व्यक्तित्व है। वह ब्रह्म तथा जगत के बीच एक मध्यस्थ अस्तित्व है। ब्रह्म के साथ उसका तादात्म्य (एकता) होते हुए भी दृश्य जगत से सम्बद्ध है। ग़ौर करने योग्य एक शांकर निष्कर्ष यह भी कि प्रकृति की घटनाएँ तथा परिवर्तन ईश्वर के स्वरूप में बदलाव ला देते हैं। जब तक ईश्वर के स्वभाव में सृष्टि रचना तथा प्रलय की शक्ति विद्यमान है, तब तक वह कालातीत नहीं हो सकता। यह ईश्वर अविकसित सूक्ष्म देह धारण करता है। जो कि जगत का आश्रय या आवास स्थान भी है।

गौतम बुद्ध ने जिस परिवर्तन की अमरता को उच्चतम ज्ञान के बाद स्वीकार किया, शंकराचार्य ने उसी परिवर्तन की अनिवार्यता को उपेक्षित घोषित किया और कहा कि साँसारिक पदार्थ परिवर्तनशील हैं और ऐसा कोई भी पदार्थ, जो परिवर्तित होता है-यथार्थ नहीं। जरा मथिए शंकराचार्य के इस अतार्किक निष्कर्ष को- 'जो नित्य है–उसका आदि नहीं हो सकता और जिसका आदि है- वह नित्य नहीं।' जगत के बारे में दो टूक, किन्तु उलझाऊ निष्कर्ष शंकराचार्य का यह कि वह जगत न तो विशुद्ध सत है और न ही विशुद्ध असत् ही। वह न तो है, न ही नहीं है। जगत ब्रह्म पर आश्रित अवश्य है, किन्तु ब्रह्म के स्वरूप को प्रभावित नहीं करता। यह सवाल पलट कर शंकराचार्य से क्यों न किया जाय कि ब्रह्म की मौजूदगी का ठोस, विश्वसनीय, प्रत्यक्ष और वैज्ञानिक प्रमाण क्या है? केवल आत्मिक भावात्मक या एकान्तिक निष्कर्षों से ब्रह्म की सत्ता नहीं सिद्ध होती। और फिर पदार्थ, जगत या जड़ सत्ता अनित्य या परिवर्तन होने के कारण असत्य कैसे? सत्य सदैव अपरिवर्तनीय हो, यह तो व्यक्तिगत जिद जैसी सोच है। परिवर्तन से नफ़रत क्यों? परिवर्तन के चक्र को स्वीकार न करना कायरता है, बल्कि सच से आंखें न मिलाने की भीरुता भी। परिवर्तन मन्त्र है- विकास का, गति, जीवन, जन्म और भौतिक अस्तित्व का जहाँ परिवर्तन नहीं, वहाँ प्राणत्व नहीं। यही वह शक्ति है, जो सम्भावना को मिटने नहीं देती। शंकराचार्य आत्मान्वेषी थे, किन्तु उनके निष्कर्ष भौतिक जगत पर आरोपित स्थापनाएँ हैं, जिनका वास्तविक यथार्थ से कुछ लेना देना नहीं है। ब्रह्म जगत और माया को लेकर उन्होंने जितनी स्थापनाएँ दीं, वे सब अब प्रश्नों के घेरे में हैं। जगत में व्याप्त आत्माओं का वैविध्य ब्रह्म का प्रतिबिम्ब या आभास मात्र है–यह कहना भी सत्य से मुँह मोड़ना हैं। बेशक जीवों के भीतर, मनुष्यों के बीच, पदार्थों, वस्तुओं में एकता है, किन्तु वह सूक्ष्म, आन्तरिक और लगभग अदृश्य है। भौतिक विज्ञान का नवीनतम निष्कर्ष है कि प्रत्येक अस्तित्व का निर्माण '**क्वार्क**' से हुआ है, जो कि स्वयं एक निरन्तर कम्पमान ऊर्जा है, जिसे 'स्ट्रिंग' कहते है। शंकराचार्य ने ब्रह्म पर जगत को निर्भर बनाकर भौतिक जगत की अद्वितीयता से आँखें मूंद लीं। साथ ही

सगुण और निर्गुण भी किसी भ्रमजाल से कमतर न सिद्ध हुए, जिसके आकर्षण में समूचा भक्तिकाल उलझा दिखायी देता है। ईश्वर ने जगत की रचना माया के माध्यम की है, यह निष्कर्ष विशुद्ध अध्यात्मवादी, भाववादी और कल्पनाजन्य निष्कर्ष है। पहले तो ब्रह्म और ईश्वर की सत्ता ही संदेह के दायरे में है, क्योंकि प्रकृति, सृष्टि जगत, भौतिकता जो कि एक दूसरे के पूरक और पर्यायवाची हैं–अपनी निर्मिति, विकास, विनाश के लिए परम स्वतन्त्र हैं। देशकाल के बीच बनने-मिटने, दिखने-अदृश्य होने, खिलने-मुरझा जाने की यह अबाध प्रक्रिया सभी ओर चलती रहती है। माया ईश्वर की शक्ति तो है, किन्तु सत्य नहीं, यह फिर आरोपित निष्कर्ष है। शंकराचार्य ने माया को नकारात्मक ताकत के रूप में स्थापित किया जिसे हम माया कहते हैं–वही तो भौतिकता है, वही तो गन्ध, स्वाद, रूप, रंग, ध्वनि, संगीत, आकर्षण, मोह, विछोह, प्रेम है। मनुष्य के अस्तित्व का अणु-अणु इसी से बना है। निस्संदेह मनुष्य केवल यही नहीं, मात्र इन्हीं के लिए नहीं। परन्तु प्रकृति की इन शक्तियों का तिरस्कार क्यों? रूप, रंग, ध्वनि, स्वाद, आकर्षण अनिवार्य वास्तविकताएँ हैं। न इनमें डूबना है, न भागना है–इनसे, बल्कि सहृदयता के साथ जानना है। केवल मनुष्य ही है, जो मुक्ति की एकांगी खोज इन सबसे दूर जाकर करना चाहता है। और दूर जाने पर मिलता क्या है–परम अकेलापन, जहाँ संसार की मौजूदगी नहीं, जहाँ जगत के लिए कोई स्थान नहीं, जहाँ प्रकृति का वैविध्य हृदय से विलुप्त हो जाता है। जबकि यह विविधता धरोहर है–प्रकृति की। शंकर के अनुसार माया ही वह कारण है, जो मनुष्य को उसका परम स्वरूप जानने से रोकती है। प्रश्न उठता है–मनुष्य का परमरूप है क्या? क्या वह बुद्धि से ज्ञेय है? क्या विज्ञान मनुष्य का परम स्वरूप बता सकता है? क्या केवल ध्यान के प्रयोग से यह जाना जा सकता है? या आत्मा की सिद्धि करके इस प्रश्न का उत्तर पाया जा सकता है?

मनुष्य का अस्तित्व भौतिकता के अधीन है, किन्तु मानव मात्र भौतिक नहीं। जहाँ भी भाव है, वेदना, कल्पना, स्मृति, सृजनशक्ति, बौद्धिकता जैसे अदृश्य यथार्थ होंगे, वहाँ मनुष्य मात्र भौतिक नहीं रह जायेगा। जिसे हम माया कहते हैं–मनुष्य का जन्म, निर्माण और पोषण उसी से तो हुआ और हो रहा है, फिर वह असत्य, भ्रम और अनित्य कैसे हुआ? यह अवश्य है कि जगत या माया (शंकर की दृष्टि में) सतत गतिमान, परिवर्तनशील और नव उद्भववादी है। यहाँ नव उद्भव का अर्थ है–निरन्तर अभिनव विकास जो दुहराया गया नहीं होता। उद्भव का यह नियम जड़ वस्तुओं और जीवधारियों दोनों पर लागू होता है। अस्सी या सौ साल की उम्र पाने वाला जीनियस व्यक्ति भी असीम काल से अस्तित्वमान पृथ्वी के भविष्य का

सटीक या अन्तिम निष्कर्ष नहीं दे सकता, न ही देना चाहिए। निष्कर्ष देने की अपेक्षा निष्कर्ष न देना अधिक वैज्ञानिक सोच है। मनुष्य की प्रकृति पर ग़ौर करें-तो वह तीन स्तरों का बना हुआ है–प्रथम है-शरीर, जो कि प्रकट है, दृश्य है, स्थूल और भौतिक है, दूसरा है–अन्तर्मन, जो कि संसार का ही भावात्मक स्वरूप है और जगत से लड़ता-भिड़ता, संवाद-प्रतिवाद, समझौता करता, झुकता, खेल खेलता हुआ जीता चला जाता है और तीसरा स्तर है–अन्तरात्मा, जिसे मानव विवेक, चेतना भी कह सकते हैं, जो शरीर और मन से नितान्त अलग, विशिष्ट और सूक्ष्म है। यह भी विकास की प्रक्रिया में अपनी नयी-नयी ऊँचाई हासिल करती है, नयी चमक, नयी शक्ति, नया कौशल सब इसमें जन्म लेते हैं, किन्तु समय के विकासक्रम में। शरीर, मन और चेतना का निर्माण और विकास विशुद्ध उद्‌भव की नैसर्गिक प्रक्रिया में होता है, न कि किसी ब्रह्म या ईश्वर की माया शक्ति के कारण। प्रश्न उठना चाहिए कि पाषाणकाल में बुद्ध, महावीर, कृष्ण या ख़ुद शंकराचार्य क्यों नहीं उत्पन्न हुए? तब भी तो तथाकथित ईश्वर की मौजूदगी रही होगी? पुरा पाषाणकाल, लौहयुग या ताम्रयुग का मानव मायाधीन था, मायामय था, मायापोषित था, माया के आगे नतमस्तक था। वैदिक ऋचाएँ इसी 'माया' के उद्दाम गान में फूटीं। फिर अचानक वेदान्त दर्शन में जगत को माया घोषित करने का मकड़जाल क्यों शुरू हो गया? मनुष्य की समस्या यह कि वह जो कुछ सोचता, समझता, तर्क करता और निष्कर्ष देता है–वह बुद्धि की क्षमता के अन्तर्गत ही जबकि बुद्धि की अपनी सीमा है, भले ही वह बहुमुखी, बहु आयामी, पारदर्शी, दूरगामी और नितान्त मौलिक क्यों न हो। मनुष्य के भौतिक स्वरूप का सटीक, प्रामाणिक और विश्वसनीय परिचय, बल्कि तात्विक ज्ञान देने में विज्ञान की भूमिका निस्संदेह निर्णायक महत्व की है, किन्तु मन और चेतना के कौशल, क्षमता, ऊर्जा, संरचना और सम्भावना का ज्ञान देने में विज्ञान की कोई भूमिका नहीं रह जाती। मन की संरचना और उसके जादुई स्तरों की खोज करने के लिए दर्शन की एक शाखा ही विकसित हो चली मनो विश्लेषणवाद। जबकि चेतना की दुनिया की खोज करने में भारत, चीन, यूनान सहित दुनिया के कुछ देशों के विचारकों, साधकों ने अपनी अशेष शक्ति झोंक दी। विज्ञान हृदय, मस्तिष्क, फेफड़ा, किडनी से लेकर कोशिका, डीएनए, आर एन ए, की संरचना, गुण और कार्य प्रणाली का पता लगाने में परम दक्ष है, किन्तु वह यह बताने में सक्षम नहीं कि हमसे सुन्दर, योग्य, स्वस्थ और सफल व्यक्ति ईर्ष्या और अप्रेम क्यों उत्पन्न करता है? विज्ञान वह भी नहीं बता सकता कि प्रकृति के दृश्य हमें आकर्षक, जादुई, रहस्यमय और भयावह क्यों लगते हैं? वे हमें आसक्ति और

विरक्ति से क्यों आप्लावित करते हैं। जड़ वस्तुएँ अपने मोह में हमें क्यों अन्धा करती हैं? विज्ञान की पकड़ भावात्मक सत्यों पर नहीं रह जाती। एक बड़ी खोज इस दिशा में हुई कि अलग-अलग भावों के क्षणों में शरीर के भीतर अलग-अलग एन्जाइम्स (Engymes) निकलते हैं। ये वस्तुतः एक प्रकार के प्रोटीन हैं, जो कोशिकाओं के अन्दर पाये जाते हैं। ये मानव शरीर में रासायनिक गतिविधियों को तेज करते हैं। ये भोजन को पचाने, माँस पेशियों के निर्माण और शरीर से बिषैले पदार्थों को निकालने के लिए भी आवश्यक हैं। पूरे शरीर में हजारों एंजाइम्स मौजूद हैं। जैसे आंतों में वसा को पचाने वाला लिपैसीस (Lipases), स्टार्च को शर्करा में बदलने वाला-एमिलेज (Amylase), चीनी को ग्लूकोज में परिवर्तित कर देने वाला-माल्टेज (Maltase), प्रोटीन को एमिनो एसिड में तोड़ देने वाला एंजाइम-ट्राइपसीन (Trypsin), दूध में उपस्थित लैक्टेज (चीनी का प्रकार) को तोड़कर ग्लूकोज और गैलेक्टोज में बदलने वाला लैक्टेज (Lactase) नसों और माँसपेशियों में न्यूरोट्रांसमीटर की तरह काम करने वाला-एसिटाइलकोलेनस्टेज, डीएनए के साथ मिलकर ज़रूरी क्रियाएँ करने वाला-हेलिकेज (Helicase) और प्रोटीन को एमिनो एसिड में तोड़ देने वाला-प्रोटेज (Protease) किन्तु ध्यान रहे ये एंजाइम आन्तरिक शरीर के द्रव्य हैं, जिनकी भूमिका-शरीर की गतिविधियों को अंजाम देना है।

न केवल भारतीय, बल्कि मानव मात्र से एक निर्णायक चूक यह हुई कि भौतिकता को जड़, वस्तु, पदार्थ कहकर उसकी लगभग उपेक्षा और अवमूल्यन कर दिया। ख़ुद को उससे अलग और विशिष्ट घोषित किया और स्वयं की सृष्टि को सबसे बड़ी उपलब्धि बताया। यह सारा निष्कर्ष स्वयं की सत्ता के प्रति ज्ञानात्मक आत्म मुग्धता का ही परिणाम है। भौतिक सृष्टि के अज्ञात, अप्रत्याशित क्रमिक विकास की ही प्रक्रिया में हम मानवों का अभ्युदय हुआ है–जैसे कभी एक कोशिकीय जीवों का, मछलियों, बन्दरों, आदि मानवों, होमोसेपियंस का हुआ। सौ, हजार या दस हजार साल के फासले इस रहस्यमय क्रमिक विकास के लिए कुछ भी नहीं, लगभग सृष्टि के पलक झपकने और उठने जैसे हैं। भौतिकता के प्रति सम्यक्, स्वस्थ, सन्तुलित और वैज्ञानिक दृष्टि विकसित न हो पाने का कुपरिणाम यह हुआ कि हमारे और प्रकृति के बीच सामंजस्य नहीं, भेद बढ़ गया, तालमेल नहीं, विरोध पैदा हो गया। प्रकृति जहाँ हमारी आधुनिकता की आंधी खड़ी करने में बाधा बनी, बेतरह रौंद डाला। भौतिकता, यह सृष्टि, यह पदार्थ, वस्तुएँ, जड़ दुनिया कितनी अनिवार्य, कितनी क़ीमती हैं–क्या यह अलग से बताने की ज़रूरत है? इसके साथ पहली बड़ी मानवीय गलती उसकी सम्प्रभुता, स्वतन्त्रता और अद्वितीयता को छीन

लेना और उसका दैवीकरण या ईश्वरीकरण कर देना, जो कि और कहीं कम, भारत भूमि पर सर्वाधिक हुआ। यह प्रकृति अपनी जड़ता में ही ईश्वर से बढ़कर है, अपनी अनित्यता में ही हमसे बहुत क़ीमती है, अपनी प्राण शून्यता के बावज़ूद हमसे कहीं ज़्यादा अमरता की शक्ति छिपाये हुए है। जिस तरह शंकराचार्य ने ब्रह्म को स्थापित करने की दीवानगी में जगत को झूठ घोषित किया, वैसे ही हम भारतीय मनुष्यों ने स्वयं की मुक्ति के लिए संसार को बन्धन सिद्ध कर दिया। परन्तु संसार से मुक्ति की अथक साधना इसी संसार में करते हैं। संसार के मायाजाल से पलायन इसी संसार में करते हैं। संसार असत्य है, इसकी घोषणा इसी संसार के आंगन में करते हैं। संसार के महत्व का इनकार, संसार की हवाओं में क्षण-क्षण साँसें लेते हुए करते हैं। यह न केवल कृतघ्नता है, बल्कि मनुष्य होने के न्यूनतम दायित्व से भी पलायन है।

आरूणि और याज्ञवल्क्य का समय 8वीं शताब्दी ईसा पूर्व माना जाता है, जो कि हिन्दू दर्शन के प्राचीनतम दार्शनिक माने जाते हैं। प्राचीन भारतीय चितकों ने अलग-अलग शाखाओं का विकास किया, किन्तु लोकायत को छोड़कर एक भी भौतिकवादी धारा नहीं। वैसे **लोकायत** भी अतिशय भौतिकता के मोह में फँसकर एक नयी दृष्टिगत जड़ता का शिकार होता है। पूर्व मीमाँसा का लक्ष्य है–अथातो धर्म जिज्ञासा, वेदान्त सूत्र का लक्ष्य है–अथातो ब्रह्म जिज्ञासा, वैशेषिक सूत्र का उद्‌देश्य है–अथातो धर्म व्याख्यास्याम: और योगसूत्र का मकसद बना-अथ योगानुशासनम्। जबकि सांख्यसूत्र ने–'अथत्रिविध दुरवात्यन्त निवृत्तिरत्यन्त पुरुषार्थ' को अपना परम लक्ष्य निर्धारित किया। इनमें से कोई भी दर्शनमार्ग अथातो सृष्टि जिज्ञासा, 'अथातो जड़ सत्ता जिज्ञासा', अथातो 'जगत जिज्ञासा' या 'सृष्टि विकास जिज्ञासा' अपना केन्द्रिय लक्ष्य घोषित नहीं करता। लगभग सभी मोक्ष को आगे रखते हैं, आत्मा की अमरता और उसके अस्तित्व को स्वीकार करते हैं, कर्मफल और पुनर्जन्म में अखण्ड विश्वास है–भारतीय दर्शनों का। अर्थात् तर्क से परे, तथ्य से मुक्त, यथार्थ से विमुख और ज़मीनी सच्चाई से रहित अवधारणाओं का समर्थक, पोषक और पक्षधर हो गये अधिकांश भारतीय दर्शन। भारतीय दर्शन की उत्पत्ति 'दृश' धातु से हुई है, जिसका मूल अर्थ है–देखना। जबकि पाश्चात्य दर्शन में–'फिलासफी' ग्रीक भाषा का शब्द है–जिसका मूल अर्थ है, ज्ञान के प्रति अनुराग। मकसद दोनों का क़ीमती, असाधारण। परन्तु सवाल है–क्या देखना? कैसे देखना? और किस उद्‌देश्य से देखना। केवल निजी मकसद या व्यक्तिगत दृष्टि से देखना कभी दर्शन की कसौटी बन सकती है? इसलिए 'सम्यक् दृष्टि' अधिक महत्व की है, न कि मात्र दृष्टि।

दूसरी तरफ पाश्चात्य दर्शन में 'ज्ञान' के प्रति अनुराग' पर बल है, जिसमें कल्पना कम है, घोषणाएँ भी सीमित हैं, निष्कर्ष केन्द्रीय लक्ष्य नहीं हैं। यहाँ है- पड़ताल, मंथन, विश्लेषण, खोज और तथ्यपरकता जो कि दर्शन को अधिक टिकाऊ ज़मीन देती है। पाश्चात्य दर्शन के अनुसार 'दर्शन' वस्तुतः बौद्धिक है। जो कि ज्ञान की खोज है। भारतीय दर्शन का केन्द्र है–आत्मा और पाश्चात्य दर्शन का केन्द्र है-मानव। पाश्चात्य दर्शन का सूत्र है–तर्क, भारतीय दर्शन का सूत्र है–साधनात्मक-अनुभूति। पाश्चात्य दर्शन आत्ममुक्ति के लिए जिज्ञासु दिखायी नहीं देता।

आज जिस महाभूमि को हम भारतवर्ष कहते हैं, उसका जन्म करोड़ों साल पहले गोंडवाना भूमि से अलग हो जाने के कारण हुआ। जबकि मनु पूरे दावे के साथ घोषित करते हैं कि भरतभूमि को स्वयं देवताओं ने बनाया। और इस भूमि को आर्यावर्त के बजाय '**ब्रह्मवर्त**' कहते हैं। देखिए जरा उनकी संस्कृतमय घोषणा–

सरस्वती दृषहत्योः देवनद्योः यत् अन्तरम्।
तं देव-निर्मित देशं ब्रह्मवर्त प्रचक्षते।।

(स्रोत: भारतीय परम्परा की खोज, पृ.सं.-86)

मनु से बहुत समय पहले ऋग्वेद में भारत को देवनिर्मित भूमि कहा गया है। ऋग्वेद के अनुसार मनुष्य द्वारा अग्नि की सहायता से प्रचुर उत्पादन के लिए खेती के योग्य बनाया गया क्षेत्र भारत है। इसी कल्पनावादी अवधारणा का एक और नायाब उदाहरण 10 वीं शताब्दी में मिलता है, जब भारतीय दार्शनिक '**उघन**' अपनी पुस्तक 'न्याय कुसुमाँजलि' में कहते हैं कि संसार की सभी वस्तुएँ अपनी रचना तथा विकास के लिए किसी अन्य बुद्धिमान जीव पर निर्भर हैं, उसी तरह पृथ्वी एक वस्तु के समान है, जिसकी सृष्टि तथा विकास किसी सर्वज्ञ तथा सर्वशक्तिमान सत्ता पर निर्भर है। और वह सत्ता कोई नहीं-ईश्वर ही है। इस अंधसूत्र से दो कदम आगे बढ़कर 'मत्स्यपुराण' निष्कर्ष देता है कि सृष्टि की रचना एक सुनहरे गर्भ में ब्रह्मा के प्रवेश करने के कारण हुई। इसी गर्भ को 'हिरण्यगर्भ' कहा गया। इस कसौटी पर सांख्य दर्शन बहुत हद तक सुचिन्तित और ज़मीनी निष्कर्ष देता है, जिसके अनुसार पुरुष चेतन है, प्रकृति 'तमस', 'रजस' तथा 'सत्व' नामक तीन गुणों से युक्त है और अचेतन सत्ता है। अनादिकाल से पुरुष और प्रकृति की निकटता के कारण ये तीनों तत्व कम्पन की अवस्था में आ जाते हैं और फिर सृष्टि का निर्माण आरम्भ कर देते हैं। सांख्य दर्शन का एक निष्कर्ष यह भी है कि जब पुरुष प्रकृति की इस लीला से तटस्थ रहकर स्वयं में लीन हो जाता है-तो कैवल्य अथवा मोक्ष प्राप्त करता है। ग़ौर

करने लायक है कि इन धारणाओं की स्थापना होने तक वैज्ञानिकता ने जन्म नहीं लिया था। तत्युगीन दार्शनिक अनुभव, कल्पना, चिन्तन, अनुमान और अनुभूति के बल पर किसी निष्कर्ष पर पहुँचते थे।

6वीं से 8वीं शताब्दी ईसा पूर्व के बीच 'लोकायत' शब्द भौतिकवादी विचारों के लिए भारत में प्रयुक्त होने लगा। चार्वाक और अजित केसकंबली ने भारतीय भौतिकवादी चिन्तन को एक दार्शनिक पद्धति के रूप में स्थापित किया। बृहस्पति ने भारतीय भौतिकवाद पर केन्द्रित श्रेष्ठ कृति **'बृहस्पति सूत्र'** की रचना की। यही कारण है कि भारतीय भौतिकवाद का एक नाम 'बृहस्पत्य' भी है। इसके प्रति सोच की उल्टी धारा यह देखिए कि उसे भारतीय अध्यात्म के विरूद्ध एक विधर्मी चिन्तन घोषित किया गया, जबकि भारतीय मानस को उलझाया काल्पनिक अध्यात्मवाद ने, उसके देवत्व की अवधारणा ने, कर्मफल की अतार्किता और स्वर्ग-नरक के आतंक ने। भारतीय भौतिकवाद की ज्योति ई.पू. में जल चुकी थी, किन्तु देश के रग-रग में समाए हुए अध्यात्मवाद ने इस ज्योति के आलोक को फैलने ही नहीं दिया। देश के अभौतिकवादी स्वभाव को निर्मित करने में सबसे निर्णायक भूमिका इसी कल्पनाभक्त, अनुमान जीवी और ईश्वरजनक अध्यात्मवाद की है। जिन्हें प्रत्यक्ष प्रमाण के द्वारा सिद्ध नहीं किया जा सकता, चार्वाक ने उन्हें खारिज कर दिया। यह चार्वाक के साहस की सीमा है। प्रत्यक्ष, प्रबल, अनिवार्य किन्तु प्राथमिक आधार है-सत्य को सिद्ध करने का। भौतिक अस्तित्व प्रत्यक्ष, अप्रत्यक्ष, दृश्य, अदृश्य, सूक्ष्म, परासूक्ष्म जैसे अनेक आयामों में मौजूद है। चार्वाक का यह निष्कर्ष कि "आत्मा का अस्तित्व नहीं है।" सत्य के अत्यन्त निकट है। क्योंकि आत्मा की सत्ता शरीर, चित्त मन, चेतना और विवेक से पृथक नहीं। शरीर इन सबके अस्तित्व का कारण है और इन सबकी समाप्ति की वजह भी। एक बार कोई शरीर पाने वाला व्यक्ति इस संसार में आया हुआ पहला और अन्तिम व्यक्ति है। इसकी तरह, उसके आकार-प्रकार, उसके रंग-ढंग के, कद-काठी और गुण-दोषों वाले हजारों-लाखों जन्म लेंगे और मिटेंगे, किन्तु शत-प्रतिशत वही का वही, वैसा का वैसा दुबारा कभी जन्म नहीं लेगा। लोकायत के विचारकों को उस सत्य पर माथापच्ची करने में जरा भी रूचि नहीं थी, जिन्हें प्रत्यक्ष प्रमाणों के द्वारा सत्यापित नहीं किया जा सकता। दो मत नहीं कि लोकायतों ने यह बौद्धिक दृढ़ता दिखाकर ग़ैर तार्किक और अनुभूति जीवी आध्यात्मिक चिन्तन की स्थापनाओं को सफलतापूर्वक इनकार किया। यह घोषणा कितनी साहसिक है कि संसार और संसार की सभी वस्तुएँ वास्तविक हैं।

'कृ' धातु में 'सम्' उपसर्ग और पीछे 'धञ् प्रत्यक्ष लगाने से संस्कार शब्द बना है, जिसका मूल अर्थ है–शुद्धीकरण, किसका? उत्तर है-शरीर, मन और मस्तिष्क का।

संस्कारों हि नाम संस्कार्यस्य गुणाधानेन
वा स्याघोषाय नयनेन वा।

(ब्रह्मसूत्र भाष्य)

अर्थात् व्यक्ति में गुणों का आरोपण करने के लिए जो कर्म किया जाता है–उसे संस्कार कहते हैं। चलिए स्वीकार किया कि संस्कार का मकसद स्वस्थ है–मानवोचित है, परन्तु उसके जो 16 प्रकार खड़े किये गये, वे सभी भेदकारी, कर्मकाण्ड प्रधान, धर्मवादी और बहिर्मुखी हैं–इसीलिए प्रश्नों के दायरे में हैं। हिन्दू समाज जन्म से ही यह भेद आरम्भ कर देता है। जन्म संस्कार–जिसमें गर्भाधन, पुंसवन, सीमन्तोनयन और जातकर्म सम्मिलित हैं–पुत्रजन्म की कामनाओं से भरे पड़े हैं, पुत्रीजन्म की आकांक्षा कोरे स्वप्न की बात है। यह बात अलग है कि कोई आधुनिक और प्रोग्रेसिव सोच का पिता तीन-चार बेटे हासिल करने के बाद एक बेटी के भी जन्म का शौक पाल ले। 'गर्भाधान' संस्कार में शिशुजन्म की कामना का एक मन्त्र है–'देहि में तनयं कृष्ण त्वामहं शरणं गतः' इस मन्त्र में तनय अर्थात् पुत्र है। जबकि पुत्री के लिए संस्कृत में 'तनया' शब्द का प्रयोग होता है। इस संस्कार संरचना में पुरोहितों द्वारा यह भी विधान कर दिया कि विवाह के बाद किस-किस दिन पति-पत्नी के सहवास करने से पुत्र का जन्म होता है। वह है–दूसरा, चौथा, छठवाँ, आठवाँ, दसवाँ, बारहवाँ और इसी क्रम में आगे के दिन। आगे पुत्री जन्म के लिए भी सहवास की तिथियों का विधान है। मगर मूलप्रश्न यह कि इस नियम के पीछे समुचित कारण क्या है, क्या है–इसकी वैज्ञानिकता? कहीं यह पण्डिताऊ वर्चस्व का एकतरफा विधान तो नहीं? जिस माता-पिता के आगे-पीछे चार-चार, छः छः बेटियाँ हो जाती हैं–उसके बारे में क्या तर्क देंगे? या फिर जिनके केवल पाँच-पाँच बेटे दृश्यमान रहते हैं–उनको। जिन माता-पिता को सन्तान ही नहीं होती, उनके बीच सहवास को लेकर पुरोहितों के पास कौन से नियम बनेंगे? यह सारा धार्मिक वितान संस्कार के बहाने अपनी अहमियत के वर्चस्व का लगता है। अनिवार्यतः इन संस्कारों के बहाने द्विजवर्ग को अपनी महत्ता और अनिवार्यता सिद्ध करने का सुनहरा अवसर मिलता है। **दयानन्द सरस्वती** जैसे व्यक्तित्व ने भी पुत्र-पुत्री जन्म के लिए इन तिथियों का समर्थन किया। एक निर्णायक निष्कर्ष यह भी कि विवाह के बाद 12 वें दिन की रात पुत्र प्राप्ति के लिए और 11वें दिन की रात कन्या प्राप्ति के लिए उत्तम। जब सन्तान के लिंग का निर्धारण गुणसूत्रों की संख्या से होता सिद्ध हो चुका

है-तो फिर क्रमानुसार बढ़ता हुआ यह तिथि का मकड़जाल क्यों और किस अर्थ का? विधान तो यहाँ तक किया गया कि 10वें या 12वें दिन माता-पिता के सहवास से पुत्र राजा, महात्मा, विद्वान, सभ्य और सुसंस्कृत बनता है। ध्यान रहे-पुत्री की श्रेष्ठता के लिए तिथि सम्बन्धी यह संकल्पना नहीं प्रस्तुत की गयी है। भारत अपनी सभ्यता के आरम्भिक काल से ही मान्यतावादी देश रहा है। ये मान्यताएँ स्वभाव का हिस्सा बनीं, परम्पराओं में तब्दील हुईं, रूढ़ियाँ बन गयीं और फिर अखण्ड, अकाट्य जीवन का नियम बन गयीं। इस सन्दर्भ में **मदालसा** की कहानी प्रसिद्ध है कि "शुद्धोऽसि बुद्धोऽसि निरंजनोऽसि" बोलती हुई मदालसा ने अपनी आठ सन्तानों को सन्यासी बना दिया, किन्तु नौवीं सन्तान के अवसर पर इच्छा बदल गयी और इसे राजा बना दिया। अर्थात् गर्भधारण के समय इच्छा मात्र से बच्चे के भविष्य का निर्धारण हो जाता था। माँ की मनोदशा का प्रभाव पेट में पलने वाले बच्चे के ऊपर एक हद तक यदि स्वीकार भी कर लें, तो उसके समूचे व्यक्तित्व और स्वभाव को निर्धारित कर देना किसी अन्धविश्वास से कम नहीं। महाभारत में एक विचित्र घटना का उल्लेख मिलता है। सत्यवती के दोनों पुत्र विचित्रवीर्य और चित्रांगद को सन्तानें नहीं थीं। विचित्रवीर्य क्षयरोग से और चित्रांगद युद्ध के कारण दिवंगत हो गये। फिर विचित्रवीर्य की पत्नियों अम्बिका और अम्बालिका को महर्षि व्यास से 'नियोग' कराया गया। यह नियोग प्रथा विशेष परिस्थिति के लिए ही समाज-स्वीकृत थी। जिसके अनुसार यदि किसी स्त्री के पति की असमय मृत्यु हो जाय, तो वह विधवा स्त्री अपने देवर से गर्भ धारण कर सकती है। यह अपने आप में कम आश्चर्यजनक नहीं महर्षि व्यास जिन्होंने स्वयं 'महाभारत' की रचना की, अपने चरित्र को छिपा लेते हैं। भारत में जन्मना भेदकारी मानसिकता ने इस कदर अपनी जड़ जमा ली कि मनुष्य को जन्म से शूद्र और संस्कार से द्विज (ब्राह्मण) घोषित किया। तात्पर्य यह कि जो गैर संस्कारिक है–वह शूद्र है। जरा वह अद्भूत मन्त्र पढ़िए–'जन्मना जायते शुद्रसंस्कारद्विज उच्यते।' अर्थ हुआ-जन्म से सभी शूद्र होते हैं। और संस्कारों के द्वारा व्यक्ति को द्विज बनाया जाता है।

संस्कार व्यवस्था में सबसे नकारात्मक, बल्कि घातक भूमिका उपनयन संस्कार की है, क्योंकि मात्र अकेले इसी ने समाज को जातियों की अंधी संरचना में ढकेल दिया। अपने आप में यह कम चौंकाऊँ तथ्य नहीं कि ब्राह्मण, क्षत्रिय और वैश्य के लिए भी यज्ञोपवीत संस्कार का विधान तो है–मगर शूद्र के लिए नहीं। क्यों नहीं है? इस पर वैदिक वाङ्मय में कोई सटीक उत्तर नहीं है। 'आश्वलायन' और 'पारस्कर गृह्यसूत्रों' में ब्राह्मण बालक का उपनयन आठवें वर्ष में, क्षत्रिय का ग्यारहवें वर्ष में

और वैश्य का बारहवें वर्ष में करने का आदेश है। स्पष्ट है-यहाँ भी वर्ण की श्रेष्ठता का दंभ कायम है। यदि ब्राह्मण बालक का उपनयन वैश्यबालक की उम्र के बाद होता तो जातीय उच्चता घट जाती न! यह बारीक चालाकी यहीं खुल जाती है कि उपनयन संस्कार का व्यावहारिक मकसद जातीय उच्चता के श्रेणी क्रम को और चट्टानी एवं स्थायी बनाना है। 'मनुस्मृति' तो इस विभाजन की मानसिकता को और बढ़-चढ़ कर हवा देती है–

ब्रह्मवर्चस कामस्य कार्य विप्रस्य पञ्चये।
राज्ञो बलार्थिनः षष्ठे वैश्यस्ये हाथिनो डष्टये।।

(स्रोत-भारतीय संस्कृति की रुपरेखा, पृ.सं.-152)

अर्थात् ब्राह्मण बालक का उपनयन संस्कार जन्म के पाँचवें वर्ष, क्षत्रिय का छठें वर्ष और वैश्य का आठवें वर्ष में कर देना चाहिए। बच्चे की विद्या का आरम्भ ही उपनयन के बाद होता है। कल्पना विचलित कर देती है कि पहले तो चार वर्णों में द्वेषपूर्ण विभाजन, फिर उसे जन्म-जन्मान्तर के लिए ऊँच-नीच के साँचे में फिट बैठा देना, इतने पर भी मन नहीं माना तो जनेऊ पद्धति का प्रचलन करके वर्ण विभाजन की मानसिकता को चिर स्थायी बना देना। यह जनेऊ विशेष विधि से गाठें बांधकर बनाया जाता है, जो यकीनन इतना जटिल और उलझावपूर्ण है, जिसमें फंसकर हमारा समाज सदियों से दम तोड़ता रहा और आज भी चुपचाप तोड़ रहा है। जनेऊ में तीन सूत्र होते हैं–जो कि ब्रह्मा, विष्णु और महेश के प्रतीक माने गये हैं। 'ऋग्वेद' का **पारस्कर गृह्यसूत्र** बड़े प्रशंसात्मक स्वर में यज्ञोपवीत संस्कार का बखान करता है। यह उपनयन संस्कार युवाकाल में ही भेदवादी श्रेष्ठता का अहंकार बोध पैदा कर देता है। तत्य यह भी कि वैश्य समाज के बीच से धीरे-धीरे यह संस्कार विलुप्त हो गया और केवल ब्राह्मण-क्षत्रिय के बीच सिमट गया। यह अकारण नहीं, वैश्य वर्ण उच्च वर्ण में अपनी जगह कायम न रख सका। अदृश्य और सशक्त चालाकी की दुर्लभ व्यवस्था ब्राह्मणवाद ने इस व्यापार जीवी वैश्य वर्ग को बाहर का रास्ता दिखा दिया। अवर्ण जातियों को उपनयन संस्कार का हक वैसे भी नहीं था, उन्हें ससम्मान विद्याध्ययन या ज्ञानार्जन के अधिकार से भी वंचित कर दिया गया। वह विद्या जो आत्मबोध की कुंजी है, वह विद्या जो अपनी सामाजिक दशा के प्रति जागरुक करती है, वह विद्या जो सामयिक और अहम् प्रश्न उठाने का साहस पैदा करती है, वह विद्या जो भीतर से बन्द, बल्कि अंधी आँखों को खोलने का सबसे क़ीमती उपाय है–अवर्ण समाज से छीन लिया गया। इन तीन धागों के खोखले व्यामोह ने विशाल अवर्ण समुदाय के प्रति मैत्री, स्नेह, अभिन्नता और ऋण का भाव उत्पन्न करने

की जगह पवित्रता-अपवित्रता, सभ्यता-असभ्यता, संस्कार-गैर संस्कार का कड़वा भेद पैदा कर डाला। वैदिक काल से लेकर आजतक यह व्यवस्था इतनी व्यापक और हिन्दूप्रिय हुई कि इसके अनेक नाम चल पड़े, जैसे-उपवीत, यज्ञसूत्र, व्रतबन्ध, बलबन्ध, मोनीबन्ध, ब्रह्मसूत्र।

युवक को उपनयन संस्कार के बाद ही शिक्षा का अधिकार मिलता था और शिक्षा ग्रहण न करने पर उन्हें शूद्र श्रेणी में माना जाता था। संस्कृत की सूक्तियों में इस संस्कार के प्रति चाहे जितनी दलीलें पेश कर दी जायें, परन्तु निष्कर्ष समाज-घातक सिद्ध हुआ, घृणोत्पादक साबित हुआ, अन्ततः एक प्रतिगामी, नकारात्मक और जड़ संस्कार। इस संस्कार में लड़की के लिए उपनयन (जनेऊ) धारण करने का विधान है–यदि वह ब्रह्मचर्य का पालन करना चाहे। ब्राह्मण जो जनेऊ धारण करता है–उसमें एक विशेष ग्रन्थि होती है–जिसे 'ब्रह्मग्रन्थि' कहते हैं। इस जनेऊ में जो तीन सूत्र हैं-वे तीन ऋण के भी सूचक माने गये–देवऋण, पितृऋण और ऋषिऋण। साथ ही गायत्री मन्त्र के तीन चरणों के भी। अर्थात् युवक लद उठा उच्चताबोध के दायित्व से। जो देवता न कहीं थे, न हैं, न होंगे-युवक ताउम्र उनका ऋण उतारता हुआ जीएगा।

सोलह संस्कारों में विवाह संस्कार सबसे व्यापक और सर्वाप्रिय संस्कार बन चुका है। प्राचीनकाल में आठ प्रकार के विवाह प्रचलित थे–ब्रह्म, दैव, आर्ष, प्राजापत्य, असुर, गन्धर्व, राक्षस और पैशाच। जिसके सन्दर्भ में 'मनुस्मृति' में एक श्लोक मिलता है–

ब्राह्मो दैवः तथैवार्षः प्राजापत्यः तथासुरः।
गांधर्वो राक्षसश्चैव पैशाचः च अष्टमोऽधमः।।

'भविष्य पुराण' तथा अन्य धर्म शास्त्रों में भी विवाह की रीति एवं नीति के बारे में सविस्तार उल्लेख मिलता है। ब्रह्म विवाह के बाद दैव विवाह और आर्ष विवाह को भी उत्तम कहा गया। जबकि प्राजापत्य, असुर, गन्धर्व, राक्षस और पिशाच विवाह अधम कोटि में डाल दिए गये। जाहिर है, जो उच्चवर्णी, कुलीन, सम्पन्न, पण्डित, वेदज्ञानी और संस्कृतज्ञ थे, वे आसानी से प्रथम तीन प्रकार के विवाहों का मौलिक अधिकार प्राप्त कर लेते थे। इसके ठीक विपरीत जो निम्नवर्ग के ठहरे, वेद विमुख रहे, संस्कृतवेत्ता नहीं हुए या समाज में जिनकी अवस्था हाशिए पर बनी रही, उनके हिस्से शेष पाँच विवाह आये और सामाजिक व्यवस्था के अल्पसंख्यक ईश्वरों ने उन्हें एक और स्थायी दण्ड देते हुए अधम कोटि के विवाह करने वाले घोषित कर दिया। सच तो यह है–विवाह व्यवस्था का जन्म सामाजिक व्यवस्था

को कायम रखने और संचालित करने के लिए हुआ, जिसका ढाँचा खड़ा करने का एकाधिकार तथाकथित सम्भ्रांत वर्ग या सवर्ण के पास प्राचीन काल से ही सुरक्षित रहा। तथ्य प्रमाणित करते हैं कि स्त्री के अधिकारों का दमन करना या दबा देना ऋग्वैदिक काल में ही आरम्भ हो चुका था। कुछ उदाहरण संस्कृतमय वाक्यों में यहाँ देख सकते हैं–

1. नवै स्त्रैष्यानि सख्यानि संति। (स्त्री से दोस्ती नहीं निभ सकती।)
2. स्त्रियः अशास्यं मनः। (स्त्री के मन पर अंकुश नहीं रखा जा सकता।)
3. अनवद्या पतिजुष्टिव नारी। (पतियुक्त स्त्री ही अनिंद्य होती है।)
4. तान् पूषन् शिवतमाँ ईरयस्व यस्यां बीजं मनुष्या वपन्ति। (ऋग्वेद-दशम् मण्डल)

(अर्थात स्त्री क्षेत्र है, जिसमें पुरुष बीजवपन करता है।)

पुरुष की तुलना में स्त्री के अस्तित्व को किस मनोग्रन्थि के तहत वैदिक काल में देखा जाता था, ये सूत्र अपने आप भेद खोल देते हैं। विवाह की अन्य व्यावहारिक शर्तें जो समाज में प्रचलित थीं, उसे बाबू गुलाबराय ने अपने ढंग से बख़ूबी स्पष्ट किया है–"वह (युवती) कन्या माता की छह पीढ़ी और पिता के गोत्र की न हो। उसका कुल उत्तम हो, उसमें कोई रोगी न हो। वह पीत वर्ण की, अधिक अंगवाली- जैसे छँगुली आदि, रोगवती, अधिक लोमवाली आदि न हो।"

(भारतीय संस्कृति की रूपरेखा, पृ.158)

विवाह की यह शर्त एक तो पुरुषपरस्त नज़रिए की थी, दूसरे इसमें युवती को अपनी पसन्द के अनुसार वह चुनने के लिए इंच भी जगह न बची। ऐसी युवती कहाँ मिलने वाली, जिसके परिवार में रोगी न हो। ये शर्तों पर शर्तें सिर्फ़ स्त्रियों के सिर लादी गयीं। योग्य विवाह के लिए पुरुष या वर का ढब, ढाँचा, रूप, व्यक्तित्व, आकार, रंग कैसा होना चाहिए, इसका सैद्धान्तिक नियम ग्रन्थों में नहीं मिलता। जाहिर है-विवाह में निर्णायक भूमिका पुरुष की रही। स्त्री एक माध्यम रही, एक चरित्र-जो विवाह व्यवस्था को आगे बढ़ाने में समर्पित भाव के साथ अपनी भूमिका निभाती जायेगी। श्यामाचरण दूबे ने अपनी पुस्तक में विवाह सम्बन्धी एक और पुरुषवादी तथ्य का उल्लेख किया है–स्त्री की पवित्रता का। यह पवित्रता सिर्फ़ स्त्री के लिए अकाट्य शर्त थी। यहाँ पुरूष यौनिक पवित्रता के बन्धन से मुक्त था। ग़ौर कीजिए-श्यामाचरण दूबे का वाक्य–"लड़कियों का उनकी वय: संधि (प्रथम

मासिक धर्म) से पूर्व ही विवाह कर देने के प्रतिमान के पीछे उनकी पवित्रता की रक्षा की ही बात है।"

(भारतीय समाज, पृ.सं.-98)

स्त्रियों के प्रति पवित्रता की इस सामन्ती सोच ने आधी दुनिया की औरतों पर कितने शारीरिक, मानसिक और भावात्मक जुल्म ढाए, इसका कोई हिसाब आपको कहीं नहीं मिलेगा। केवल भारतवर्ष में ही स्त्री के लिए ऐसे जड़ नियम रहे हों, ऐसा नहीं है। रोम के पुराने कानून में कौमार्य, यौवन और यौवनोत्तर किसी भी आयु में स्त्री का अपना स्वतन्त्र व्यक्तित्व नहीं रह गया था। उसके लिए पिता, पति और पुत्र का संरक्षण अकाट्य नियति थी। मनु ने इसका उल्लेख समर्थन की मंशा के साथ इन शब्दों में किया है–

पिता रक्षति कौमारे भर्ता रक्षाते यौवने।
रक्षन्ति स्थविरे पुत्रः न स्त्री स्वातन्त्रय मर्हति।।

(स्रोत-पाणिनी कालीन भारतवर्ष, पृ.98)

वैयाकरणिक पाणिनी ने विवाह के लिए 'उपयमन' शब्द का प्रयोग किया है। पति के द्वारा पत्नी का पाणिग्रहण किया जाना प्राचीन काल से ही भारत में प्रचलित रहा, जिसके लिए पाणिनी ने 'हस्तेकृत्य' और 'पाणोकृत्य' शब्दों का भी प्रयोग किया है। मनु एक सूत्र स्थापित किये हैं–प्रदानं स्वाम्य कारणम्–अर्थात् कन्यादान का फल पति का स्वामित्व है। पति के द्वारा स्थानान्तरित इस मार्यादा का सूक्ष्म मंथन **मीमाँसा शास्त्र** में मिलता है। क्रमशः पिता, पति और पुत्र के संरक्षकत्व में जीवन समाप्त कर देने वाली स्त्री का अपना स्वतन्त्र व्यक्तित्व और अस्तित्व सपना ही है। भारत के ग्रामीण क्षेत्रों में आज भी मनु का यही स्त्री-घातक सिद्धान्त फल-फूल रहा है। विवाह के पहले, विवाह के समय और विवाह के बाद स्त्री को अपने माथे कितने कुल की मर्यादा, रूढ़ियाँ, परम्पराएँ और अंधविश्वास ढोने पड़ते हैं–यह एक अलग बहस का विषय है। यदि किसी युवती का विवाह विधि-विधान से सम्पन्न नहीं हुआ, तो उसे यज्ञ आदि अनुष्ठानों में भाग लेने का सामाजिक अधिकार नहीं था। पत्नी पति की प्रतिष्ठा का सम्मान पाने की अधिकारिणी तो है, किन्तु पत्नी की प्रतिष्ठा का सम्मान पुरुष को नहीं मिलता। पाणिनी की कृति 'अष्टाध्यायी' में विवाह के लिए 'मैथुनिका' शब्द का भी प्रयोग मिलते हैं। उस काल में भी विवाहेतर सम्बन्ध से सन्तान के जन्म के उदाहरण मिलते हैं, जिन्हें 'कानीन' कहा जाता था। मनु 12 प्रकार के पुत्रों का उल्लेख करते हैं। स्त्री पुरुष को वश करने का उपाय करे-यह

तो भारत में प्रचलित आम धारणा है, किन्तु पाणिनी अपने वक़्त में प्रचलित उन वशीकरण मन्त्रों का भी उल्लेख करते हैं, जिनका पाठ-जप करके मनचाही स्त्री को अपने वश में कर सकता था। ये मन्त्र वैदिक थे, जो कि 'अथर्ववेद' में संकलित हैं। स्त्री के हृदय को बाँध लेने, मोहित कर देने वाले ये मन्त्र '**हृद्य**' कहलाते थे। अपनी कुशलता, प्रतिभा, योग्यता, सफलता, स्वभाव और प्रेम से स्त्री को प्रभावित करने के बजाय मन्त्रपाठ करके स्त्री को पाने की रीति ने समाज में कितनी पाखण्डी और कर्मकाण्डी अराजकता को जन्म दिया होगा, कितनी स्त्रियों को शारीरिक, मानसिक चोट पहुँचायी होगी-अनुमान नहीं लगाया जा सकता।

राजनीति मुक्त राजनीति का जनपथ

राजनीतिक सोच बौद्धिकता के अनुपात में बढ़ने वाली संसारबद्ध चालाकी है। वह हर व्यक्ति जो जैविक, शारीरिक और भौतिक रूप से स्वस्थ है–प्रौढ़ होने पर राजनीतिक स्वभाव का हो जाता है। यह विकसित होते मनुष्य की अप्रत्यक्ष, सूक्ष्म नियति भी है। राजनीतिक सोच व्यवस्था की पक्षधर होकर भी नियम-भंजक होती है। इसमें शक्ति, सत्ता और अधिकार का अटूट, अखंड नशा होता है। यदि राजनीतिज्ञ इसके साइट इफेक्ट से परम सजग नहीं, तो यह एहसास की नैसर्गिकता, भावनाओं की शुद्धता, हृदय की सम्भावनाओं और व्यक्तित्व की एकात्मकता पर सीधा हमला करती है। राजनीतिक सोच में ढला व्यक्ति ख़ुद की वास्तविकता परखने की शक्ति खो बैठता है। इसके साथ ही वह किसी विषय या व्यक्ति को वैस न कभी देख पाता, न मूल्यांकन कर पाता है, जैसा कि वह विषय या व्यक्ति है। राजनीतिक सोच एक प्रकार का अदृश्य रंग है, एक आन्तरिक पर्दा, एक कृत्रिम दीवार, एक व्यामोह, बल्कि महानशा, जो कि व्यक्ति को ज़मीनी, वास्तविक, अनावृत्त यथार्थ से दूर कर देती है। ऐसे व्यक्ति के लिए बेमतलब कुछ भी नहीं, स्वार्थ से ऊपर कुछ भी नहीं, लाभ से परे कुछ भी नहीं। राजनीतिक व्यक्ति की वाणी, बात, व्यवहार, कार्य, गतिविधि, त्याग, सेवा सबमें एक चतुरबुद्धि सक्रिय है। वह लाख-चाहकर भी अपनी चतुराई के जादूपन से मुक्त नहीं हो सकता। राजनीति की दुनिया सख्त और तेज मस्तिष्क खिलाड़ियों का पसन्दीदा रणक्षेत्र है। जहाँ द्वन्द्व बाहर कम, भीतर ज़्यादा चलता है। जहाँ लगाव कम, लगाव का नाटक ज़्यादा खेला जाता है, जहाँ काम कम, काम का नगाड़ा अधिक बजता है। इसीलिए विश्व व्यवस्था में मानव-राजनीति का वर्चस्व जैसे-जैसे बढ़ेगा, मनुष्यता के बेमिसाल, स्वस्थ उत्थान की सम्भावना और योग्यता वैसे-वैसे समाप्त होती जायेगी। युद्ध, संघर्ष, प्रतिशोध, राजनीति की सबसे प्रिय सन्तानों में से एक हैं। स्वयं के निहित स्वार्थ के प्रति जिद्दी अकड़ ही

राजनीति को जन्म देती है। यही वह प्रिय आग है, जो क़ीमती भावनात्मकता को जलाती है, और हमें भनक तक नहीं लगती।

भारत का संविधान राजनीति के प्रभुत्व को सर्वोच्च प्राथमिकता देता है और उसके तहत लोकतान्त्रिक व्यवस्था को सर्वोच्च स्थान। किन्तु ग़ौर करने योग्य है- राजनीति करना अलग कौशल है और लोकतन्त्र कायम करना अलग दायित्व। एक तरह से कहें तो सच्चे, मज़बूत और स्वस्थ लोकतन्त्र के लिए अधिकाधिक ग़ैर राजनीतिक होना अनिवार्य है। भारत में राजनीति अपना शिखर नहीं हासिल कर पायी है। लोकतन्त्र यकीनन यहाँ की राजनीति के लिए एक मुखौटा, झण्डा, नारा और बुद्धिलुभाऊ फैशन है। वरना राजनीतिक ढाँचे के भीतर न लोक है, न उसका तन्त्र है। आम हिन्दुस्तानी की असल परवाह किसे है? कौन है, जो जन के पद को अपनी कुर्सी से ऊँचा समझता है, कौन है, जो लोक को 'भारत भाग्य विधाता' का सम्मान देता है। है कोई विधायक, साँसद, मन्त्री, मुख्यमन्त्री जो जन साधारण के बीच रमा रहे, जो जन के लिबास में रहे, जो उनकी आँखों से सपने देखे, जो उनकी साँसें अपने भीतर ज़ीए, जो अपनी कुर्सी लोक के नाम निछावर कर सके। यदि ऐसा नहीं है–तो फिर संविधान के पृष्ठों पर चाहे जितने कानून बन जायें, लोकतन्त्र अधकचरा, अधूरा, अर्धविकसित और दुर्बल ही कहा जायेगा। जाति, धर्म, वर्ग वर्ण, रंगवाद, क्षेत्रवाद के आधार पर खड़ी भारतीय राजनीति स्वस्थ लोकतन्त्र को स्थापित कर ही नहीं सकती। यहाँ राजनीति करने का लक्ष्य दूर-दूर तक लोकसत्ता को स्थापित करना है ही नहीं, बल्कि अपनी शक्ति, प्रभुता, व्यक्तित्व की सत्ता कायम रखना है। कह सकते हैं कि भारत के राजनेता अभी लोकतन्त्र का मर्म न ढंग से जाने हैं, न उसका निहितार्थ महसूस किये हैं और न ही ख़ुद को उसके योग्य बनाए हैं; बल्कि दर हकीकत इसके उलट है। जो युवा बौद्धिकता, शिक्षण, प्रतिभा, परिश्रम और योग्यता की कसौटी पर सफल सिद्ध बहुत कम होता है–वह राजनीति के क्षेत्र में आगे निकल जाता है। वरना आज भी इस मुहावरे के चलन का कारण क्या है कि 'राजनीति पढ़े-लिखे लोगों के लिए नहीं है।' हमें एक बार फिर राजनीति की अर्थवत्ता, स्वरूप और स्वभाव पर थम कर पुनर्विचार करना होगा।

भारत में राजनीतिक पतन और भ्रष्टाचार की शृंखला इतनी लम्बी है कि एक पोथी से कम पृष्ठों में नहीं समायेगी। जवाहर लाल नेहरू, देश के समाजवादी प्रधानमन्त्री, जिनके कार्यकाल में भ्रष्टाचारी काण्ड के धुँए उठने लगे थे। नेहरू काल का पहला घोटाला, आया–'जीप काण्ड' के नाम से। कृष्णमेनन, जिन्हें इस घोटाले को अंजाम देने के लिए ज़िम्मेदार ठहराया जाता है, को नेहरू ने यू.एन.ओ. में

नियुक्ति दी और अपने मंत्रीमंडल में रक्षामन्त्री का पद दिया। दूसरा '**मूंधड़ा काण्ड**' भी नेहरू के कार्यकाल में हुआ। एक तथ्य यह भी है कि नेहरू के पेट्रोलियम मन्त्री थे–के.डी. मालवीय, जो कि 'सुराजुद्दीन काण्ड' में एक आरोपी थे, नेहरू ने इनका बचाव किया था। काण्ड और घोटालों का यह सिलसिला आगे भी जारी रहा। इंदिरा गांधी के शासनकाल में अन्तुले काण्ड, चुरहट लाटरी काण्ड सामने आये और राजीव गांधी के कार्यकाल में बोफोर्स दलाली काण्ड एवं नरसिंहा राव के समय में हर्षदमेहता रिश्वत काण्ड ने सुर्खियाँ बटोरीं। जीप घोटाला, 1948 की घटना है, जिसे आजाद भरत का पहला घोटाला कहा जाता है। मूंदड़ा घोटाला की राशि–1 करोड़ 20 लाख, जो कि नेहरू काल में बड़ी रकम थी। हरिदास मूंदड़ा की मृत्यु 6 जनवरी 2018 को हुई, जिन्होंने 'भारतीय जीवन बीमा निगम' के गठन के समय बड़े घोटाले को अंजाम दिया था। नेहरू के कार्यकाल में उनके दामाद फिरोजगांधी जी ने घोटालों का यह मुद्दा संसद में ज़ोर-शोर से उठाया था। बाद में नेहरू ने हरिदास मूंदड़ा के घोटालों की जाँच भी कराई। जिसमें हरिदास के ऊपर आरोप सिद्ध हुआ और उन्हें अदालत से 22 साल की सज़ा हुई। हरिदास की सबसे घातक बीमारी थी, हर तरह के तिकड़म भिड़ाकर अन्धाधुन्ध धन कमाना और उसके लिए साम, दाम, दण्ड, भेद हर कला की आजमाइश करना। नेहरू के कार्यकाल नें ही सायकिल आयात घोटाला–1951 में हुआ। उस वक़्त वाणिज्य एवं उद्योग मन्त्रालय के सचिव थे–एस. ए. वेंकटरमण। इन पर अवैध तौर-तरीक़े से कम्पनी की सायकिल आयात करने का आरोप लगा, जिसके चलते इन्हें जेल की हवा और भोजन दोनों का स्वाद लेना पड़ा। एक कम राशि का, मगर यादगार घोटाला हुआ–1956 ई. में, जिसे बी. एच. यू. फण्ड घोटाला कहा जाता है। इसमें विश्वविद्यालय के अधिकारियों ने 50 लाख के क़रीब ही फण्ड की हेराफेरी की थी।

आजाद भारत के इन पुराने घोटाली दलदली से जरा बाहर आइए और 21 वीं सदी के घोटाला-शिरोमणियों से साक्षात्कार कीजिए। इनमें पहला हंगामाखेज घोटाला था–2G स्पेक्ट्रम घोटाला, जिसकी राशि होश सन्न कर देने वाली थी–1 लाख,76 हजार करोड़ रूपये। उस वक़्त कांग्रेस की मनमोहन सिंह सरकार थी, और दूरसंचार मन्त्री थी–ए. राजा, जिन्हें कैग की रिपोर्ट आने के बाद पद से इस्तीफा देना पड़ा। यह घोटाला वर्ष 2011 में जगजाहिर हुआ। इसके बाद इससे कम राशि का दूसरा घोटाला घटा–'कामनवेल्थ गेम्स' का वर्ष 2010 में कामवेल्थ गेम्स की मेजबानी भारत ने की, जिसमें पैसापूजक व्यापारियों ने सत्ता से गठजोड़ करके घोटाले के दलदल में डुबकी लगाई। इसमें गैर मौजूद पार्टियों का भुगतान,

अनुबन्ध को पूरा करने में बेहिसाब विलम्ब करना, अस्वाभाविक मूल्य, सामानों की खरीद में गड़बड़ियाँ इत्यादि शामिल थीं। इस घोटाले की राशि थी–35 हजार करोड़ रूपये। इस घोटाले के केन्द्र में रहे–सुरेश कलमाड़ी। भारत के आत्माशून्य राजनेताओं और रीढ़विहीन नौकरशाहों की मिली भगत से आकार लेने वाला एक और घोटाला था–तेलगी घोटाला, जो कि वर्ष 2003 का है। इस घोटाले के जन्म दाता रहे, अब्दुल करीम तेलगी, जिन्हें जेल में खाना खाते समय स्टाम्पफ्राड करने का विचार सूझा। यह हर्षदमेहता कांड से भी 6 गुना भयानक माना जाता है। तेलगी घोटाला, 2,4,10 नहीं-पूरी 30 हजार करोड़ का काला घोटाला था। आइए, और आगे चलते हैं–ज्ञान, सज्जनता, ईमानदारी, विवेक और पारदर्शिता की जीवित मूर्ति लगने वाले रामलिंगा राजू की ओर। यह 'सत्यम् कंम्प्यूटर' से जुड़ा धन्धा था। जिस वक़्त यह कम्पनी घोटाले के दायरे में आयी, उसका कारोबार 66 देशों की कम्पनियों में फैला हुआ था। 2002 में रामलिंगा को 'एशिया बिजनेस लीडर' का अवार्ड भी मिला। यह घोटाला इतना जटिल कि इसे देश का सबसे बड़ा 'आडिट घोटाला' कहा जाता है। यह जनवरी-2009 में देश की दिशाओं में गूंजा। रामलिंगा स्वत: अपना आर्थिक अपराध स्वीकार किये कि उन्होंने काफ़ी समय तक कम्पनी के खातों में काली-पीली-लाल हेराफेरी की थी। घोटालों की सूची पेश करने का मकसद उसकी सूचना देना नहीं, बल्कि यह बताना कि राजनीति कैसे ख़ुद देश को खोखला करने का मूल कारण बनती है।

घोटालों, काण्डों, काले कारनामों को अंजाम देने का अपना अघोषित, रहस्यमय मनोविज्ञान होता है–सत्तामुग्ध, दिग्भ्रमित शक्ति का अराजक मनोविज्ञान। जो कानून तो बनाता है ख़ुद कानून में कम बँधता है, जो शासन तो करता है–ख़ुद शासन का सम्मान कम करता है, जो व्यवस्था तो कायम रखता है–स्वयं किसी व्यवस्था में नहीं जीना चाहता, जो सभ्यता का जीवन भर पाठ पढ़ाता है, किन्तु ख़ुद सभ्यता, संयम, मर्यादा, पद्धति इत्यादि में बंधना पसन्द नहीं करता। शासक यह एहसास मार डालता है कि वह नियम का प्रथम रक्षक है, कानून का पोषक है, व्यवस्था का प्रहरी है और मनुष्यता का माली है। प्राय: वह शासक होने का अर्थ संस्कार, नियम, मूल्य, तहजीब, संवेदना, आकांक्षा और रुचियों का भी शासक मान बैठता है। यहीं से शुरू होती है–शासक के अदृश्य पतन की गिनती। एक राजनीतिक व्यक्ति में स्वाभाविक रूप से वे सारी कमियाँ, कमज़ोरियाँ, नीचताएँ, क्षुद्रता, संकीर्णता जड़ता और पतनभक्त प्रवृत्तियाँ भीतर खिली रहती हैं, जो अपने व्यक्तित्व गठन के प्रति किसी भी बेपरवाह व्यक्ति में होती हैं। ये घातक वृत्तियाँ विस्फोटक शृंखला की तरह

काम करती हैं। एक बार व्यक्ति के चित्त में जगह बनाने के बाद, धड़कन का महत्व हासिल करती हैं, फिर बनती हैं–निरन्तर कल्पना का हिस्सा और अन्तत: कब्जा जमाती हैं–हमारे एहसास की आदत पर। ऐसी पतित मनोदशा में आचरण भ्रष्ट व्यक्ति सही गलत, उचित अनुचित घातक-हितकारी, शुभ-अशुभ, न्याय-अन्याय के बीच सटीक फ़र्क़ करने की दृष्टि, साहस और आकांक्षा ही खो बैठता है। आचरण भ्रष्ट व्यक्ति के लिए गलत ही सही है, झूठ ही सत्य है, अन्याय ही न्याय है, बुरा करना अच्छा है, हिंसा करना जायज है और पतन ही उत्थान। भ्रष्टाचार में आकण्ठ डूबे व्यक्ति के अपने सशक्त, आकट्य अपराजेव तर्क होते हैं और कई बार वे न्याय के पक्षधर तर्कों से बहुत मज़बूत और भारी पड़ते हैं। यह आश्चर्यजनक सच्चाई है कि झूठ, अन्याय, असत्य की दुनियावी ताकत हमेशा सत्य, न्याय पर भारी पड़ती है। राजनीति की सबसे बड़ी ताकत सत्ता है और सबसे अनिवार्य कमज़ोरी भी सत्ता है। यदि कोई राजनीतिक अपनी सत्ता की असीमित शक्ति से उत्पन्न होने वाले साइड इफेक्ट्स से हर दर्जे तक सावधान हो जाय, तो काफ़ी हद तक गन्दगी के अतल दलदल में डूबने से बच सकता है।

अर्थनीति, समाजनीति, जीवननीति, शासननीति, स्वार्थनीति इन सबमें सबसे निर्मम, अस्थिर और दुधारी तलवार जैसी होती है। राजनीति। केवल चालाक, तिकड़मी, चौहरे चेहरे का और आत्महितग्रस्त व्यक्ति ही इसमें सफल हो पाता है। खांटी सरल, एक पानी वाले और तरल हृदयी मानुष के लिए यह मायावी है, न रहस्यमय न पतनशील है, न दलदली। उसका हर रूप, रंग, ढंग, तेवर, ढाँचा और प्रकृति तय होती है–तत्कालीन मनुष्यों की आन्तर्बाह्य संरचना, सोच और प्रकृति तय होती है–तत्कालीन मनुष्यों की अंतर्वाह्य संरचना, सोच और व्यक्तित्व से। राजनीतिक व्यक्ति को सत्ता, शक्ति और अधिकार हासिल होता है-साधारण, दुर्बल, अनाम और भावपूर्ण मनुष्यों के समूह से, किन्तु इसे वह व्यक्तिगत सम्पत्ति मान बैठता है। सत्ता का अधिकार जो कि विशुद्ध सार्वजनिक धरोहर है, निजी ताकत मान बैठना राजनीतिक व्यक्ति की पहली भयानक चूक है। किसी और द्वारा हासिल पद, प्रतिष्ठा सत्ता या प्रभुता उपलब्धि का चुम्बकीय भ्रम है, जो है तो परम अस्थायी, किन्तु आत्मग्रस्त व्यक्ति को कुछ समय के लिए अपने विवेक-विरोधी नशे में कैद कर लेता है। मनुष्य अनेक नशों का जीवन भर शिकार होता है-जैसे बुद्धिमानी का, अच्छाई का, श्रेष्ठता, कौशल, योग्यता, काबिलियत, प्रसिद्धि, प्रतिभा, सूक्ष्मदृष्टि और हुनरमन्दी का नशा, किन्तु इन सबमें सबसे घातक, अमिट और शक्तिशाली है-सत्ता या राजनीतिक सफलता का नशा। पृथ्वी पर एक वक़्त वह भी था, जब

राजनीतिक व्यवस्था तो बहुत दूर, 'राजनीति' शब्द तक का नामोनिशान न था ; आख़िर तब मनुष्य कैसे जीते, रहते और व्यवहार करते थे? यह राजनीति आधुनिक व्यवस्था है, मनुष्यों द्वारा निर्मित सबसे अंगभीर किन्तु अनिवार्य व्यवस्थाओं में से एक। आश्चर्य कि मानव जीवन के उत्थान की सबसे उन्नत, बेमिसाल और श्रेष्ठ व्यवस्थाओं को इसी राजनीति के हवाले कर दिया गया। वैज्ञानिक की ऊँचाई राजनीतिक व्यक्ति के महत्व के आगे आज फीकी। साहित्यकार का मूल्य और सम्मान राजनेता की अहमियत के आने नगण्य। संगीतज्ञ, कलाकार, श्रमिक, कारीगर, स्थापत्य शिल्पी, खेतिहर जिसकी बदौलत, किसी देश के नक्शे में प्राण बहता है, राजनेता के आगे सस्ता, हल्का और बेक़ीमती।

यद्यपि वह विलक्षण कला साध पाना है बहुत कठिन, किन्तु राजनीति की सर्वोच्च कसौटी है-राजनीति से मुक्त हो जाना। यह कसौटी किसी और के लिए नहीं, स्वयं राजनेता के लिए है। उसके आत्मनिर्माण और व्यक्तित्व सुरक्षा के लिए इससे बेहतर उपाय नहीं। यह कला इस सिद्धान्त पर निर्मित है कि हर एक सत्य, नियम, अस्तित्व, यथार्थ अपने ठीक विपरीत की मौजूदगी पर खड़ा है। ऊँचाई की विपरीत है–गहराई, किन्तु गहराई न हो, तो ऊँचाई टिकेगी कैसे? सत्य का विपरीत है–झूठ, मगर ग़ौर से सोचिए, यदि हमारे बीच झूठ का अस्तित्व ही खत्म हो जाय, तो सत्य का क्या अर्थ रह जायेगा? प्रकृति ने अपने विकास की प्रक्रिया में ही विपरीतों के सन्तुलन का अदृश्य सिद्धान्त विकसित कर दिया है। एक ताकतवर की कमज़ोरी वह सोच है कि वह शक्तिशाली है। एक ज्ञाता वहीं दुर्बल है–जब वह मान बैठता है कि वह ज्ञाता है। इसी तरह प्रतिभावान के लिए सबसे प्रबल बाधा उसका अपनी प्रतिभा कर अटूट विश्वास है। किन्तु मनुष्य आदतन अदबदाकर यह चूक करता है और अपनी ही क्षमता, योग्यता, कला, सफलता के आगे, उसी के व्यामोह में कैद होकर बेतरह पराजित होता है। राजनेता को अपने राजनीतिक मस्तिष्क से सबसे सावधान रहना पड़ेगा, क्योंकि वह कहीं भी, कभी भी, किसी पर भी अपना दुष्प्रभाव छोड़ सकता है। शक्ति की प्रकृति असंयम की, अनियन्त्रण की, वेदिशात्मकता और अराजकता की होती है। शक्ति केवल दुर्बलता से नियन्त्रित हो सकती है, क्योंकि वह भी अपने विपरीत पर टिकी है। इसी तरह राजनेता का ग़ैर राजनीतिक होना एक नायाब कला है। ग़ैर राजनीतिक या राजनीतिमुक्त होने का अर्थ है–अधिकार की ताकत को निजी उपलब्धि न मानना, चुनावी विजय को किसी की पराजय के तौर पर न देखना, जनता के महत्व को, क़ीमत को वोट के तराजू पर न तौलना, और सबसे बढ़कर यह कि राजनीति की सर्वोच्चता को जीवन की सर्वोच्चता मानने से इनकार

करते रहना। राजनीति से मुक्ति पाने का एक अर्थ यह भी है कि अपने ऊपर लागू कर दी गयी दुनियावी धारणाओं, परिभाषाओं व निर्णयों से ऊपर उठकर ख़ुद को देखना, जाँचना और गढ़ना। राजनीतिक सोच अनजाने ही राजनेता के चित्त, हृदय, बुद्धि, कल्पना, स्वभाव पर सत्ताप्रेरित स्वार्थ की सख्त परतें चढ़ाती है।

राजनीति का चक्र अवैध, आवारा और दूषित धन की धुरी पर घूमता है। यह धन अनिवार्यतः राजनेता के विवेक, न्यायप्रियता, कर्मनिष्ठा और सत्यभक्ति की हत्या कर देता है। दुर्बलता में एक अद्‌भुत शक्ति है कि वह अकेले नहीं रहती, अपने साथ-साथ अन्य सूक्ष्म, स्थूल, नग्न, मायावी दुर्बलताओं को लेकर चलती है। आपने अवैध धन को गले लगाया नहीं कि चार और घातक कमियां गले लटक जाती हैं। यह काली कमाई अविलम्ब पैदा करती है–मनमानी ऐय्याशी, यौनिक अराजकता और चारित्रिक खोखलापन। साथ ही वह व्यक्ति को श्रम, ईमानदारी, साहसिकता, पक्षधरता और स्पष्टवादिता का शत्रु बना देती है। अवैध सम्पत्ति के सुख में जीता राजनेता बाहर से शक्तिशाली, किन्तु भीतर से डरा हुआ, शंकाग्रस्त, अस्थिर चित्त और क्रूर प्रकृति का बन जाता है। वह न अपनों पर यकीन करता है, न किसी के लिए प्रतिबद्ध रहता है। यह धन है तो निर्जीव ताकत, किन्तु अपनी माया के आगे करोड़ों जीवित मनुष्यों को नाचती हुई छाया बना देती है। सारी पृथ्वी पर सबसे अबूझ, मायावी और अन्तहीन फैलाव इसी काले धन का रहता है। जहाँ-जहाँ अतिरिक्त प्रभुता है, अतिशय भौतिक सम्पन्नता है, बेहिसाब-ऐश्वर्य है, सीमा के बाहर विलासिता उमड़ रही है, समझ लीजिए उसकी जड़ों में अवैध धन की ताकत है। यह अवैध धन पंगु बनाता है–हृदय से, एहसास से, भावना से, चित्त से और आदमियत से भी। इसलिए एक राजनीतिज्ञ के लिए अप्रत्यक्ष खतरा न केवल राजनीतिबाज बुद्धि है, बल्कि आवारा पूँजी से प्रेमिका से बढ़कर आशिक़ी है। स्पष्ट निष्कर्ष तो यह भी निकलता है कि गलत पैसा किसी भी दशा में सही काम नहीं करने देता। मानो उसमें बिगड़ैल प्राणत्व आ गया हो। वह धन जीवित ताकत बनकर उसी तरह के गलत धन्धों को अंजाम देगा, जहाँ से वह ख़ुद पैदा हुआ। अर्थात् सबसे सही काम सबसे शुद्ध पैसों से सम्पन्न होते हैं। इसीलिए धन की बाढ़ में बहते हुए राजनेताओं को जनहित कार्यों से सख्त एलर्जी पालते हुए पायेंगे। बिना किसी फैशन, दिखावा या प्रचार के जनहित कार्यों में आकण्ठ आस्था सबसे ग़ैर राजनीतिक व्यक्ति में होती है। बिना श्रम के हासिल धन हमें श्रमिक के प्रति भी घृणावादी बनाता है।

एक प्रश्न उठना ज़रूरी है–आख़िर सत्ता क्यों? किस मकसद के लिए? वह सत्ता जो अपनी स्थायी उपलब्धि कभी नहीं रह जाती, जो तात्कालिक अधिकार का नशा पैदा करती है, जो अनिश्चित हैसियत का दूसरा नाम है–वह क्यों हमारे दिलोदिमाग़ को अपने कब्जे में ले लेती है? व्यक्ति इस ज़मीन से क्या हासिल करना चाहता है–प्रसिद्धि, सम्पन्नता, प्रतिष्ठा, अमरता और भी बहुत कुछ। परन्तु प्रश्न है किस शर्त पर? अक्सर तो दम-पर-दम अपने विमल मानव होने को दाँव पर लगाकर, हिंसक, घातक, निर्मम, अवैध और अंधकारवादी हर हथकंडे अपनाकर यह उद्देश्य हासिल करता है। राजनेता को राजनीति चमकाने के लिए धन चाहिए। इसीलिए वह पूँजीपतियों से हाथ मिला लेगा। काले धन्धों के माफ़ियाओं को गले लगा लेगा, उद्योगपतियों के साथ मिल-बैठकर अपना भविष्य तय करेगा। आपस में गुप्त समझौता करेगा–'तुम मुझे धन दो, मैं तुझे अधिकार दूँगा।' अराजक पूँजी के मायाजाल में आकण्ठ डूबा हुआ राजनीतिज्ञ यह भूल जाता है कि उसने संविधान की शपथ ली है, वह एक सार्वजनिक व्यक्तित्व है, उसे जनता की उम्मीदों और सपनों ने प्रतिनिधित्व सौंपा है। आज निश्चय ही राजनेता सार्वजनिक हैसियत की ज़मीन पर अपने गूढ़ स्वार्थों की फसल काटने वाले आत्मग्रस्त बहुरुपिए हैं। वही सत्ता जिसके लिए वे बदबू के दलदल में डूबे, अपराधियों को गले लगाए, माफ़ियाओं को सुविधाएँ दीं, अयोग्यों की चरणपूजा की-साथ छोड़ देती है। तब न प्रामाणिक व्यक्तित्व बचा रहता है, न सार्थक चरित्र और न ही एकहरा चेहरा। एक दिन राजनेता न केवल सत्ता खोता है, बल्कि सत्ता के बूते मिली हुई सारी प्रशंसाएँ, सारी वाहवाहियाँ, सारी मित्रताएँ, समर्थन और साथ भी खोता है। ये सारी उपलब्धियाँ सत्ता की अलग-अलग छायाएँ हैं, जिसकी चकाचौंध में सत्ताधारी व्यक्ति अपना असल चेहरा पहचानने की दृष्टि खो देता है। सुधरकर बिगड़ा जा सकता है, किन्तु बिगड़कर सुधरा नहीं जा सकता। इसीलिए बिगड़ने के पहले उसकी नियति, परिणति, और परिणाम पर आत्ममुक्त विचार कर लेना चाहिए। इसीलिए राजनीति भी सबके लिए शुभ नहीं, सार्थक नहीं। जो इसकी माया, आकर्षण, नशा, दबाव और व्यामोह से मुक्त रहने का विवेक रखते हैं, उन्हीं के लिए श्रेष्ठ सिद्ध हो पायेगी।

मौजूदा वक़्त में ऐसी कोई राजनीतिक संस्था, संगठन या दल नहीं, जो अपने सदस्यों, विधायकों, साँसदों या मन्त्रियों से धन न वसूलता हो। यह वसूली भी भ्रष्टाचार के तन्त्र को कायम रखने में खाद का काम करता है। पार्टी का कोई हैसियत वाला सदस्य भारी भरकम राशि तभी देता है, जब वह ख़ुद अज्ञात या दबे-छिपे भ्रष्टाचारी रास्तों से धन का साम्राज्य खड़ा करता है। अर्थात् एक तरफ वह

कालाधन खींच रहा है, दूसरे तरफ कालाधन भेज रहा है। लेन-देन का अघोषित खेल लाख-दस लाख में नहीं, करोड़, सौ करोड़ और कई बार हजार करोड़ के पार चला जाता है। संसद और विधान सभाओं में आपराधिक पृष्ठभूमि के नेताओं का विजेता की तरह बैठना आम बात हो गयी है। कितने प्रतिशत राजनेता आपराधिक मामलों में नामजद हैं–समय-समय पर इसके आंकड़े जारी होते हैं। पिछले कुछ वर्षों में आए एक आँकड़े के अनुसार संसद के 46 प्रतिशत सदस्य संदिग्ध अपराधी हैं, जिनको अदालतों ने अभी दोषी नहीं सिद्ध किया है। इनमें से 29 प्रतिशत लोकसभा सदस्य गम्भीर आपराधिक मामलों में नामजद पाये गये हैं। सुप्रीम कोर्ट और निर्वाचन आयोग द्वारा उठाए गये कदमों के बावज़ूद आपराधिक ज़मीन के नेताओं की संख्या में कमी नहीं आ रही। वर्ष 2019 ई. का आंकड़ा बताता है कि लोकसभा में 233 साँसद किसी न किसी आपराधिक कृत्य में लिप्त पाये गये हैं। वर्ष 2009 में गम्भीर अपराधों के आरोपी साँसदों की संख्या 76 थी। ठीक दस साल 2019 ई. में यह संख्या दुगुनी से भी ज़्यादा 159 हो गयी। गम्भीर आपराधिक कृत्यों में हत्या, बलात्कार, अपहरण, हत्या की कोशिश और महिलाओं के खिलाफ हिंसा को शामिल किया जाता है। यह खुला सत्य है कि चाहे क्षेत्रीय राजनीति हो, प्रादेशिक अथवा राष्ट्रीय स्तर की पार्टी, वह जहाँ-तहाँ, कहाँ-कहाँ से बहकर आने वाली अकूत फंडिग पर निर्भर रहती है। सम्पत्ति का सबसे गहरा कुँआ उसी के पास होता है, जो अपनी ताकत के दम पर धन उगाही में सबसे आगे होता है। पार्टी को दिए गये चन्द करोड़ी नज़राना के एवज में टिकट उसी को मिलता है, जाति, धर्म, माफ़ियाई आतंक के बूते जीत उसी को मिलती है और वही ऊँची डिग्री धारी अफ़सरों पर राज करता है। वही आपराधिक चेहरे का नेता कानून बनाता है, संविधान की रक्षा की शपथ लेता है और साँस-दर-साँस जनता का रहनुमा होने की माला जपता है।

आधुनिक बौद्धिकता का अपूर्व अकाल

बौद्धिकता चिन्तन की स्थिर दशा नहीं, बल्कि गतिशील दृष्टिविकास है। यह समय-सापेक्ष भी होती है और कालनिरपेक्ष भी। बौद्धिकता के काल निरपेक्ष होने का अर्थ यह नहीं कि तत्कालीन हालात-ए-वक़्त से अछूती है, अप्रभावित है। बल्कि इसका अर्थ है कि वह केवल उसी काल तक के लिए नहीं है, केवल युग-विशेष से बंधी हुई नहीं है, बल्कि उसकी क्षमता समय के आर-पार है। तात्विक, मौलिक और सैद्धान्तिक बौद्धिकता की शक्ति कुछ इसी प्रकार की होती है। यह तथ्य और है कि काल निरपेक्ष चिन्तन की भी आयु होती है, सीमा होती है। वह धीरे-धीरे बासी, धूमिल और गैर प्रासंगिक होती हुई, कई बार मृतप्राय भी हो जाती है। काल सापेक्ष बौद्धिकता अधिक लम्बी उम्र न पाकर भी खास समय के लिए अनिवार्य रोशनी की भूमिका निभाती है–जैसे भारतीय राष्ट्रीय आन्दोलन के समय गांधीजी का सत्याग्रह, या राष्ट्रवादी विचारधारा हर देश और हर युग को ऐसे समय सापेक्ष चिन्तक की ज़रूरत पड़ती है। आधुनिक बौद्धिकता सहज उपलब्धि नहीं, प्रयास साध्य श्रेष्ठता है। स्वाभाविक है, जिस चिन्तन की जड़ में आधुनिकता के मूलतत्व खनिज की तरह मौजूद होंगे, वही आधुनिक कहलाने का हकदार होगा। यह आधुनिकता बाहरी बदलाहट कम, भीतरी क्रान्ति अधिक है। तथ्यपूर्ण दृष्टि की प्रतिबद्धता इसका मूल स्वभाव है। इसके साथ ही अपने निष्कर्षों के प्रति तटस्थ, आलोचनाशील और बहसधर्मी होना आधुनिक होने का दूसरा लक्षण है। आधुनिक बुद्धिजीवी प्राय: सहिष्णु, लोकतान्त्रिक और मानववादी स्वभाव का होता है। निष्कर्ष से ज़्यादा रूचि उसकी सूक्ष्म व्याख्या और विश्लेषण में होती है। वह अध्ययन के सीमित दायरे में नहीं बंधता। बल्कि किसी एक वाद, सिद्धान्त, विचारक से बंध जाना आधुनिकता के पक्षधर विचारक के लिए सम्भव नहीं।

वह बुद्धिजीवी जिसमें प्रश्न उठाने का साहस नहीं, जो इनकार करना भूल गया है, जो बहस को मूल्य नहीं देता, जिसमें अड़ने का उत्साह नहीं–उसका

आधुनिक और जेनुइन बौद्धिक होना संदेहास्पद है। वह कर्मठ स्वभाव का होता है। कर्मठ इस अर्थ में कि मात्र लिखने, बोलने और बहस करने में विश्वास नहीं करता, बल्कि ज़रूरत पड़ने पर मोर्चा सँभालता है, मुठ्ठी बाँधता है, रीढ़ सीधी करता है और वैचारिक प्रखरता से लैश दो-दो हाथ भी आजमाता है। आधुनिक बुद्धिजीवी की कसौटी है–यथार्थमय वैज्ञानिक नज़रिया, सघन-विश्लेषण की एकाग्रता, निष्कर्षों के प्रति परिवर्तनवादी दृष्टि, वैचारिक सहिष्णुता और हद दर्जे की आत्ममुक्तता। आधुनिक बौद्धिक व्यक्तित्व ख़ुद को केन्द्र में नहीं रखता, बल्कि स्वयं का विकेन्द्रीकरण कर देता है, किन्तु इसके पीछे मकसद अलहदा है। स्वयं का केन्द्रीकरण दृष्टि को, व्यक्तित्व को, कल्पना, एहसास और सहजता को जड़ बना देता है, बल्कि सच को उसके असल रूप में देखने को क्षमता ही खो बैठता है-आत्म केन्द्रित व्यक्तित्व। आधुनिक बौद्धिकता से सम्पन्न व्यक्ति न स्वयं को निर्णायक मानता है, न ही किसी और प्रतिभा को। प्राय: वह मीमाँसक, व्याख्याकार, प्रस्तावक और विमर्शकार की भूमिका में खड़ा होता है। उसके पास यद्यपि सबसे स्वस्थ निष्कर्षों और निर्णयों की कतार होती है, फिर भी इसे वह बहुत लोकतान्त्रिक स्वभाव नहों मानता। समाज, संस्कृति, राजनीति, धर्म, सम्प्रदाय, सामयिक, घटनाएँ, मानव स्वभाव, कर्म, मनोसंरचना सब उसके लिए जरुरी प्रयोगशालाएँ हैं, जिसमें वह बहुआयामी चिन्तन और विश्लेषण क्षमता से लैश उतरता है, परखता, जाँचता, ज़मीन पर परीक्षा करता और मनुष्यता के पैमाने पर उनकी तटस्थ परख करता है। एक प्रकार से आधुनिक बौद्धिक व्यक्तित्व तत्कालीन मनुष्यता का सैनिक होता है। उसके भीतर जब सरोकार विश्राम लेते हैं, वह है–तो अकेला, चुनौतीग्रस्त, लगभग उपेक्षित किन्तु अपनी लोक पक्षधरता और ज़मीनी चिन्तन की आत्मशक्ति के बल पर तना रहता है-अपराजित। आधुनिक विचारक के लिए निजता जैसा कुछ भी नहीं। वह स्वभाव में, व्यवहार में, संवाद और मित्रता में एक सार्वजनिकता लिए-दिए होता है। सामूहिता में आस्था रखना सहज प्रवृत्ति होती है।

सामाजिक परिवर्तन के प्रति आकण्ठ प्रतिबद्धता ऐसे बौद्धिक का दुर्लभ स्वभाव है वह समाज की स्थिति, गति, नियति और सम्भावना सब पर तर्कशील, पैनी किन्तु मैत्रीपूर्ण नज़र रखता है। आधुनिक बुद्धिजीवी को बख़ूबी ज्ञात है कि भारतीय समाज कितने जटिल, परस्पर विरोधी, रूढ़िग्रस्त और अर्थहीन तत्वों से मिलकर बना है। जिसमें जातिवाद है, पुरोहिती है, पूजापाठ, कर्मकाण्ड, मन्त्रजाप, हवन यज्ञ, जादूप्रेम, धार्मिक मकड़जाल, अंधी आस्थाएँ और व्यक्तिपूजा की जड़ता चारों ओर फैली हुई हैं। भारतीय समाज मूलत: एक साथ कई दिशाओं में निष्प्रयोजन ढुलकती

हुई संरचना है, जो एक नहीं कई अमानवीय भेदों की नींव पर सदियों से खड़ा कर दिया गया है। जिसकी जड़ों में आध्यात्मिकता, परलोकवाद, ईश्वरप्रियता और भाग्यवाद का घातक रोग लगा हुआ है। यह समाज अपने मूल स्वभाव में अवैज्ञानिक समाज है। वह भाव सम्पन्न है, रिश्तों की क़ीमत जीने वाली संरचना है, जीवन राग का उत्सव धर्मी मंच है और गैर भारतीय मानव के प्रति एक हद तक उदार, सहिष्णु एवं सहयोगी भी है, किन्तु इतने मात्र से उसकी सार्थकता प्रमाणित नहीं हो जाती। आधुनिक बुद्धिजीवी समाज के स्तर की परख वर्गों, समुदायों जातियों और विविध धर्मों के बीच आपसी तालमेल, समानता, सहयोग और पूर्वाग्रहहीनता के आधार पर करता है। यह तो उसे भी पता है कि इस बदबूदार और ज़हरीले जातिवाद को जड़ से मिटाया नहीं जा सकता, किन्तु बार-बार उसकी निरर्थकता और दुष्प्रभाव का तीव्र एहसास दिलाकर कमज़ोर किया जा सकता है। प्रसिद्ध सम्पादक और कथाकार **राजेन्द्र यादव** ने भारत को इसी पश्चगामी और प्रगति विरोधी व्यवस्था एवं चालाक सोच पर नुकीला व्यंग्य करते हुए लिखा है–"पढ़ना बहुत खतरनाक चीज़ है। इससे आदमी को सोचने, समझने और कुछ करने की बीमारी लगती है। ये पुराने बुड्ढे शिक्षा, साक्षरता, ज़ागरूकता, अनुसन्धान या पता नहीं क्या अलाय-बलाय वाली योजनाएँ छोड़ गये हैं। अब न तो उन्हें बन्द किया जा सकता है, न ही चलाए रखा जा सकता है।"

(अनपढ़ बनाए रखने की साजिश, पृ.सं.-35)

सही अर्थों में वैश्विक स्तर का सामाजिक विचारक अपना देश, अभी पैदा ही न कर पाया है। श्यामाचरण दूबे, भगवत शरण उपाध्याय, रामशरण शर्मा, रामविलास शर्मा कुछ ऐसे मर्मीचिन्तक हैं, जिन्होंने भारतीय समाज के मूल स्वभाव, स्थायी प्रकृति, जटिलता, शक्ति और दुर्बलता को पेश करने की तथ्यपूर्ण कोशिश की है। केवल जाति व्यवस्था ने अकेले भारत की सामाजिक प्रगति को कितना पीछे ढकेला है–इसका एक उदाहरण **श्यामाचरण दूबे** के इस निष्कर्ष में देखा जा सकता है- "दक्षिण भारत में अस्पृश्यता प्रथा के अतिरेकपूर्ण उदाहरण मिलते हैं। कुछ निम्नतम जातियों का दर्शन मात्र अपवित्रकारी माना जाता था। फिर वहाँ जातियाँ भी थीं, जिनका छाया-सम्पर्क भी अपवित्रकारी था। यह प्रथा तमिलनाडु और केरल में प्रचलित थी। केरल के **तियान** (ताड़ी उतारने वाले) को नंबूदिरीपाद ब्राह्मणों से 36 पग तथा पुलयन (खेतिहर) को 96 पग की दूरी रखनी पड़ती थी। अस्पृश्यता के सर्वाधिक प्रचलित तथा सबसे कम कठोर रूप के अन्तर्गत केवल

स्वच्छ जातियों के साथ उनका शारीरिक सम्पर्क तथा स्वच्छ जातियों के घरों में उनका प्रवेश निषिद्ध था।"

(भारतीय समाज-श्यामाचरण दूबे, पृ.सं.-51)

आधुनिक बौद्धिकता से लैश व्यक्ति सामयिक घटनाओं, परिवर्तनों और सूचनाओं का जिज्ञासु प्रेमी होता है। उसकी उत्सुक आकांक्षा की परिधि में स्थानीयता और वैश्विकता एक साथ समा जाती है। इन घटनाओं और सूचनाओं को वह अपने तथ्यवादी चिन्तन के लिए प्रमाण के तौर पर जुटाता है। बिना तथ्य, तर्क, प्रमाण, उदाहरण के वह न तो विश्लेषण करता है, न ही कोई निर्णयात्मक निष्कर्ष देता है। एक अर्थ में वह वैज्ञानिक दृष्टिकोण का सिद्ध होता है। इतना ही नहीं-वह अतिरेक से बचता है। उसकी भाषा, व्यक्तित्व, निष्कर्ष में एक उदार सन्तुलन पायेंगे। यह उदारता, यह सन्तुलन अनेक चिन्तकों का स्वस्थ ज्ञान पचाने और व्यक्तित्व में ढालने से सधता है। अतिरेक में जाना ज्ञान की अपरिपक्वता की सूचना है। जो गहन ज्ञान के स्तरों में डूबा है, नहाया और आन्तरिक साक्षात्कार किया है, जो ज्ञान जानने की नहीं जीने की संजीवनी समझता है, जिसके लिए आधुनिक होना फैशन नहीं, प्रासंगिक मनुष्य होने की कसौटी है–वह कभी भी विचारों के अतिरेक में नहीं जीता। एक प्रामाणिक बुद्धिजीवी को आप हाशिए का प्रेमी और पक्षधर पायेंगे। उसकी आत्मा केन्द्र में नहीं, परिधि में बसती है। वह शिखरप्रेमी नहीं, नींवजीवी होता है। उसे आकाश में रूचि नहीं, धरातल में रूचि होती है। वह स्थूल के प्रति आकर्षित नहीं होता, बल्कि स्थूल के पीछे जो सूक्ष्म छिया है–उसका प्रशंसक होता है। आधुनिक बुद्धिजीवी अपने विशेषीकरण में विश्वास नहीं रखता, न ही किसी उपलब्धि को वह बढ़ा-चढ़ाकर पेश करता है। उसके लिए साधारण ही असाधारण है और मामूली ही अनमोल।

बहुविषयी अध्ययनशीलता एक और नायाब परिचय है–आधुनिक बौद्धिकता के धनी व्यक्तित्व का। किन्तु वह विविध अध्ययनशीलता ज्ञानी बनने के लिए नहीं, बल्कि उन विषयों का सत्य निचोड़कर एक नयी, मौलिक, अज्ञात दृष्टि हासिल करने के लिए। यह रोचक और रोमाँचक प्रयोग होगा यदि गणित के सूत्रों को कविता का स्वरूप दिया जाय। यदि गुरुत्वाकर्षण के सिद्धान्त पर एक कहानी खड़ी कर दी जाय। यदि जीवों के जीवन और संस्कृति पर एक उपन्यास रच दिया जाय। यदि जड़ वस्तुओं की आत्मकथा मनुष्य की भाषा में लिख दी जाय। कितना आह्लादकारी होगा विज्ञान का वह युग जहाँ वह मानवीय भावनाओं का पोषक, प्रेरक और प्रहरी बन जाएगा, जब वह मनुष्य के आन्तरिक विश्व को रौशन करने वाली कला बना

जाएगा। जहाँ विज्ञान का एक और अर्थ हो–मनुष्य के साथ जड़सत्ता की एकता की खोज। बेशक ये सब एक परिकल्पना है, जो फिलहाल आज के विश्व में सम्भव नहीं, किन्तु सार्थकता की दिशा में उठा हुआ एक भी प्रयास अप्रासंगिक नहीं, भले ही कोरी आकांक्षा ही क्यों न हो। वह इतिहासकार एकांगी मस्तिष्क का है, जिसे मानव मन की संरचना को खबर नहीं। वह साहित्यकार अधूरी दृष्टि का है, जो विश्व की वैज्ञानिक खोजों में रूचि नहीं लेता। उस दार्शनिक के सिद्धान्त की लम्बी उम्र नहीं, जो यथार्थ जगत की करवट लेती प्रकृति से अनजान है। गणित, भौतिकी, समाजशास्त्र, अर्थशास्त्र, साहित्य, भूगोल, इतिहास, मनोविज्ञान, चित्रकला, संगीतशास्त्र इत्यादि जितने भी विषय हैं, सबका अस्तित्व दो ही महा अस्तित्वों पर टिका हुआ है-सजीव सत्ता और निर्जीव सत्ता पर।

आधुनिक बौद्धिक के लिए मन के अज्ञात स्तरों की पड़ताल उतनी ही मूल्यवान है, जितनी प्रत्यक्ष घटनाओं के पीछे छिपे कारणों की खोज करना। इतना ही नहीं, वह एक सुचिन्तित प्रतिबद्धता का सिपाही होकर भी अपने से भिन्न, विपरीत बल्कि अपने विरोधी विचारधाराओं का भी अध्ययन मनन और उनकी मूल्यवत्ता पर सजगता से सोचता है। ज्ञानार्जन के लिए वह छूत-अछूत की संकीर्णता से मुक्त होता है। अछूतवादी दृष्टि ने एक अनमोल दुनिया की क़ीमत स्थापित नहीं होने दिया। रूचिपूर्ण चुनाव ने वंचित समुदाय का वजन और वजूद लगभग समाप्त कर दिया। संसार द्वारा खींच दी गयीं भेदवादी लकीरों का उल्लंघन करना आधुनिक बौद्धिक की मौलिक विशेषता है। उसके लिए व्यापकता ही जीवन है, सामान्य ही असाधारण है, मामूली ही बहुमूल्य है, नाशवान ही बेमिसाल है और अनन्त प्रकृति ही चिन्तन की प्रयोगशाला है।

भारतदेश का युवा मूलतः किस ढाँचे का है? उसकी स्थायी प्रकृति क्या है? वह अपनी सोच में किस अन्दाज का आदमी है? ये कुछ ऐसे अहम् सवाल हैं, जिन पर आज पुनर्चिन्तन किया जाना चाहिए। यहाँ युवा वर्ग वह है, जो 16-17 वर्ष की आयु से लेकर 36-50 वर्ष की आयु सीमा में आ जाता है। चूँकि हमारे देश की आन्तरिक संरचना, सामाजिक ढाँचा, साँस्कृतिक निर्मिति ही धार्मिक, आध्यात्मिक और जातीय आधार पर हुई, इसीलिए उसके दबाव, नियन्त्रण और छाया में पलने वाले युवा भी अन्ततः उसी के अनुसार ढल जाते हैं। जिस तरह हम जीवनपर्यन्त उसी भाषा में सोचते, साँस लेते और जीते हैं, जो हमारी माँ से मिली है, वैसे ही हम उसी ढाँचे में ढल जाते हैं, जो हमने अपने परिवार, समाज और संस्कृति से पाया है। इसीलिए देश को ज़ागरूक करना है तो व्यक्ति को परिवर्तित मत करो, समाज

का ढाँचा बदलो। समाज को बदलना है तो व्यक्तियों की सोच, स्वभाव, प्रकृति में बेहतरी के बीज बोओ। और व्यक्ति को बदलना है तो स्त्री के आन्तरिक ढाँचे में असाधारण विकास सम्भव करो, क्योंकि स्त्री पुरुष के असल व्यक्तित्व को निर्मित करने वाली निर्णायक तत्व है। युवा जब बड़ा होता है तो स्वीकार, अस्वीकार, आस्था, अनास्था, विश्वास, संदेह, प्रश्न और समर्पण के अन्तर्द्वन्द्व में उलझता है। चूँकि दो साल की उम्र से लेकर 20-21 साल की आयु तक वह माँ-पिता द्वारा कहे, समझाए और बुझाए गये वातावरण में रहा है, इसीलिए प्रत्यक्ष और परोक्ष रूप से उसी मानसिकता के तानाबाना में जीता है, इसीलिए प्रत्यक्ष और परोक्ष रूप से उसकी मानसिकता का तानाबाना वैसा ही हो जाता है। वह हाथ में रक्षासूत्र बाँधेगा, कन्धे से कमर तक तिरछा जनेऊ पहनेगा, लाल तिलक चमकाएगा, रूद्राक्ष धारण करेगा और सस्वर विष्णुपुराण, गरूणपुराण, दुर्गासप्तदशती के दैवीय श्लोकों का आवेशमय पाठ करेगा। स्वयं के स्वभाव, कर्मकाण्ड, सोच और आचरण पर प्रश्न करने की बेचैनी न पैदा होना, सबसे बड़ा सवाल है–युवा बुद्धिजीवियों के ऊपर। इसको लक्ष्य करते हुए **भगवान सिंह** ने प्रश्न उठाया है–"देश के विज्ञान और औद्योगिकी में इसके बुद्धिजीवियों के योगदान का अनुपात और स्तर क्या है? छिछले दिखावे और अंधी नकल के प्रतिरोध करने की इसकी क्षमता, जो वैचारिक परिपक्वता, साँस्कृतिक पूँजी और जातीय स्वाभिमान की कसौटी है, क्या है? अपनी क्षेत्रीय समस्याओं की प्रकृति को समझने, सुलझाने की इसकी इच्छा, योगदान और संकल्प की दशा क्या है?"

(भारत: तब से अब तक, पृ.सं.-184)

भारतीय बुद्धिजीवी भारतीयता के सामाजिक, पारिवारिक, साँस्कृतिक ताने-बाने से प्रभावित हो, यह बहुत स्वाभाविक है। किन्तु उसकी संरचना से आकण्ठ ओतप्रोत रहना यह असह्य कठिनाई है। पारिवारिक संस्कार के नाम पर दिखावा और पूजा पाठ, मन्त्रजाप, श्लोकपाठ और चढ़ावे अन्ततः हमें कहाँ-पहुँचाते हैं? देश की श्रमिक जनता को अभावग्रस्त, बदहाल, बीमार और अशिक्षित बनाए रखने में हमारे मन्दिरों, मठों, मस्जिदों, गुरुद्वारों का कम योगदान नहीं। लाखों, करोड़ों का श्रद्धास्पद चढ़ावा इनमें रोज होता है। दूध, अन्न, फल, फूल जैसे अनमोल प्राकृतिक उपहारों को मूर्ति से आशीर्वाद पाने के लिए समूचे देश में चढ़ाया जाता है। तमिलनाडु से लेकर श्रीनगर, अगरतला से लेकर अहमदाबाद तक खोज डालिए सर्वत्र डिग्री धारी युवक युवतियों से हजारों मन्दिर, गुरुद्वारे अंटे पड़े रहते हैं। मूर्ति के पैरों पर चढ़कर सड़ गये फल को मन्दिर के बाहर बैठा बूढ़ा हसरत की आँखों

से ताकता है। शिव मन्दिरों, में बड़े पद पर बैठी नवयुवतियाँ भारी-भरकम दान देती हैं, खर्चीली मनौतियाँ करती हैं, नाक तक पेट भरे हुए पुरोहितों, पुजारियों की जेब भरती हैं और विज्ञान, गणित, अर्थशास्त्र, प्रौद्योगिकी की उच्च डिग्रियों से लैश, दैवीय आशीष के लिए जगराता करती हैं। भारतीय बुद्धिजीवी ने दो मुखौटों में बाँट लिया है अपना चेहरा। बिजनेस, सर्विस लाइफ के लिए एक मुखौटा और व्यक्तिगत, पारिवारिक, सामाजिक जीवन के लिए दूसरा मुखौटा। बिजनेस लाइफ में ड्यूटी है, अप टूडेटेनेस है, आधुनिकता की चमक, सुविधाओं की रौनक और सबके साथ मैत्रीपूर्ण व्यवहार की फैशनबाजी है, किन्तु व्यक्तिगत जीवन का इससे ज़्यादा तालमेल नहीं। दैनिक अखबार–**'राष्ट्रीय सहारा'** के एक सर्वेक्षण में आंकड़ागत खुलासा हुआ, जो कि देश की शिक्षित युवा पीढ़ी का वर्तमान सामने रख देता है–"40 फीसदी युवा पुरातनपन्थी, 36 फीसदी प्रगतिशील और 24 फीसदी उलझाव भरी मानसिकता रखने वाले हैं। पुरातनवादी सोच ग्रामीण युवाओं में ज़्यादा है। वहीं प्रगतिशील रूझान दिल्ली, मुम्बई, बेंगलुरू, हैदराबाद, पुणे और कलकता जैसे शहरों में मिलती है।"

('हस्तक्षेप' अंक, 8 जनवरी-2011, राष्ट्रीय सहारा सर्वेक्षण)

चूँकि यह आंकड़ा प्रतिशत में है, इसलिए ज़मीनी सच्चाई जानने के लिए दैनिक जीवन के बीच उतरता होगा।

भारतीय युवा बौद्धिकों के व्यक्तित्व में बेइलाज अन्तर्विरोध के गहरे कारण हैं। एक तो उसके निर्माण की ज़मीन स्वस्थ, उर्वर नहीं। उस ज़मीन की माटी में जमाने की जटिल रूढ़ियाँ, जड़ जमा चुकी अंधी परम्पराएँ, खोखली और जर्जर मर्यादाएँ और उससे बढ़कर श्रेष्ठता के फैशनी ढकोसले सब एक साथ मिलकर यहाँ की व्यक्तित्व निर्माणक धरती को शक्तिहीन बनाए हुए हैं। देश का युवा लाख डिग्री पा ले, उसे प्रमोशन के बाद कथा पुराण सुनना है, रामायण का अखण्ड पाठ बैठाना ही है, खास देवियों के नाम ताजा लड्डू बाँटना ही है। वह इंजीनियर, प्रोफ़ेसर, वैज्ञानिक, चेयरमैन, डॉक्टर, आइ.ए.एस. कुछ भी बन जाये, पोथी-पत्रा बांचने वाले तिलक धारी बाबा के आगे मत्था टेकना ही है। युवा बौद्धिकों की सुनिश्चित, पूर्व निर्धारित दौड़ है–रगड़-रगड़कर कम्पटीशनी पढ़ाई, एक ओहदे वाली नौकरी, ऊँची हैसियत वाले खानदानी परिवार में शादी फिर छोटे या मझोले स्तर का ही सही धन कुबेर बनने की मायावी साधना। उच्च शिक्षा हासिल करने वालों का आज कितना प्रतिशत ज्ञान हासिल करने के लिए पढ़ाई करता है? आज कितने फीसदी युवा हैं, जो सफलता, डिग्री, नौकरी, शोहरत और सम्पन्नता की सीढ़ी से ज़्यादा शिक्षा का

मतलब समझते हैं? ऐसे नौजवान संख्या में सिमटते जा रहे, जिनके जीवन का मतलब ज्ञान के मौलिक सुगन्ध की तलाश हो, जो मौलिक ज्ञान की नयी दिशाओं का पता लगाने में जीवन लुटाना चाहता हो। वह बचपन से ही हाँवादी, समझौता परस्त, स्वीकारमना और झुकावप्रेमी बनाया गया है। सटीक प्रश्न न करने, पक्षधर न बनने, अस्वीकार न करने और मौके पर न अड़ने की कायर चालाकी उसे युवा होने से पहले रटा दी जाती है। अधिकांश माँ-बाप अपने बेटों को होशियार, सफल, सम्पन्न और सुरक्षित रहने का सांसारिक पाठ सिखाते हैं। कहना ज़रूरी है कि यहीं से उस नौजवान के निरर्थक अन्त की पटकथा शुरू होती है। यहाँ पुनः पेश करने योग्य है एक तथ्य, जो भारत के बुद्धिजीवियों के उलझाव ग्रस्त मानस को स्पष्ट करने के लिए काफ़ी है–"जो नौजवान 19-20-21 साल में ही बूढ़ों की खूँसट सांसारिक आँखों से ही दुनिया को देखने लगता है, समझ लीजिए कि उसमें साहस की प्रवृत्ति, नये अनुभव प्राप्त करने की जिज्ञासा और क्षमता तथा जीवन के नव-नवीन उन्मेष का नितान्त अभाव है। ऐसा नौजवान नायब तहसीलदार या आइ.ए.एस. हो सकता है-लेकिन वह देश के किस काम का?'

(मुक्तिबोध, स्रोत-समावर्तन, अक्टूबर-2013, पृ.सं.-43)

देश के नौजवान बुद्धिजीवियों के स्वभाव में एक और रोगिल आदत का बीज बो दिया जाता है-वह है-कृतज्ञ होने से पलायन का। यह कृतज्ञता व्यक्तित्व की अद्वितीय साधनाओं में से एक है। यह वैयक्तिक भी है, सार्वजनिक भी, भौतिक भी है और मानसिक भी, बौद्धिक भी है और भावात्मक भी। हम मातृऋण, पितृऋण इत्यादि तो रट लेते हैं, परन्तु पृथ्वी ऋण, समाज ऋण, मनुष्य ऋण, जल ऋण, वायु ऋण, आकाश, अन्न, प्रकाश, वनस्पति, जीवजन्तु और स्त्री ऋण की कल्पना क्यों नहीं करते हैं। ऋणी होने का अंकुठ आत्म स्वीकार हमें कृतज्ञ बनने की योग्यता पैदा करता हैं। ऋण भाव का जितना ही बहुआयामी, सूक्ष्म और गहन विस्तार होगा, हमारी भी कृतज्ञता की सुगन्ध उतनी ही स्थायी होगी, जो व्यक्तित्व में सार्थक ज़िम्मेदारी का भाव लाने के लिए अनिवार्य है। हमें वस्तुओं के प्रति आकण्ठ कृतज्ञ होने की कला विकसित करनी चाहिए। आध्यात्मिक अर्थों में नहीं, शुद्ध भौतिक, यथार्थपरक अर्थ में सुबह, सन्ध्या, रात, वर्षा, धूप, छाया, अन्धकार के प्रति अपूर्व कृतज्ञता से भर उठें। सुबह जो बाहर खिली है, यदि अन्दर नहीं खिली तो सुबह को अपने कुछ नहीं जाना, जो हवा बाहर बहती है, यदि अन्तर्मन की घाटियों में सोई हुई भावना के दरख्तों में सिहरन नहीं पैदा किया,, तो हवाएँ आपके लिए मरी हुई सच्चाई हैं। वे सूखे पत्ते जो मिट्टी में अदेही होकर भी उसे उर्वर और शक्तिशाली

बनाते हैं, आपके भीतर कृतज्ञता पाने के पूरे हकदार हैं। यह कृतज्ञता मृत्युवादी हिंसा को मिटाती है और अहिंसा के स्वभाव को जन्म देती है, वह संसार द्वारा थोपे गये भेद की निरर्थकता का एहसास कराती है और हमारे भीतर आत्मसातीकरण की दुर्लभ क्षमता पैदा करती है। तथ्य की बात यह भी कि कृतज्ञता हमें सीमित, लघु या अयोग्य नहीं रहने देती। हमें तो शब्दों, स्वरों, वर्णों के प्रति भी कुछ कम कृतज्ञ नहीं होना चाहिए। किन्तु ध्यान रहे यह कृतज्ञता कोई अंधी आस्था नहीं, बल्कि सजग समर्पण है, मूल्य का स्वीकार है। इसकी क़ीमत तभी तक है, जब तक आपका हृदय तथ्यपरक, तर्कप्रेमी, वैज्ञानिक और प्रभावप्रेमी बना हुआ है, वरना हमें बेसिर पैर का कृतज्ञता-भीरू मनुष्य बनने में देरी नहीं लगती। धार्मिक आस्थाएँ प्राय: ऐसी ही अंधी कृतज्ञता का परिणाम हैं। दशकों पहले **राहुल सांकृत्यायन** ने भारतवर्ष की सबसे कमज़ोर नसों में से एक पर कलम रखते हुए लिखा था–"सभी देशों का इतिहास और भारत का खास तौर से, इस बात का साक्षी है कि धर्म से बढ़कर मनुष्य को पतित, दास, उपेक्षित, घृणास्पद बनाने वाला दूसरा कारण नहीं हो सकता।"

(राहुल सांकृत्यायन, वैज्ञानिक भौतिकवाद, पृ.सं.-51)

युवा बौद्धिक प्रत्यक्ष श्रेष्ठता के प्रति सही अर्थों में कहाँ कृतज्ञ होता है? जिस गाँव, समाज ने उसे सोच, सलीका, चरित्र और व्यक्तित्व दिया, आगे निकल जाने के बाद वह उसे वापस लौटकर नहीं झाँकता। यदि लौटता है तो अपने गाँव-समाज के रोग ठीक करने के लिए नहीं, बल्कि अपनी समृद्धि, सफलता, पद-प्रतिष्ठा का रुतबा जमाने के लिए। वह मन ही मन अपने ही गाँव में पसरी हुई तंगहाली का निर्मम आनन्द लेता है। जिनके श्रम के बूते उसकी रीढ़ की हड्डियों में शक्ति आयी, उनके पाँवों की लड़खड़ाहट देखकर युवक के कलेजे में रत्ती भर हूक नहीं उठती। शहर-शहर डिग्री पाकर पद का सुख लूटता हुआ ऐसा बुद्धिजीवी एक निरर्थक भविष्य है-देश का। धीरे-धीरे वह परजीवी वस्तु में तब्दील हो जाता है। उसे सेवा चाहिए, परन्तु सेवक को तुच्छ मानता है, उसे स्वास्थ्य से प्रेम है, परन्तु मेहतर को मामूली मनुष्य मानता है, उसे स्वास्थ्य से प्रेम है, परन्तु अन्न दाताओं के अस्वस्थ रहने के प्रति उसे कोई चिन्ता नहीं। इसे हम प्रत्यक्ष कृतज्ञता के दायित्व से पलायन कहेंगे। जो बौद्धिक अपनी अनिवार्य कृतज्ञता से भाग रहा है, क्या उसे कायर कहना अनुचित है? वह जीवन में जो भी उपाय, प्रयास, श्रम कर रहा है–वह सब स्वयं को अतिरिक्त सम्पन्न, शक्तिशाली, सत्तामय और विकल्पहीन करने के लिए। कई बार तो वह उनके प्रति सबसे पहले कृतघ्न होता है, जिनकी कृतज्ञता सबसे ज़्यादा उस पर चढ़ी हुई है। आश्चर्य तब और होता है, जब भ्रष्ट स्वार्थों के वशीभूत देश

का युवा बौद्धिक उनके प्रति दम पर दम अधिक कृतज्ञता दिखाता है, जिन्होंने सही अर्थों में उस युवक के व्यक्तित्व निर्माण में कोई योगदान नहीं किया, जो उसके अवैध कार्यों और अंधकारी गतिविधियों में सहयोगी बने। जहाँ बौद्धिक का लक्ष्य व्यक्तिगत उन्नति मात्र होगी, वहाँ कृतज्ञता की कोई क़ीमत नहीं, जहाँ समूह की ख़ुशहाली हमारे व्यक्तिगत विकास का दूसरा पहलू बनेगी, वहाँ कृतज्ञता की अनुभूति को सौ-सौ पंख लग जायेंगे। ईमानदारीपूर्वक विकसित किया गया कृतज्ञता का यह महाभाव एक बौद्धिक के आचरण में पारदर्शिता लाता है। असाधारण ज़मीनीपन पैदा करता है और दृष्टि में हृदयशीलता का विकास करता है।

आज के दौर में भारत विश्व से क्या सीख सकता है? तकनीकी ज्ञान? यथार्थवादी सोच? वैज्ञानिक अभिरूचि? जनतान्त्रिक स्वभाव? या जीवन जीने की व्यावहारिक कला? उत्तर होगा–हाँ, ये सभी नायाब तत्व हैं, जो नयी सदी के मनुष्य के लिए अनिवार्य हैं; किन्तु इन सबसे अलग, इस सबसे ज़रूरी और बहुमूल्य है–कर्म के प्रति भक्ति। जबकि हमारा देश धर्म के प्रति भक्ति में न जाने कितनी शताब्दियों से डूबा हुआ है। पश्चिमी जगत में भी धर्म के प्रति कुछ कम झुकाव और दीवानगी नहीं, किन्तु वह कर्म की प्राथमिकता को प्रभावित नहीं करता, जबकि भारत में कर्म धर्म के अधीन है, आश्रित है, नियन्त्रण में है। यहाँ धर्म के आगे कर्म की कोई हैसियत नहीं। 'सबहिं नचावत राम गोसाईं' के मन्त्र पर जी जान से विश्वास करने वाला भारतीय कहीं न कहीं भाग्यवादी स्वभाव का है। कर्म जबकि जीवित कहलाने की शर्त है, अपने उत्थान की वैधता का पैमाना है, ख़ुद को अदूषित रखने की औषधि है और भौतिक सुविधाओं की योग्यता पाने के लिए अनिवार्य परीक्षा है। यह देश विश्व के कई देशों के मुकाबले पीछे रह गया, तो उसका एक प्रमुख कारण है–कर्म के मूल्य का अनादर, उपेक्षा और उपहास। जो काम हम ख़ुद कर सकते हैं–उसे किसी और से न करवाएँ–यह है कर्म का सम्मान। यह भारत ही है, जो आरामतलबी को शान के रूप में पेश करता है, जो अकर्म को भी श्रेष्ठता प्रदान करता है, जो कुछ न करने को हेय नहीं मानता। सभ्यताओं के विकास के पैमाने पर जापान, रूस, अमेरिका, जर्मनी, फ्रांस से बहुत आगे रहने के बावज़ूद मानव-विकास की कसौटी बहुत पीछे रह गया। क्योंकि हम भारतीयों की आस्था अनुसन्धान में नहीं, कर्मकांड विधिविधान में है, हमारी चिन्ता जीवन की मूलभूत समस्याओं को सुलझाना नहीं, बल्कि ईश्वर का नाम लेकर उसके आगे समर्पण कर देना है। जो अनपढ़ है–वह तो आकण्ठ भाग्यवादी है ही, जो परम शिक्षित है–वह भी नियति प्रेमी है, भाग्यदास है। जबकि पृथ्वी स्वतः

नाचते हुए प्रतिक्षण कर्ममयता का मौन संदेश दे रही है। आइए पुनः याद करें, राजेन्द्र यादव को–"मैं जिस घर में बैठा हूँ, उसकी कोई भी चीज़ भारतीय नहीं है। मेज, कुर्सी, कलम, फोन, बिजली, कपड़े और वाहन इनमें से किस सुविधा का श्रेय मैं अपने ऋषि, मुनियों को दूँ? जिस प्रिटिंग प्रेस, कम्प्यूटर, दूर संचार और मीडिया से मैं अपनी बात आप तक पहुंचा रहा हूँ उन सबका भी पता हमें कभी नहीं था।"

(राजेन्द्र यादव, हंस, जून-2006, सम्पादकीय काश ! मैं राष्ट्रद्रोही होता।')

स्वयं के विकास और उन्नति के लिए किसी अलौकिक सत्ता पर निर्भर रहना अपने मानव होने के सबसे बड़े अपमानों में से एक है। हिन्दू समाज में घर के घर मनौतियां होती हैं, नौकरी, विवाह, डिग्री सबके लिए। सच्चाई स्पष्ट है- यहाँ का समाज अपने कर्म और प्रयास पर बहुत कम, धार्मिक कर्मकाण्डों के फल पर बहुत ज़्यादा भरोसा करता है। वह क़रीब सभी साँसारिक उपलब्धियों का श्रेय किसी न किसी, दैवीय सत्ता को देने के लिए लालायित रहता है। वह सभी तकनीकी, वैज्ञानिक और भौतिक सुविधाओं का उपभोग करते हुए हृदय से अवैज्ञानिक स्वभाव का है–भौतिकता का नाटकीय आलोचक है और दृश्य जगत के ऋण से लदा होकर अदृश्य सत्ता की भक्ति में चूर रहता है। इसे भारतीय बौद्धिकता की उल्टी चाल कहेंगे। एक प्रकार की अक्षम्य कृतघ्नता भी। यह पलायन प्रेमी आदत अचानक विकसित नहीं होती। बल्कि इसके बीज बचपन में ही माँ-बाप तथा परिवार के अन्य सदस्यों द्वारा डाल दिए जाते हैं। जो पढ़ाई कर रहा–वह श्रम के कार्य नहीं करेगा। श्रम करने का सारा दायित्व अनपढ़ असफल और अल्पबुद्धि लोगों पर है। पृथ्वी पर सबसे चुनौतीपूर्ण और जोखिम भरे कार्य ऐसे ही डिग्रीहीन, अस्वस्थ और सरलबुद्धि के मानव पूरा करते हैं। शिक्षित बौद्धिक सामने पड़ा कूड़ा हटाना हेंठी समझता है। काम करने के मकसद से अपना हाथ बढ़ाना अपनी तौहीनी समझता है। देश में प्रति वर्ष मेडिकल, इंजीनिरिंग, मैनेजमेंट, प्रशासनिक सेवाओं में सफल होने वाले युवाओं की जो कतार खड़ी हो रही है–वह देश और समाज को सही मायने में ऊंचाई देने के लिए नहीं, बल्कि अपनी लोक विमुख ऊँचाई सुनिश्चित करने के लिए। वरना कारण क्या है–भारत में व्यक्ति-व्यक्ति के बीच जीवन का स्तर इतना भयावह है। कथाकार **स्वयं प्रकाश** का यह निष्कर्ष किसी आसन्न संकट की चेतावनी से कम नहीं–"भारत का ग्रामीण क्षेत्र एक भयानक और ऐतिहासिक परिवर्तन के मुहाने पर है। हम नहीं जानते, आज से पाँच साल बाद हमारे गाँव और किसान की क्या

हालत होगी। लेकिन एक बात तो तय है, उसकी स्वाधीनता और स्वायत्तता तो गयी, और ये नौबत आयी है–हमारे कामचोर, मक्कार, भ्रष्ट और गिरी हुई नौकरशाही के कारण।"

(परिकथा, मार्च-अप्रैल-2008, पृ.सं.-21)

देश का युवा बौद्धिक पश्चिमी विश्व से सीख सकता है। समकाल में जीने, समकाल के लिए जीने और समकाल के स्वप्न में जीने की कला। यह क़ीमती कला परलोक के स्वप्न से मुक्ति में छिपी है। वह काबिलियत किसी भी अलौकिक चमत्कार में यकीन न करने में मौजूद है। वह योग्यता केवल अपने श्रम से हासिल होने वाली सफलता में विद्यमान है। समकाल की ध्वनियों, धड़कनों, कराहों, सिसकियों ,सवालों, बहसों, चुप्पियों, आहों और आफतों को न सिर्फ़ जीना, आत्मसात करना-बल्कि उसकी अन्तः रचना में अपूर्व बौद्धिक साहस के साथ उतरकर सत्य का उद्घाटन करना अनिवार्य दायित्व है–युवा बुद्धिजीवी का। यह तभी सम्भव है–जब वह वक़्त की तपती पीठ पर पाँव जमाता है, जब विषम, कठिन और असह्य समय की आँखों से आँखें मिलाता है, जब समय के प्रश्नों के अनुसार सशक्त उत्तर देने वाली भाषा गढ़ता है। गौतमबुद्ध अपने वक़्त की पुकार बने, कबीर मध्यकालीन साँस्कृतिक अंधकार के और गांधी भारत की सदियों पुरानी गुलामी की नियति के उत्तर। बेशक, चाहने, सोचने, दावा करने से कोई प्रतिभा या बुद्धिजीवी बुद्ध, कबीर या प्रेमचंद नहीं बन सकता। कोई भी बौद्धिक प्रमाण, तथ्य, तर्क, प्रत्यक्ष प्रमाण के सहारे उतरता है–विश्लेषण एवं मीमाँसा के अतल में, डूबता है–कारणों की अदृश्य गहराई में, छानता है–सूक्ष्म चिन्तन की छननी से समय में छायी हुई जटिलताओं का कारण, और शेष समाज के सामने विकल्प और निष्कर्ष दोनों प्रस्तुत करता है। समय का बौद्धिक सिपाही वही कहलाया, जिसने समय की चाल को पहचाना, जिसने व्यक्ति स्वभाव, सोच, आचरण और चेहरे में आ रहे बदलाव को बख़ूबी समझा, जिसने समाज, राजनीति, संस्कृति और धार्मिक दुनिया में फैले हुए घातक रोगों का निर्मम पोस्टमार्टम किया, जिसने हकीकतों की आंच का सीधा सामना करते हुए युगानुकूल सार्थक विकल्प पेश किया। याद करने योग्य है-**जैक लंडन** की एक प्रेरक कविता–

धूल की जगह/राख होना चाहूँगा मैं/मैं चाहूँगा एक दैदीप्यमान/ज्वाला बन जाय भड़क कर मेरी चिंगारी/बजाय इसके कि सड़े काठ में/उसका दम घुट जाये/मैं होना चाहूँगा एक शानदार उल्का/मेरा प्रत्येक अणु उद्दीप्त हो/भव्यता के साथ/मनुष्य का सही काम है जीना न कि सिर्फ़ जीवित रहना।।

राजनीतिक चेतना की प्रखर सजगता एक और अनिवार्यता है-देश के युवा बौद्धिक वर्ग के लिए। यह राजनीतिक चेतना देश को निगाहों में बिठाने से आती है। देश की बहुसंख्य जनता का उत्कर्ष सुमिरने से आती है और देश के भूगोल को शिराओं में महसूस करने से पैदा होती है। राजनीतिक चेतना का अर्थ राजनीतिक बुद्धि का होना नहीं, बल्कि राजनीतिक दिमाग़ वाले नेताओं और उनकी चालबाजियों को बख़ूबी समझना और उन्हें सफल न होने देना है। एक राजनीति सजग बौद्धिक व्यक्ति समकाल की ज़रूरत है, क्योंकि वह सत्ता के चरित्र, चाल और चालाकी का सटीक पोस्टमार्टम करता है, अधिसंख्य जन को जागरुक करता है और उन्हें उनकी शक्ति, सम्भावना एवं अद्वितीय अधिकार से अवगत कराता है। प्राय: सामान्य जन अपने संकीर्ण स्वार्थों तथा जाति, मजहब, क्षेत्रवाद के व्यामोह में उलझे रहते हैं। देश के वर्तमान और भविष्य के प्रति बेचैनी उनके स्वभाव का अंग नहीं होती। ठीक इसी जगह पर राजनीति सजग बौद्धिक की भूमिका अहम् हो जाती है। सामयिक विचारों से लैश ऐसे बौद्धिक की भूमिका अहम् हो जाती है। सामयिक विचारों से लैश ऐसा बौद्धिक अपनी अचूक विश्लेषण-क्षमता के द्वारा राजनीति के असल चरित्र का पर्दाफाश करता है। ऐसे बौद्धिक की एक अनमोल खासियत होती है-सत्ता की साहसिक आलोचना, जन प्रतिबद्धता और हाशिए के प्रति आकण्ठ समर्पण। हिन्दी कविता में नागार्जुन, धूमिल और रघुवीर सहाय इसके श्रेष्ठ उदाहरण माने जा सकते हैं। जबकि राजनीतिक क्षेत्र में जय प्रकाश नारायण और राम मनोहर लोहिया, जो थे तो समाजवादी चिन्तन शैली के पक्षधर, किन्तु जिनकी सोच और स्वभाव में सच्चे लोकतन्त्र का सपना बसा हुआ था। ऐसा बौद्धिक समाज, संस्कृति, धर्म, व्यक्ति, मानव-वृत्तियों की भी यथार्थपरक, दो टूक मीमाँसा करता है। दरअसल यह एक ऐसी तर्कनिष्ठ, तथ्यवादी, तटस्थ और ज़मीनी दृष्टि है–जो समकालीनता का सर्वाधिक वैज्ञानिक मूल्यांकन करती है। ऐसी मीमाँसक दृष्टि का एक उदाहरण यहाँ पेश है–

"पूँजीवादी उत्पादन की प्रणाली की शुरुआत तो स्वतन्त्रता, समानता और भाईचारा के नारों के साथ हुई थी और विकास के क्रम में सामन्तवादी व्यवस्था की दमनकारी संस्थाएँ टूटी थीं। लेकिन पूँजीवाद के विकास के क्रम में इसकी संस्थाएँ और दमनकारी हो गयीं। सामन्तवादी व्यवस्था की तुलना में सामने दिखने वाला दमन तो कम हो गया, लेकिन अदृश्य रूप में दमन बढ़ गया। इस व्यवस्था में उत्पादन में मनुष्य का शोषण कम तो हुआ, लेकिन उत्पादन के लाभ का बड़ा हिस्सा पूँजी पर कब्जा किये लोगों ने हथिया लिया।"

(मणिन्द्रनाथ ठाकुर, ज्ञान की राजनीति, पृ.सं.-85)

आत्मालोचन, आत्म-मूल्यांकन, आत्म-समीक्षा वैसे तो कोई नया विचार तो नहीं हैं, किन्तु व्यावहारिक स्तर पर वह है-बहुत कठिन। कठिन इसलिए कि व्यक्ति स्वभाव से आत्मनिष्ठ होता है, स्ववादी और आत्मपक्षी होता है, जबकि आत्मलोचन की शुरुआत ही निजता से साहसिक मुक्ति द्वारा होती है। आत्मालोचन भीतर जमी हुई बासी, बदबूदार आत्ममुग्धता को छाँटने, छीलने, खुरचने और काट डालने की अनिवार्य दवा है। यह नायाब किन्तु दुर्लभ अन्तर्दृष्टि तभी विकसीत होती है, जब स्वयं की शक्ति और सीमा दोनों को समझने की योग्यता आ जाती है। जब अपना विशेषीकरण न करने का विवेक जग जाता है, जब स्वयं की श्रेष्ठता की बीमारी से मुक्त हो जाते हैं। स्वस्थ, क़ीमती, सार्थक और बेमिसाल, बौद्धिकता के लिए आत्मालोचक होना शर्त की तरह है। उसका चिन्तन, मनन, निष्कर्ष अधिक कारगर सिद्ध होता है- जो दूसरे से पहले स्वयं की तटस्थ समीक्षा करता है। हमारा कदम हमसे ज़्यादा दूसरे के लिए सुखकर है या नहीं, हमारे निर्णयों से दूसरे सहमत हो पाते हैं या नहीं? हमारा व्यक्तित्व दूसरों के लिए सहनीय है या नहीं? आत्मालोचक के मन में उठने वाले ये अनिवार्य प्रश्न हैं। यह आत्मालोचन किसी और के लिए नहीं, स्वयं अपने ज़िन्दा होने की क़ीमत कायम रखने के लिए अनिवार्य है। आइए जरा परखते हैं-एक विचार, वह हमारे देश के युवा बुद्धिजीवियों पर सटीक बैठता है–"हमारे साथ प्राय: समस्या यही होती है कि हम झूठी प्रशंसा के द्वारा बर्बाद हो जाना तो पसन्द करते हैं, परन्तु वास्तविक आलोचना के द्वारा संभल जाना नहीं।"

(नार्मन विसेंट पील)

हाशिए का भारतीय मानव : महत्तम उपलब्धि

जिसे हम देश कहते हैं, क्या वह पृथ्वी पर घूमता हुआ भूखण्ड है, क्या वह किसी दल के एक नेता के द्वारा चलाई जाने वाली राजनीतिक संरचना है? क्या देश एक अवधारणा है जिसमें विचार धाराएँ संचित रहती हैं? इसी पृथ्वी पर एक वक़्त ऐसा भी रहा, जब बस्तियाँ थीं–तब देश न था, समाज थे, पर देश न था, जातियाँ मौजूद थीं, पर देश का अस्तित्व न था। मानव द्वारा गठित संरचनाओं में राजनीतिक व्यवस्था सबसे आधुनिक और बुद्धि-प्रेरित व्यवस्था है, जो सत्ता, शासन, शक्ति और असीम अधिकार के सिद्धान्त पर टिकी हुई है। वैसे तो सामाजिक, आर्थिक, धार्मिक या साँस्कृतिक व्यवस्थाएँ मानव विकास के क्रम में बनती, टूटती, विकसित होती रहीं, किन्तु अन्ततः इन सब पर भारी पड़ी राजनीतिक व्यवस्था। इसी नवीनतम संरचना के तहत जो विशेष भूखण्ड संचालित होता है–उसे ही प्रायः देश कहते हैं। प्रश्न सहज ही उठता है क्या देश को राजनीति चलाती है? क्या एक प्रधानमन्त्री या राष्ट्रपति देश को चलाने के लिए ज़िम्मेदार है? या फिर अदल-बदलकर सत्तासीन हुईं पार्टियाँ देश को हाँकती हैं?

जिस तरह शरीर को चलाने का कारण अदृश्य और सूक्ष्म है, जिस तरह पृथ्वी को घुमाने वाला बल अप्रत्यक्ष है, जिस तरह पहिए को घुमाने वाली धुरी स्वयं स्थिर है, वैसे ही देश प्रत्यक्ष और स्थूल कारणों से नहीं घूमता। उसको चलाने के कारण राजनीति से बाहर, वे ग़ैर राजनीतिक हैं, वे पार्टियों के संचालक नहीं, न ही चुनावों की हारजीत से उनका कोई लेना-देना है। जिज्ञासा उठती है–ऐसे ग़ैर राजनीतिक चरित्र हैं कौन? वे हैं–खेतिहर, श्रमिक, मज़दूर, लुहार, बढ़ई, कारीगर, रंगसाज, तकनीशियन, वास्तुकार इत्यादि, जो किसी देश को चलाने के प्रथम कारण हैं। उसके बाद दूसरी कतार में खड़े होते हैं, नैसर्गिक प्रतिभा के बेरोज़गार युवा, छोटे-मोटे पदों वाले बुद्धिजीवी, इंजीनियर, चिकित्सक, शिक्षक और सहायक अधिकारी। क्योंकि ज़मीनी स्तर पर योजनाओं को अंजाम देने का दायित्व इन्हीं के ऊपर लेता है।

देश चलाने की कतार में तीसरे नम्बर में अब आकर खड़े होते हैं–राजनेता, मन्त्री, विधायक और साँसद, जिनकी भूमिका दिखती तो सबसे ऊपर है, परन्तु हकीकत में होती नहीं। यह राजनीतिक व्यवस्था सच्चाइयों के अस्वीकार पर, झूठ के प्रचार पर टिकी रहती है, इसीलिए देश के सच्चे और मूलभूत संचालकों को प्राथमिकता देने से इनकार करती है। राजनेता देश चलाते नहीं, चलवाते हैं। यदि किसान नंगे पैर, नग्न बदन मिट्टी के दलदल में न उतरे, तो देश के करोड़ों जन का पेट भरेगा कौन? यदि मज़दूर पसीना गिराकर रास्ते पर कोलतार न गिराए तो पर्देदार गाड़ियों में बैठकर उड़ेगा कौन? यदि कारीगर पुल न खड़ा करे, वास्तुकार गारे, सीमेंट, मिट्टी और ईंट को हाथ न लगाए, यदि श्रमिक लोहा गलाना छोड़ दे, यदि दिहाड़ी मज़दूर चन्द रुपयों के लिए अपनी हड्डी गलाना त्याग दे, तो देश कैसे चल पायेगा? भारतवर्ष सदियों से ऐसे ही मेहनतकश वर्गों की निर्वाक् श्रमशीलता से जीवंत होता रहा है। पेश है–एक स्वीकार जो देश के संचालक के वास्तविक स्वरुप को प्रस्तुत करता है–"भारत का किसान दुबला-पतला। जिसके पास अपना तन ढकने के लिए एक मोटी धोती के अलावा कुछ नहीं था। जो सुबह से शाम तक चटकती धूप में धरती को जोतता है, दोपहर में पसीने से नहाता है और शाम को डूबते हुए सूरज की किरणों की तरह परिश्रम से थककर सो जाता है। और ऐसा वह आज से नहीं, बल्कि उस समय से कर रहा है, जबकि आर्यों ने इस धरती पर कदम रखा था। सिर्फ़ एक आशा उनके मन में काम करती है कि वह इसी परिश्रम के बल पर अपने को ज़िन्दा रखने की, एक छोटी सी ज़रूरत पेट भरने की पूरी करता रह सकता है।"

(सामरसेट मॉम, वागर्थ, जुलाई-2012)

विकास का अनिवार्य सूत्र है, जड़ को सींचो, जड़ को खाद दो, जड़ में दवा डालो और ज़मीन को उर्वर बनाओ। किन्तु भारतवर्ष ने सदियों पहले इस नियम को उपेक्षित और अपमानित कर दिया। मर्दित भी कर डाला। श्रमिक, मज़दूर, खेतिहर, मेहतर, मूर्तिकार, शिल्पकार, कारीगर, मिस्त्री जो कि बहुआयामी विकास के मौलिक आधार हैं–सर्वोपरि सम्मान और महत्व पाने के अधिकारी हैं, सबसे पीछे ढकेल दिए गये। जिनके श्रम के बगैर नेता, शिक्षक, अधिकारी, मन्त्री, पंडा, पुरोहित, वकील किसी का दैनिक जीवन सुखद नहीं बनता, मामूली और तुच्छ बना दिए गये। अपनी भौतिक, आर्थिक, राजनीतिक और सामाजिक उन्नति की इन अनिवार्य जड़ों के प्रति संकीर्णता, हृदयहीनता और घृणा का सदियों पुराना भाव देश की आन्तरिक दुर्बलता को कायम रखने का मूल कारण है। जो कपड़ा तैयार कर रहा है, उसे मनलायक वस्त्र नसीब नहीं, जो पूँजी का सृजन कर रहा, वह स्वयं पूँजी की मार का शिकार है, जिसकी उगाई गयी जड़ी-बूटियों से दवाइयां तैयार होती

हैं–वह उचित दवा के अकाल में अकाल मृत्यु का शिकार बन जाता है। क्या ही विडम्बना कि भौतिक सम्पन्नता सर्वाधिक वहाँ है, जहाँ सम्पन्नता के भोगी सर्वाधिक कर्महीन और गैर श्रमिक हैं। एक मज़दूर लगभग जीवन भर मज़दूर ही रह जाता है–क्योंकि अपनी जड़ों की उपेक्षा, अनादर और अवमूल्यन का शातिर दृष्टिकोण भारत के स्वभाव में समा गया है। लिखने योग्य कागज तैयार होता है, अनपढ़ों के अथक परिश्रम से। कारखानों में कलम, रिफिल, स्याही तैयार होती है–श्रमिकों के कपड़ों पर भरे हुए रंग-बिरंगे पवित्र दागों से। घड़ी की सुइयाँ सटीक घूमती हैं–घड़ी साज की बारीक आँखों की हुनर से। पीने योग्य पानी हासिल होता है–नहरें खोदने वालों से, हैडपम्प गाड़ने वालों से, वाटर सप्लाई दुरुस्त करने वाले कर्मचारियों से। एक मोटर गैरेज में घुस जाइए, आपका माथा घूम जायेगा–एक चमकती गाड़ी सड़क पर कितनों कितनों के गुमनाम परिश्रम की बदौलत दौड़ती है। बोतल में बन्द पानी कौन भरता है? फूड पैकेट्स कौन तैयार करता है? मखमल, कालीन, दरी, पर्दा, सोफा कवर कौन निर्मित करता है? टांग पर टांग चढ़ाकर शान से बैठते हैं-वे, या फिर वे जिनके घुटनों में दर्द जम जाता है–कालीन बुनते-बुनते? कभी झांकिये श्रमिक की आँखों में, परिश्रम के पसीने में नहाई हुई निर्मल आत्मा नज़र आयेगी। कभी सहलाइए उनके खुरदुरे हाथ, पढ़िए न उनके कटे, फटे, धंसे, पिचके चेहरे की भाषा, मानव जाति के भौतिक विकास की ध्वनि न सुनाई पड़ने लगे, तो कहिए। एक श्रमिक अपने श्रम के बहाने अपनी विकल्पहीनता को सिद्ध करता है- एक कारीगर बता देता है–यदि निर्माता कहलाना है तो धूल, माटी, कीचड़, गन्दगी, दाग से नफ़रत करना, दूर भागना बन्द करना होगा। मानव व्यवस्था में पहले दर्जे के अधिकारी इन श्रमभक्तों को क्या चाहिए? तुम्हारी निगाहों में कृतज्ञता, तुम्हारी पलकों का आदर पूर्ण झुकाव, तुम्हारे हृदय की बेबाक निर्छलता, तुम्हारी वाणी का अकुंठ स्वीकार भाव और ख़ुद से कम न मानने का विवेक। किन्तु उन्हें तुम बदले में लौटते क्या हो? जाति-व्यवस्था में घुट कर असमय मरने वाला जीवन। धार्मिक श्रेष्ठता के आतंक में दबा रहने वाला भीरू हृदय, अपनी अज्ञानता की नियति में साँस-दर-साँस पिसने वाली गुलामी और भूलकर भी अपनी महत्ता की कल्पना न कर पाने वाला दुर्बल मन। क्या है ज़मीनी नियति श्रम और समर्पण की इन अद्भुत प्रतिमाओं को देखिए इन शब्दों में–"देश की 70 प्रतिशत जनता आजादी की अर्द्धशती बीत जाने के बाद भी बुनियादी सुविधाओं से वंचित है। ग़रीबों की दुनिया में अंधेरा और गहरा गया है, जबकि ऊपर की अधिरचना समृद्ध-भव्य दिखायी दे रही है। विकास या विनाश की बहस का कारण भी यही है कि मुठ्ठी भर लोगों के लिए लोकतन्त्र जन्नत साबित हुआ है।"

(चन्द्रकान्त देवताले, इंडिया टुडे, नवम्बर-2006, पृ.सं.-08)

श्रम का व्यक्तित्व निर्माण से अनिवार्य सम्बन्ध है। श्रम बाहरी स्वच्छता को भले धूमिल कर दे, किन्तु अद्भुत महत्व की आन्तरिक शुद्धि ला देता है। इतना ही नहीं, श्रम पहले से जमी हुई आन्तरिक बीमारियों को ठीक करने और मानसिक गंदगी को मिटाने का भी काम करता है। यह अकारण नहीं कि खेतिहर, श्रमिक, मज़दूर, कारीगर मनुष्यता की कसौटी पर अधिक श्रेष्ठ पाये जाते हैं। वह श्रम उनमें नैसर्गिक भावना के बीज बोता है, एक पानी का आचरण देता है, मिट्टी के प्रति सांष्टांग समर्पण की अलख जगाता है और स्वयं धोखा खा-खाकर भी किसी से चालाकी न करने की दुर्लभ आदत विकसित करता है। श्रम के बूते केवल भौतिक विकास को ही गति नहीं मिलती, बल्कि भावनात्मक उन्नति को भी खाद मिलती है। इसके ठीक विपरीत जो श्रम से भागता है, श्रम करना ज़रूरी नहीं समझता या श्रम करना अपना अपमान समझता है–उसमें बहुत चालाक ढंग की कायरता पनपती है। श्रम से पलायन, कर्मठता से जी चुराना एक छद्म, ग़ैर प्रामणिक और अविश्वसनीय व्यक्तित्व का निर्माण करता है। ऐसा व्यक्ति न केवल श्रम की उपेक्षा करता है बल्कि श्रमिक का भी आन्तरिक तिरस्कार करता है, साथ ही अनकही घृणा भी पालता है। सच्चे अर्थों में वृक्षों का वही मूल्य समझ पायेगा, जो स्वयं पौधे रोपता हो। मिट्टी में धँसे बगैर, धरती की अद्वितीयता कैसे समझ में आयेगी? जो कभी भूखा-प्यास नहीं सोया-वह आम जन की आत्मा से कैसे एकाकार हो पायेगा? सीध सा तात्पर्य है कि बाहरी दूरियाँ आन्तरिक भेद पैदा करने का कारण बनती हैं और बाहरी अभिन्नता आन्तरिक आत्मीयता को जन्म देने की प्रेरणा। बिना श्रम के हासिल सफलता, बिना मेहनत के मिल गयी प्रसिद्धि, ऊँचाई सम्पन्नता व्यक्ति को शुद्ध नहीं रहने देती। एक प्रकार से यह शर्त है–यदि अपनी सफलता से स्थायी ग़ौरव अर्जित करना है, तो परिश्रम के अतिरिक्त अन्य किसी उपाय को साहसपूर्वक अस्वीकार कर दो।

आज विश्व में श्रम का, कर्मठता का, पसीनाई मेहनत का उच्च स्तरीय सम्मान इसलिए नहीं है, क्योंकि हम जैसे-जैसे विकास की सीढ़ियों पर चढ़ते हैं, श्रमहीन जीवनशैली के होते चले जाते हैं। यद्यपि हमें जितनी और जो कुछ भी प्रभुता मिली है वह गुमनाम श्रमिकों के आकण्ठ परिश्रम से ही, फिर भी हम एक नकारात्मक, कृतज्ञताशून्य और उपेक्षापूर्ण स्वभाव बना लेते हैं–भीतर। विश्व आज भी इस योग्य नहीं हुआ कि श्रम की संस्कृति को सर्वोच्च सम्मान दे सके, श्रम की क़ीमत स्थापित कर सके और कह सके कि मानव सभ्यता का पहिया श्रम के कारण घूमता है। शारीरिक श्रम और बौद्धिक श्रम प्राय: श्रम के यही दो रूप हैं–एक तीसरा भी रूप है–संवेदनात्मक या भावनात्मक श्रम। शिक्षा, अनुसन्धान, तकनीकी ज्ञान, पुस्तकें लिखना, बहस, विमर्श, संवाद करना, व्याख्यान देना बौद्धिक श्रम के अन्तर्गत

आते हैं। दार्शनिक, वैचारिक, सैंद्धांतिक तात्विक चिन्तन करना भी बौद्धिक श्रम के अन्तर्गत है। जबकि समस्त प्रकार के साहित्यिक सृजन संवेदनात्मक परिश्रम के उदाहरण हैं-केवल आलोचना कर्म को छोड़कर। जिन्हें धार्मिक और आध्यात्मिक साधनाओं में आस्था है वे भावनात्मक श्रम के अन्तर्गत आ जायेंगे। किन्तु असल प्रश्न है–इन तीनों में भी सबसे अहम्-अनिवार्य और मूलभूत कौन है? इसका उत्तर वहाँ से निकलेगा। एक शिक्षक पहले ज्ञान देता है या अन्न लेता है? एक चिकित्सक पहले इलाज करता है या ख़ुद का स्वास्थ्य कायम रखता है? एक वैज्ञानिक पहले अनुसंधान करता है या अपने मस्तिष्क की ऊर्जा कायम रखता है। सड़कों पर लाखों शिक्षार्थियों का रेला जो रोज-रोज उमड़ता है-उन सब में शक्ति, उमंग और उड़ान का हौसला किसके दम पर पैदा होता है? कविता लिखते समय नायाब कल्पनाएँ खाली पेट नहीं सूझतीं। किसी की दो टूक आलोचना करने का साहस अन्न के चार दाने पेट में गये बगैर नहीं आता। निहितार्थ यह है कि कलाकार, वैज्ञानिक, संगीतकार, लेखक, शिक्षक, व्यापारी, समालोचक, दार्शनिक, गणितज्ञ इस विश्व को उन्नत बना सके, वैज्ञानिक खोजों से भर सके, महान कृतियों से ग़ौरवान्वित कर सके, तो उसका अप्रत्यक्ष किन्तु अनिवार्य कारण धूल, माटी, कीचड़ में दिन-रात डूबा रहने वाला श्रमिक जीवन है।

यह प्रश्न अभिनव तो नहीं, परन्तु पुनः अनिवार्य है कि मनुष्य के मान-सम्मान और महत्ता की कसौटी शिक्षा, डिग्री या पद हैं या पृथ्वी के अक्षांश और देशान्तर में फैला हुआ श्रम? एक ज्ञानी का मूल्य ज़्यादा है या एक मज़दूर का? एक वैज्ञानिक पहले ज़रूरी है या एक खेतिहर? देश या समाज के नींव की ईंट करोड़ों मेहनतकश या बुद्धिजीवी? वस्तुतः इन प्रश्नों का उत्तर किसी एक मात्र का चुनाव कर नहीं दिया जा सकता। क्योंकि देश, समाज या सभ्यता का उत्थान न अकेले श्रमिक से होता है, न ही ज्ञानियों से। वह न मात्र बुद्धिजीवियों के बदौलत विकसित होता है और न ही कारीगरों की हुनर के बूते। देश ऐसी अनन्त आयामी जटिल संरचना है, जिसमें लाखों गुणात्मक और साधारण अस्तित्वों का बेमिसाल योगदान होता है। भट्ठे पर ईंट ढोने वाली स्त्री का स्थान इंजीनियर कैसे ले सकता है? खेतों में बीज बोने और फसल काटने वाले का स्थान आकाश में बैठा कोई विधाता कैसे ले सकता है? एक मज़दूर जो भट्ठी के आगे बैठकर लोहा गलाता है-एक सैनिक उससे ज्यादे मूल्य का कैसे हो जायेगा? अपनी क्षमता, प्रतिभा, रुचि और हुनर के अनुसार लगी हुई करोड़ों मनुष्यों की दुनिया किसी देश का वर्तमान और भविष्य तय करती है। यहाँ मूलभूत प्रश्न प्राथमिकता है, और उसी अनुसार उन्हें सामाजिक महत्ता पाने का है।

आज देश के किसी ग्रामाँचल में चले जाइए, वहाँ जो सामाजिक हैसियत में सबसे पीछे हैं-वहीं श्रम के सारे कार्य सम्पन्न करते है। एक शिक्षक के एक घंटे व्याख्यान की क़ीमत 500, 1000 या 3000 रू. तक है, जबकि एक मज़दूर आठ घंटे खटकर 500 रू. से ऊपर नहीं कमा सकता। ज्ञान देने में केवल मस्तिष्क की भूमिका होती है, जबकि श्रम के कार्य में शरीर के सभी अंग संलग्न होते हैं। ज़रूरी नहीं कि ज्ञानी व्यक्ति उसी अनुसार आचरण वाला हो, किन्तु श्रमिक मनुष्य बाहर-भीतर से श्रम के प्रति एक भाव का होता है। ज्ञानी ज्ञान का छद्म रच सकता है, परन्तु श्रमिक श्रम का छल नहीं खड़ा कर सकता। ज्ञानी अपना असल चेहरा छिपा सकता है, किन्तु श्रमिक के स्वभाव में छिपाने जैसा कुछ होता ही नहीं, सिवाय पराजय के।

गाँव, देहात, कस्बों, छोटे शहरों की ओर चले जाइए-पोथी बांचने वाले, सगुन जाँचने वाले, पूजा-पाठ, कीर्तन, हवन, अखण्ड रामायण पाठ और सत्यनारायण कथा सुनाने वाले पण्डित-पुरोहित, कुलगुरू कदम-कदम पर मिलेंगे। आजकल यह लघु उद्योग और चकाचक मुनाफे का धन्धा बन चुका है। गाँव के श्रमिक धर्म-कर्म के जाल में बेतरह उलझे तो हैं, किन्तु पूजा-पाठ इसीलिए नहीं कराते कि दो-चार महीने की कमाई घंटे भर के धार्मिक आयोजन में स्वाहा हो जायेगी। ऐसा नहीं कि वे धार्मिक मनौतियों को निरर्थक समझते हैं, बल्कि हकीकत है कि वे ख़ुद को उतना योग्य नहीं मानते। ख़ुद को धार्मिक सम्पन्नों से कमतर मानना भी उनकी बन्दी मानसिकता का एक अहम् कारण है। गरुण-पुराण, विष्णु-पुराण, भागवत पुराण सुनाने बैठा एक अल्पशिक्षित पण्डित भी एक सप्ताह में दस हजार से कम की कमाई नहीं करता। पूरे परिवार की कुण्डली देखकर भाग्य बताने का नकदी पुरस्कार अलग से। पण्डितों, पुरोहितों के कर्मकांडों मकड़जाल में उलझा हुआ मध्यवर्गीय ग्रामीण जीवन एक दैवीय भय के तानव से ग्रस्त है। भूत-प्रेत, टोना-टोटका, झाड़-फूंक, मन्त्र पाठ आज भी खांटी गँवई क्षेत्रों की दरहकीकत है। परिवार के किसी सदस्य की गम्भीर और कठिन बीमारी. जान लेने के बावज़ूद वह चिकित्सालय पर इलाज कराने से ज़्यादा सोखा-ओझा के सिर आनेवाली देवियों पर अधिक भरोसा करता है। वैसे वह किसानी क्षमता का है–पास पड़ोस या कुछ दूर के गाँवों में दैनिक श्रम करता है या कारीगरी के काम में जुटा रहता है–परन्तु कर्मकाण्डी धर्मों के सदियों पुराने आतंक ने उसके हृदय, मस्तिष्क, आकांक्षा, स्वभाव, वाणी और कल्पना को भी अपनी गिरफ्त में ले रखा है। एक तरफ आठ घण्टे का वह कठिन श्रम करता है–दूसरी तरफ चमत्कारी बाबाओं के चरणों पर गिरकर धन लुटाता है।

अधिक नहीं केवल दो दशकों के लिए देश की ग्रामीण जनता को धार्मिक और दैवीय भय से मुक्त कर दिया, तो यकीनन गँवई भारतीय की मुक्ति का नया सबेरा सम्भव होगा। **राम दयाल मुण्डा** सख्त और धारदार लहजे में इन हिन्दू पन्थियों की कैसी खबर लेते हैं, लीजिए पेश है–"आदिवासियों को हिन्दुओं ने कभी स्वीकार नहीं किया, उन्हें मनुष्य नहीं माना। पूँछ वाला हनुमान स्वीकार्य, वह देवता हो गया, लेकिन आदिवासी को वानर, किन्नर बोला। जमाना कितना बदल गया, लेकिन नज़रिया वही। ऊपर से चाहे वोट की राजनीति के लिए प्रेम दिखायें, लेकिन हमें आदमी से थोड़ा कम माना जाता है।"

(25 नवम्बर, 2007)

यह वही साधारण चेहरे-मोहरे और बेखास कद काठी का ढाँचा है, जिसके पैरों ने दुर्बल होने के बावज़ूद हारना नहीं जाना। जिसने अधिकारों की सत्ता बनाए रखने के बावज़ूद अपने अधिकारों का दावा नहीं किया, जो हमारे विकास की नींव के नीचे बिछा तो रहा, किन्तु इसे कभी कहा नहीं। जो बंजर जोत रहा, फैक्ट्रियाँ गुलजार किये रहा, ट्रेन की पटरियाँ बिछाता चला और चट्टानों को गिट्टी बनाकर जनपथ निर्मित करता रहा, परन्तु अपने कैसे भी कठिन श्रम का प्रतिदान नहीं माँगा। हम एक श्रमिक को जो मज़दूरी देते हैं-वह उसके श्रम की न क़ीमत है, न सम्मान, न ही स्वीकार, बल्कि मज़दूरी मज़दूर को श्रमिक बरकरार रखने की सुविधा है, उसे गिरने न देने का बस एक सहारा है। उसे हरा-हराकर भी न मरने देने की औषधि है। मेहनत करता है-श्रमिक और मज़दूरी तय करते हैं हम। ईंटें पकाता है श्रमिक और दीवार खड़ी होती है हमारी। पसीना गिराता है श्रमिक और मालामाल होते हैं हम। स्पष्ट है–मानव सभ्यता ने कभी मेहनतकश, मज़दूर, किसान को उसके श्रम के योग्य क़ीमत कभी अदा ही नहीं किया। एक बेरोज़गार नौकरी पाते ही दो साल में अपनी बेहाली से मुक्ति पा जाता है। एक इंजीनियर चार साल के भीतर गाड़ी, बांग्ला और निजी ज़मीन का मालिक बन जाता है। एक व्यवसायी चन्द वर्षों में अपने व्यवसाय की शाखाएँ खोल देता है, लेकिन एक मज़दूर 35-40 वर्षों तक अपने मोर्चे तक भिड़े रहने के बावज़ूद चार हाथ का मकान, चार बच्चों की माध्यमिक शिक्षा, दुर्बल पत्नी के स्वास्थ्य की असफल देखभाल और यहाँ-वहाँ फटे हुए कपड़ों में अपना शरीर ढंकने से ज़्यादा कुछ नहीं पाता। निष्कर्ष बहुत साफ़ है–श्रमिक की मज़दूरी उसे बेबसी से बाहर न निकलने देने वाली नियति है।

उसे बख़ूबी एहसास है कि ठगा जा रहा है, वह समझ गया है कि जीते जी

उसे समुचित न्याय नहीं मिलने वाला। उसे इस तथ्य की भनक लग गयी है कि उसकी स्वर्णिम मुक्ति की सुबह कभी नहीं होने वाली, फिर भी वह श्रम से पीछा नहीं छुड़ाता। यह श्रम उसे उठा नहीं पाता, एक वह है कि श्रम को नहीं छोड़ पाता। मानो श्रम उसकी धड़कनों की पुकार हो, उसकी साँसों की भूख हो, उसके पाँवों का पवित्र मोर्चा और मनुष्य बने रहने की कसौटी हो। श्रम की क़ीमत हम श्रम से पलायन करने वाले क्या समझेंगे? उसका असल अर्थ–श्रमिक ही बूझता है। धरती से प्यार करता है–माँ से भी बढ़कर। बीजों को छूता है–बच्चों से बढ़कर। फसलें उसकी अपनी न सही, किन्तु रोम-रोम से उठती अहक उनकी जड़ों को सींचती है। वह पराजित होकर भी अपने श्रम से नफ़रत नहीं करता, उपेक्षित रहकर ही, श्रम का तिरस्कार नहीं करता। श्रम के कारण बेखास रहकर भी श्रम को असाधारण बना देता है। उसके व्यक्तित्व, अस्तित्व और कद को बाहर से न देखा जा सकता है, न परखा और न ही नापा जा सकता है। यदि देश का कोना-कोना उर्वर और हरा है-तो श्रमिक का पसीना खाद बनने के दम पर। दिखने में है–तो वह सामान्य मनुष्य है। उसमें भी वही दुर्बलताएं, दोष, कमियाँ मौजूद हैं–जो आम व्यक्ति के चरित्र में शामिल हैं, किन्तु उसे खास बनाती है–काम के प्रति कर्मठता, खास बनाती है-अपने दायित्व को समझने की भावशीलता। उसे विशिष्ट बनाता है–श्रम से आत्माकार रहने का धैर्य। आइए, इस अद्‌भुत व्यक्तित्व के साधारण दिखते कद की कहानी-समाप्त करते हैं-बन्दी हृदय के गायक-**मुक्तिबोध** की इन पंक्तियों के साथ–

धुन्धलके में खोए इस रास्ते पर
आते जाते दीखते हैं, लठधारी
बूढ़े से पटेल बाबा
ऊँचे से किसान दादा
वे दाढ़ीधारी देहाती मुसलमान चाचा और
बोझ उठाए हुए
माँऐं, बहनें, बेटियाँ
सबको ही सलाम करने की
इच्छा होती है।।

(कविता-मुझे याद आते हैं)

सन्दर्भ पुस्तकें

1. श्रीमद्भागवतगीता-संस्करण, 2001, गीताप्रेस, गोरखपुर
2. रवीन्द्र रचना संचयन-साहित्य अकादमी, नयी दिल्ली, संस्करण, 1999
3. सम्पूर्ण कविताएं (पाश)-आधार प्रकाशन, हरियाणा-संस्करण, 2011
4. ऋग्वेद-युवाओं के लिए-प्रवेश सक्सेना-आर्य प्रकाशन मण्डल, नयी दिल्ली, संस्करण, 2018
5. भारतीय सभ्यता की निर्मिति-भगवान सिंह-इतिहासबोध प्रकाशन, इलाहाबाद, संस्करण, 2004
6. जाति का ज़हर-सम्पा, राजकिशोर-वाणी प्रकाशन, नयी दिल्ली, संस्करण-2000
7. ययुर्वेद-युवाओं के लिए-प्रवेश सक्सेना, आर्य प्रकाशन मण्डल, नयी दिल्ली, संस्करण-2018
8. हिन्दुत्व (हिन्दू धर्म कोश), रामदास गौड़, ज्ञान मण्डल लिमिटेड, वाराणसी, संस्करण-1993
9. भगत सिंह के दस्तावेज, नीलिमा शर्मा, निशान्त नाट्य मंच, दिल्ली, संस्करण-1996
10. भारत में जाति एवं प्रजाति, जी.एस. घूर्ये, पापुलर प्रकाशन, मुम्बई, संस्करण-2018
11. बुद्ध धर्म का सार, प्रो. पी. लक्ष्मी नरसू, सम्यक प्रकाशन, नयी दिल्ली, संस्करण-2019
12. मन क्या है? जे. कृष्णमूर्ति, राजपाल एण्ड सन्ज, दिल्ली, संस्करण-2019
13. आरम्भिक भारतीय, टोनी जोसेफ, अनुवाद-मदन सोनी, मंजुल पब्लिशिंग हाउस, संस्करण-2018

14. भारत: इतिहास और संस्कृति ; ग.मा.मुक्तिबोध ; राजकमल प्रकाशन, नयी दिल्ली ; संस्करण-2019
15. संस्कृति के चार अध्याय-रामधारी सिंह दिनकर; लोक भारती प्रकाशन, इलाहाबाद; वर्ष-2015
16. हिन्दी साहित्य ज्ञानकोश, प्रधान सम्पा.-शंभुनाथ, वाणी प्रकाशन, नयी दिल्ली-2019
17. भारतीय दर्शन-2, डॉ. राधाकृष्णन, राजपाल एंड सन्स, दिल्ली-110006
18. भारतीय परम्परा की खोज, भगवान सिंह, सस्ता साहित्य मण्डल प्रकाशन, नयी दिल्ली-01
19. भारतीय संस्कृति की रुपरेखा, बाबू गुलाब राय- ज्ञान गंगा प्रकाशन, दिल्ली।
20. भारतीय समाज-श्यामा चरण दूबे, नेशनल बुक ट्रस्ट, इंडिया-नयी दिल्ली, प्रथम संस्करण-2001
21. पाणिनी कालीन भारतवर्ष, वासुदेव शरण अग्रवाल, चौखम्बा विद्या भवन, वाराणसी, पुनःमुद्रित, संस्करण-2019
22. अनपढ़ बनाए रखने की साजिश, राजेन्द्र यादव, वाणी प्रकाशन, नयी दिल्ली, 1998
23. भारतीय समाज, श्यामा चरण दूबे, नेशनल बुक ट्रस्ट, इंडिया-नयी दिल्ली, पहला संस्करण-2001
24. भारत तब से अब तक; भगवान सिंह, किताबघर प्रकाशन, नयी दिल्ली, प्रथम पेपर बैक संस्करण-2023
25. ज्ञान की राजनीति ; मणीन्द्र नाथ ठाकुर, सेतु प्रकाशन, प्रथम संस्करण-2022 नोएडा (उ.प्र.)-201301

(समाप्त : नवंबर -2023)